大庆精神（铁人精神）

镌刻在历史丰碑上的辉煌

主 编◎肖 铜 马英林

中央党校出版集团
国家行政学院出版社

图书在版编目（CIP）数据

大庆精神：铁人精神：镌刻在历史丰碑上的辉煌 / 肖铜，马英林主编．— 北京：国家行政学院出版社，2022.4

ISBN 978-7-5150-2679-4

Ⅰ．①大…　Ⅱ．①肖…②马…　Ⅲ．①思想政治教育—中国—学习参考资料　Ⅳ．① D64

中国版本图书馆 CIP 数据核字（2022）第 052490 号

书　　名　大庆精神（铁人精神）——镌刻在历史丰碑上的辉煌
作　　者　肖　铜　马英林　主编

责任编辑　李瑞琪　王　莹
出版发行　国家行政学院出版社
（北京市海淀区长春桥路6号）
综 合 办　（010）68928903
发 行 部　（010）68928866
经　　销　新华书店
印　　刷　北京盛通印刷股份有限公司
版　　次　2022年4月北京第1版
印　　次　2022年4月北京第1次印刷
开　　本　170毫米×240毫米　16开
印　　张　17
字　　数　203千字
定　　价　52.00元

本书如有印装问题，可联系调换，联系电话：（010）68929022

大庆的成长和辉煌，见证了中华人民共和国的成长和辉煌；大庆的探索和成功，体现了党领导人民进行社会主义建设、进行改革开放的探索和成功；大庆的成绩和贡献，已经镌刻在伟大祖国的历史丰碑上，党和人民永远不会忘记。

——习近平

前言

读懂大庆精神（铁人精神）的辉煌

在建党百年这个重要的时间节点，党中央在全党开展党史学习教育。大庆精神(铁人精神)作为党的伟大精神谱系中的重要组成部分，我们有必要抓住建党百年契机，在党史学习教育中，进一步学习好宣传好大庆精神(铁人精神)，让广大党员干部在自觉主动学习中接受精神洗礼。

2021年9月，党中央批准了中央宣传部梳理的第一批纳入中国共产党人精神谱系的伟大精神，大庆精神（铁人精神）位列其中。按照中共大庆市委组织部在党史学习教育中传承红色基因、弘扬大庆精神(铁人精神)相关要求，我们编写了《大庆精神(铁人精神)——镌刻在历史丰碑上的辉煌》。本书紧扣大庆石油会战这条主线，立足新时代对大庆精神(铁人精神)的解读，从满足精神文化需求、凝聚转型、振兴动力出发，着眼大庆精神(铁人精神)诞生的历史逻辑、形成的实践逻辑和认识的理论逻辑三个视角，对大庆精神(铁人精神)内涵实质进行了全面系统的解读，便于广大党员干部更加深入了解大庆精神(铁人精神)，为传承弘扬大庆精神(铁人精神)提供理论遵循。

全书分上、中、下三篇，共十一章。上篇是大庆精神(铁人精神)诞生的历史逻辑篇，集中讨论和说明了大庆精神(铁人精神)产生的历史背景、物质前提和逻辑起点。第一章详细论述了大庆石油会战面对的国际国内艰难严峻而十分复杂的特殊历史背景，以此告诉人们，大庆精神(铁人精神)从一开始就必然是在艰难困苦的奋斗中产生的。大庆精神(铁人精神)的刚毅品格，以及爱国主义与英雄主义高度融合贯通的豪迈气概是一定历史条件下磨砺出来的产物。第二章按照大庆油田发现的真实的历史脉络，详尽地说明了大庆油田发现过程中的重要节点，全方位地展示了大庆油田发现的艰难历程。第三章对大庆石油会战是怎样发动和组织起来的作了全景式描绘。

中篇是大庆精神(铁人精神)形成的实践逻辑篇，集中讨论和说明了大庆精神(铁人精神)孕育的思想准备、党的思想路线的支撑、旗帜人物的作用、优良作风的形成、大庆传统的丰富内容五个方面问题。第四章引用了余秋里的话“川中是教师爷，使我们学乖了”作为章名。这一章从川中会战谈起，细致地讨论了余秋里遭遇的挫折以及他在革命战争年代的卓越建树，还有他不同常人的哲学素养。余秋里是一个在社会主义建设的探索中逐步成熟起来的“清醒的唯物主义者”，他在党的实事求是思想路线上的成熟是大庆石油会战取得胜利的可靠的思想准备。第五章为了使文章耐读和有一点情趣，用“红点点”“黄点点”“蓝点点”作为章名。这一章抓住大庆石油会战刚开始的一些细节，生动地说明在大庆石油会战一开始就遇到一个不可回避，又必须面对、必须认真解决的问题，这个问题用《部长与国家》的作者何建明的话来说就是要让“石油找到灵魂”。余秋里作为大庆石油会战的灵魂人物，他找到了“石油的灵魂”，石油会战就有了实事求是这条马克思主义的认识路线的支持。第六章是从《铁人传》中借用了“王进喜代表大会战的方向”作为章名。这一章作者写得十分用心，在占有大量资料的基础上，把铁人王进喜在大庆石油会战中的旗帜作用通过一个个历史细节，点点滴滴、清楚明白地告诉了我们“铁人”不仅仅是一个称谓，“铁人”是一个具体的，可感知、可学习、可复制的“样板”，一个“典范”，一个“时代的渴望”。“铁人”是一个伟大民族必然走向复兴的伟大征途上对人的初心与使命的呼唤，是人对实现自己崇高价值的呼唤。中华民族的伟大复兴既然需要一个铁人，那就一定会产生出一个铁人。铁人的出现是我国社会发展进步到一定历史阶段的必然产物。第七章所使用的题目“余秋里一口气说出了20个‘严’字”也很有意思。这一章是比较难写的一章，在这一章里引入“大庆作风”这样一个新的范畴，进行了比较系统的研究。“三老四严”“四个一样”是大庆作风的核心内容，但要说清楚这些还是不够的，还要说清楚大庆作风在实际工作中是怎样具体落脚的。这一章作者是下了苦功夫的，在讨论清楚大庆作风的核心内容以后，又在大庆作风的八个关键点上，分别讲清楚大庆作风在实际工作当中如何落实的一些具体操作方法，这是有一点新意、有一点学术分量的成果。第八章以“难能可贵的‘六个传家宝’”作为章名。这一章资料十分丰富，用比较轻松的笔调把大庆光荣传统中的“六个传家宝”写得真实感人。大庆传统是大庆精神(铁人精神)的鲜活内容，是大庆精神(铁人精神)的最朴实、最生动、最容易讲得出去的面向基层、面向群众、面向生活的教材。中篇的这五章一气呵成，环环相扣，把大庆精神(铁人精神)形成的实践逻辑清楚、简洁、朴实地告诉了人们。

下篇是大庆精神(铁人精神)认识的理论逻辑篇。这一篇是全书的高潮，是最难写好，却又必须写好的一篇。这一篇集中讨论了大庆精神(铁人精神)的社会影响，人们对大庆精神(铁人精神)抽象概括认识的历史过程，大庆精神(铁人精神)解读的思想制高点及大庆精神(铁人精神）的历史贡献三个问题。第九章借用毛主席的一句话“要去那里考察研究请教一番”作为章名，对大庆精神（铁人精神）的社会影响作了细致的说明。在这一章中，对周总理在大庆留下的三个温暖的瞬间写得十分用心和感人。另外，用阿尔巴尼亚劳动党中央政治局委员、部长会议主席穆罕默德·伊斯梅尔·谢胡的话说：“在大庆短暂的时间里，上了一次大学，一次马列主义的大学，大庆人具有的一套哲学不是那种学究式的哲学，而是人民的哲学。”这是从一个外国领导人口中说出的大庆石油会战对毛泽东哲学思想大众化贡献的赞扬和肯定。第十章中用“大庆精神（铁人精神）也有自己的前世今生”作为章名。这一章是最耗费心血，学术味很浓的一章。“大庆精神（铁人精神）”作为一个红色文化符号，是从大庆石油会战的艰苦实践中抽象概括出来的。人们对大庆精神（铁人精神）的认识，其实是对大庆会战的认识，同时，是对大庆精神（铁人精神）不断生成的历史过程和历史脉络的把握。写好这一章最需要作者具有扎实的历史唯物主义的理论功底和求真务实的治学态度。“大庆精神（铁人精神）”作为一个红色文化符号，它生成的历史线索是“大庆石油会战的实践—大庆石油会战的经验—大庆精神（铁人精神）”。从这三段式的生成线索中，我们可以看出“大庆经验”是“大庆精神（铁人精神）”能够从“大庆实践”中抽象出来的一个中间环节，而“大庆精神（铁人精神）”可以说是“大庆经验”的深化和升华。作者在这一章条分缕析、构思缜密地把大庆精神（铁人精神）的前世今生清楚地告诉了人们。第十一章是下篇的最后一章，也是全书收尾的一章。这一章是体现全书理论、学术制高点的一章。这章开篇就详细地讨论了习近平总书记关于大庆贡献“两个定位”的论述，正是在这个讨论中确立了大庆精神（铁人精神）研究的学术制高点。大庆精神(铁人精神)同井冈山精神一样，在中国共产党的伟大精神谱系中都具有开篇意义。井冈山精神是中国革命道路的开篇之作，找到了一条适合中国国情的革命道路。大庆精神(铁人精神)是社会主义建设的开篇之作，积极地探索了社会主义建设的基本规律。作者在这一章中把大庆石油会战对社会主义建设的基本规律的探索概括为五个优势，这是大庆精神(铁人精神)学术研究的一个很新的成果。这个成果深化了人们对大庆精神(铁人精神)的认识，彰显了这本书的学术品位，更呼应了本书的名称。这一章的学术观点也是全书十一章中一以贯之的一条逻辑主线，正是因为有了这条逻辑主线，全书才显得形散神聚。

这本书的各章在写作方法和语言风格上也力求一致。在写作前就提出了要写作一部思想性、学术性和可读性高度融合的著作。要求坚持“四点串并式”的写作方法。也就是从读者的兴趣点入手，写出带入感，同时兴趣点也是整体写作构架上的合理的逻辑点，是学术制高点中融会贯通了的兴趣点。以上三点融会贯通的实现也应该是逼近人们灵魂的触碰点。这样的著作，语言应该是轻盈的、灵动的、鲜活的。在充满趣味性的语言中告诉人们，在生动活泼的历史现象背后深藏着的“大庆精神(铁人精神)”这样简洁的红色文化符号中所表达出来的社会主义建设的精神密码和精神坐标。

这样一本书，有利于我们更好地铭记会战历史。2009年9月，习近平在大庆油田发现50周年庆祝大会上的讲话中指出：“大庆的成长和辉煌，见证了中华人民共和国的成长和辉煌；大庆的探索和成功，体现了党领导人民进行社会主义建设、进行改革开放的探索和成功；大庆的成绩和贡献，已经镌刻在伟大祖国的历史丰碑上，党和人民永远不会忘记。”此书将“镜头”拉深拉长，回归到共和国“缺油”那段艰辛探索的历史中，还原那场规模巨大、波澜壮阔的石油大会战，有利于我们更深地理解“大庆是党的大庆，是全国人民的大庆”。

这样一本书，有利于我们更好地理解和感悟大庆精神(铁人精神)。此书坚持思想性、学术性和可读性有机融合，在诠释大庆精神(铁人精神)的过程中，注重与大庆党史、大庆历史、大庆优良传统联系起来，通过对大庆“两论”起家、“两分法”前进、“三老四严”“四个一样”等优良传统的阐述，让读者产生共鸣，更加容易读懂大庆精神(铁人精神)。

这样一本书，有利于我们更好地推动新的实践。大庆精神(铁人精神)植根于大庆沃土，贯穿于油田开发建设和城市兴起繁荣全过程。进入新发展阶段，深入挖掘和践行大庆精神(铁人精神)新的时代内涵，对大庆在新时代“争当排头兵、建设新大庆、打赢新会战”，尤其是为“三个城市”建设凝聚精神力量，都具有现实意义。希望这本书对读者思想有所触动、工作有所帮助，让我们把对大庆精神(铁人精神)的学习长期坚持下去。

本书编写组

目 录
CONTENTS

下篇 大庆精神（铁人精神）在与时俱进中升华
——大庆精神（铁人精神）认识的理论逻辑

上篇

大庆精神（铁人精神）在工业命脉中孕育

——大庆精神（铁人精神）诞生的历史逻辑

对大庆精神（铁人精神）（以下正文简称“大庆精神”）历史逻辑的研究，就是对大庆精神赖以产生的历史背景、物质前提和逻辑起点的研究。本篇所设三章，就是抓住了大庆精神历史逻辑中的三个重要细节展开的研究。

第一章

毛泽东：看来发展石油工业还得革命加拼命

1956年2月，毛泽东主席在听取石油工业部汇报时说："搞石油工业艰苦啊！看来发展石油工业还得革命加拼命！"[①]"革命加拼命"是大庆石油会战的指导思想，也是在大庆石油会战中形成的以"爱国、创业、求实、奉献"为主要内涵的大庆精神的特质与禀赋。

石油素有"黑色的金子""工业的血液"之称，在经济社会发展中具有举足轻重的作用。但由于特殊的历史原因，中国，这个世界上最早发现和利用石油的国家，却在近代沦为帝国主义倾销石油的市场，几乎完全没有自己的石油工业。新中国成立之初，全国仅有甘肃玉门、陕北延长、新疆独山子几个小油田，与石油、天然气相关的化学工业，除玉门、抚顺、锦州等几个规模不大的企业外，几乎是一片空白。原油产量只有12万多吨（天然油7万吨左右），全国石油职工仅有1万人左右，其中，技术干部约700人，管理人员600多人。在技术干部中，石油地质工作者仅20多人，钻井工程师10余人，地球物理、采油的技术人员也只有几个人。石油专业技术力量缺乏、石油开采技术装备

① 《余秋里回忆录》，解放军出版社1996年版，第509页。

落后，基础十分薄弱。

为了彻底改变我国石油工业落后的面貌，1949年10月19日，新中国刚刚成立第19天，中央就决定建立燃料工业部，由陈郁担任部长。1950年4月13日至24日，全国第一次石油工业会议召开，确定了新中国石油工业的基本方针。朱德总司令亲自到会讲话：石油在中国很缺乏，是很需要的，每年进口数量很大，如不很快地发展，我们不可能成为强盛的国家。全国石油工作会议提议并报国务院批准，在燃料工业部设石油管理总局，由徐今强任代局长；会议还决定在石油管理总局之下设置西北石油管理局，由康世恩任局长。自此，新中国石油工业发展有了强有力的组织保证。热火朝天的经济建设高潮就要到来，但国家最急需的石油还没有根本的起色。1951年全年原油总产量虽比1949年增加了不少，但天然油加上人造油也不过31万吨，和国家工业化建设宏伟蓝图相比，好比搬来几块砖就要盖高楼大厦。这么少的石油产量，都不值得列入每年制订并公布的国家计划。当时党中央提出的方针是“大力开发西北石油，自东而西，东西并举”，但是仅靠玉门油矿不行，要在西北大范围铺开勘探战场，这就需要干部，需要队伍。虽然燃料工业部石油总局成立一年多来培养了几批训练班学

大庆话语

大庆精神（铁人精神）：为国争光、为民族争气的爱国主义精神；独立自主、自力更生的艰苦创业精神；讲究科学、“三老四严”的求实精神；胸怀全局、为国分忧的奉献精神。其典型化和人格化的具体表现为：为国分忧、为民族争气的爱国主义精神；为“早日把中国石油落后的帽子甩到太平洋里去”，“宁肯少活20年，拼命也要拿下大油田”的忘我拼搏精神；为革命“有条件要上，没有条件创造条件也要上”的艰苦奋斗精神；“要为油田负责一辈子”“干工作要经得起子孙万代检查”，对技术精益求精，为革命“练一身硬功夫、真本事”的科学求实精神；“甘愿为党和人民当一辈子老黄牛”，不计名利、不计报酬、埋头苦干的无私奉献精神。

⊙ 解放军支援大庆石油会战

员，可仍是小水救不了大火。时任西北石油管理局局长的康世恩向党中央提出了申请部队支援，他打了一份《关于调拨一个建制师担任第一个五年计划中发展石油工业基本建设任务的报告》。从康世恩在西安起草报告到周恩来总理亲笔批示，整个过程仅用了12天。按照党中央的指示，西北军区将把部分战斗部队转为铁道、水电、石油、建筑等工程部队。从军委到军区，上上下下都本着一个原则，那就是要选派一支作风顽强、纪律严明、吃苦耐劳的善战之师。1952年，由党中央作出部署，毛泽东亲自发布了军委命令，将中国人民解放军第十九军第五十七师成建制改编为石油工程第一师（简称“石油师”）。毛主席下达命令说：“你们过去曾是久经锻炼的有高度组织性纪律性的战斗队，我相信你们将在生产建设的战线上，成为有熟练技术的建设突击队。”[①]就这样，近8000名人民子弟兵积极响应党和国家的号召，脱下军装、穿上工装，加入了石油大军的行列，给石油工业注入了新鲜血液，也带来了解放军的优良传统和作风。经过专业培训和生产实践，他们很快掌握了各种石油专业知识，成为石油系统的生产骨干。在国民经济三年恢复时期，我国石油生产得到迅速恢复和发展，以陕甘地区为重点，积极开展石油资源勘探；西北老油田和东北人造石油工业得到恢复；石油职工队伍得到壮大，拥有了建立石油产业大军的基础。经过广大石油工作者的艰苦努力，1952年底，全国原油产量超过历史最高水平，达到43.5万吨（其中天然油19.5万吨），为1949年原油产量的3.6倍，为旧中国原油历史最高年产量的1.3倍，生产汽、煤、柴、润四大类油品25.9万吨，比1949年提高了6倍多。

虽然我国的石油产量有了大幅提升，但与社会主义建设需求相比还远远不够。1952年石油产品的产量，大体上只能满足国家需要的25%左右。尤其是朝鲜战争的爆发，使得我国对石油的需求量大幅上升，为保证抗美援朝战争的胜利，我们主要依靠苏联和东欧个别国家的援助。1952年苏联输入中国的石油及石油制品总量达到91万吨，比当时国内原油产量的2倍还多。其间，中央对石油工业的发展更为关切。毛泽东、周恩来等中央领导人先后参观了在北京举办的第一次石油工业展览。朱德总司令还特地召见了时任燃料工业部石油管理总局局长康世恩并提出要求，他说：“现代战争打的就是钢铁和石油，有了这两样，打起仗来就有了物资保障。没有石油，飞机、坦克、大炮不如一根打狗棍。我要求产一吨钢铁，就产一吨石油，一点不能少。康世恩同志

① 中共中央文献研究室编：《毛泽东文集》第6卷，人民出版社1999年版，第224页。

你要完成石油供应的任务，这是给你的命令。”[①]

1953年，我国开始了发展国民经济的第一个五年计划（简称“一五”计划），石油工业也进入了一个新的建设时期。当时，全党全国对“一五”计划的制定和执行给予了高度关注和空前的热情。1953年，毛泽东主席、周恩来总理和其他中央领导同志在中南海召见了地质部部长李四光。李四光根据新华夏系沉降带理论分析了我国的地质条件，乐观地提出，我国天然石油资源的蕴藏量应当是丰富的，关键是要抓紧做好地质勘探工作。国家分析了各方面的情况，认为天然石油的潜在资源丰富，生产成本低，只是勘探周期较长，投资较多，而我国要想从根本上解决石油问题，必须开发天然石油。1955年7月30日，经一届全国人大二次会议决定成立石油工业部，李聚奎任部长，全面加强石油工业的生产建设工作。根据国家确定的方针，石油工业部把发展天然石油放在首要地位。从此，在中国广袤的大地上，开始了较大规模的石油勘探开发建设。

1955年9月，中共石油工业部党组决定组成以康世恩为团长的中国石油代表团访问苏联，全面考察了解苏联石油工业情况，学习石油勘探和

① 铁人学院主编：《大庆精神铁人精神学习读书》，中国工人出版社2020年版，第89页。

大庆话语

“两论”起家：1964年12月，周恩来总理在第三届全国人民代表大会第一次会议上所作的《政府工作报告》中指出：大庆油田的建设“是学习运用毛泽东思想的典范。用他们自己的话说，是‘两论’起家，就是通过大学《实践论》和《矛盾论》，用辩证唯物主义的观点，去分析、研究、解决建设工作中的一系列问题”。石油工业部机关党委（大庆会战初期党的临时办事机构）在石油会战一开始，就旗帜鲜明地将“两论”作为指导油田开发建设的思想武器、理论指南。石油工业部机关党委于1960年4月10日作出《关于学习毛泽东同志所著〈实践论〉和〈矛盾论〉的决定》，广大会战职工认真学习“两论”，努力掌握马克思主义哲学这一认识世界、改造世界的强大思想武器，

石油开发的经验，带回一套发展中国石油工业的可行办法。从1955年9月至1956年2月，康世恩在苏联学习考察长达5个月的时间。1956年2月26日，毛泽东和刘少奇、周恩来、陈云、邓小平等党和国家领导人在中南海先后听取了康世恩和李聚奎关于石油情况的汇报。毛泽东详细询问了关于石油的生成和中国石油发展的前景，提出了非常详细的问题，比如地质年代如何划分，划分的根据是什么，石油是怎么生成的，有机物为什么又会变成石油，怎么找油，什么叫构造，原油出来后怎么炼制，怎么出来汽油，中国怎么找油，等等。康世恩对这些问题一一进行了解答并汇报了在西北地区找油的情况和在苏联考察的收获。毛主席听后说："美国人讲中国地质老，没有石油，看起来，起码新疆、甘肃这些地方是有的。"康世恩汇报说，我国石油工业还很落后，1955年天然石油年产量才42万吨，远不能适应国民经济发展的需要；一些世界先进的石油勘探开发技术还没有掌握；资金也很紧张，1年用于天然石油勘探的投资才2亿多元；新疆、玉门等地都是戈壁、荒滩、沙漠，野外勘探开发工作十分辛苦。毛主席听后作出了"看来发展石油工业还得革命加拼命"的重要指示，同时，他还提出要找楼房式的（多油层）油田，要给石油工业增

努力清除唯心论和形而上学的思想影响，逐步认识到大庆油田的具体实际和油田开发建设的规律，比较好地解决了会战工作中的一系列问题。

加投资，配备干部，在全国各地多打些探井。这些指示，使石油工作者们清醒地认识到，要想尽快掌握先进的科学技术、打开石油工业的新局面，必须依靠自力更生、艰苦奋斗，必须发扬“革命加拼命”的精神。

1956年3月6日，国务院副总理陈云召集地质部副部长何长工、石油工业部副部长李人俊和康世恩等讨论落实毛泽东的指示，加速石油勘探的问题，提出要在两三年内找到一两个大油区。4月19日，康世恩率苏联专家和石油工业部工作组针对克拉玛依地区的勘探前景进行现场调研。回到乌鲁木齐后，康世恩决定再召开一次不同观点的中外专家会议，就克拉玛依勘探部署作出决定。康世恩根据自己的知识与见解，在李聚奎和石油工业部党组其他领导的支持下，代表石油工业部工作组作出了对克拉玛依乌尔禾地区进一步钻探的决定，并指出要把勘探的重点，从山前的小盆地移向大盆地，采取解剖整个区域和打基准井的方法，利用多种勘探手段，进行全面系统的区域勘探。这种方法摆脱了过去“溜边转，找鸡蛋（地下含油构造），见了油苗就打钻”的老办法，打开了石油勘探领域的新视角。1956年9月，克拉玛依有23口探井喷出工业油流，探明含油面积130平方公里。克拉玛依油田的发现，是新中国石油勘探的第一次突破，它证明中国在陆相沉积地层能够找到大型油田，进一步增强了石油工作者找油的信心。

整个“一五”期间，石油工业部与其他各部的发展速度相比并不慢，石油投资额和原油产量的增长速度甚至还要快些，但“一五”计划结束时石油工业部却没有完成计划。1957年，全国石油产量仅有145.7万吨，成为国务院各个部门中唯一没有完成任务的部门，还被列为“二五”期间落后的三个工业（石油工业、化学和无线电学）之一。中共八大《关于发展国民经济的第二个五年计划的建议的报告》

中指出："在完成第一个五年计划的建设后，我国石油工业仍将十分落后，远不足以供应国民经济的需要。必须继续不懈地努力，克服我国工业中，这个特别薄弱的环节。""二五"期间要"积极进行工业中的落后部门——石油工业、化学工业和无线电工业的建设"。

新中国的石油工业经历了20世纪50年代的起步发展，取得了一定成绩，扩建了玉门油矿，先后发现和建设了新疆克拉玛依油田、青海冷湖等油田。但是，我国依赖"洋油"的状况、石油工业落后的面貌并没有得到根本改变。当时，全国探明的天然石油储量只有0.56亿吨，实在少得可怜。1957年在全国很低的石油消费总量中，国产油只占38%，进口油占比达62%，进口油使用外汇1.34亿美元，占国家进口使用外汇的7%。国家缺油，就如同人缺了血液。因为严重缺油，导致国内不少汽车在行驶途中抛锚，一些工厂被迫停产，许多拖拉机、飞机、坦克不能正常工作，连国防执勤、空军飞行训练都受到了不同程度的影响。北京长安街上的公共汽车背上了沉重的"煤气包"，其他一些地方则烧起了酒精甚至"老白干"。到1959年，我国原油年产量虽然达到了373.3万吨，但自给率仅有40.6%，缺口巨大。毛泽东在"一五"计划执行之初，就感叹地说："要进行建设，石油是不可缺少的，天上飞的，地下跑的，没有石油都转不动啊！"①

美国军事家也曾预言：红色中国并没有足够的燃料进行一次哪怕是防御性的现代战争……连几个星期也不行。国家缺油，使得石油系统的职工从上到下都感到千斤重担般的压力。1959年，玉门油田的王进喜当选为全国劳动模范到北京参加群英会。休会期间，王进喜在参

① 《余秋里回忆录》，人民出版社2011年版，第411页。

观首都“十大建筑”时，看到行驶的公共汽车上背着“煤气包”，才知道国家缺油，他感到一种莫大的耻辱，责任与愧疚让这位坚毅的西北汉子蹲在北大红楼附近的沙滩街头哭了起来。他感慨地说，没有石油，国家有压力，我们要自觉地替国家承担这个压力，这是石油工人的责任。

20世纪50年代是新中国成立以来所面临的国际、国内环境最为严峻和艰难的时期。以美国为首的西方阵营，对刚刚成立的中华人民共和国实行的是军事上包围、政治上孤立、经济上封锁的政策，妄图把红色中国扼杀在摇篮中。美国对新中国的心态是复杂的，曾采取观望的态度“等待尘埃落定”，也曾试图以经济“援助”的手段进行拉拢和控制中国，但那都是以让中国丧失主权、成为其“附庸”为前提的。1949年6月，美国驻华大使司徒雷登托人带口信给毛泽东：美国可一次贷款50亿美元给新政府，条件是新中国必须采取中间态度，不能完全亲苏。对此，周恩来代表中国政府作出坚决表态：“亚洲人民自己的事情，应当由亚洲人民自己来处理，而无论在什么时候，也不应由大洋彼岸的美帝国主义者，例如艾奇逊之流，来加以干涉。”①美国政府的这个阴谋破产后，更加敌视新中国。

大庆话语

“两分法”前进：1964年初提出的“两分法”是大庆人进取精神的基本体现。其主要内容是：（1）在任何时候，对任何事情，都要用“两分法”。成绩越大，形势越好，越要一分为二，只看成绩，只看好的一面，思想上骄傲自满，成绩就会变成包袱，大好形势也会向反面转化。（2）对待干劲也要用“两分法”。干劲一来，引导不好，就会只图速度，不顾质量，结果好心肠出不来好效果，反而会挫伤职工的积极性。（3）领导要及时提出新的、鲜明的、经过努力能够达到的高标准，引导职工始终向前看。（4）以“两分法”为武器，坚持抓好工作总结。走上步看下步，走一步总结一步，步步有提高，方向始终明确。“两分法”使大庆人在油田开发建设中，不断经受成绩和挫折、顺

① 中华人民共和国外交部、中共中央文献研究室编：《周恩来外交文选》，中央文献出版社1990年版，第10页。

美国政府把中华人民共和国看作是一个“邪恶的”、非法的政权，认为同西方国家的现实是不可调和的。“美国决不要承认北京，也不和它做生意。与此相反，美国必须创造种种条件，促使这个政权垮台。”1948年12月31日，杜鲁门曾提出一项特别针对新中国的经济制裁——不能向中国共产党控制的地区送援助物资。按照美国商务部的统计数据，1949年新中国成立后，美国对我国的出口额从原来的3亿美元骤降至不足1亿美元，至1950年，这一数据更是下滑到了0.33亿美元。除此之外，1949年11月，美国还倡导14个主要的资本主义国家在巴黎成立“巴黎统筹委员会”的国际组织，纠集主要资本主义国家，对社会主义国家实行经济封锁。随后，美国政府决定，不给中国以官方的经济援助，也不鼓励私人在中国投资，同时还要防止苏联等国帮助中国取得靠直接途径搞不到的战略物资。朝鲜战争爆发后，美国政府在干涉朝鲜内政的同时，宣布以武力阻止我国解放台湾，派第七舰队进驻台湾海峡，并下令封锁我国沿海，构成了美国政府对新中国公开直接的武装侵略行为。同时，巴黎统筹委员会宣布对中华人民共和国和朝鲜民主主义共和国实行“禁运”。美国确定运用所有的政治和经济措施，对北京施加压力。1950年11月17日，

境和逆境的考验，胜不骄、败不馁，锐意进取，促进了新工艺和新技术的发展，实现了企业的高度自动化和机械化。

美国国务院发表公告，宣布冻结中华人民共和国在美国的资金，并禁止美国船只开往中国港口。12月3日，美国宣布对中国实行全面禁运，不久又宣布禁止一切在美注册的船只驶入中国大陆港口。在美国的拉拢和压力下，到1953年春，对中国实行禁运的国家达到数十个。

1951年2月，美国操纵联合国，诬告中国为“侵略者”，它要求北大西洋集团及其他一些国家在承认中国问题上必须与美国保持一致，共同对中国施加压力。美国还照会威胁一些拉美国家不得先于美国承认新中国，并操纵联合国阻挠新中国派合法代表取代被国民党非法占据的席位，在政治上设法孤立中国并削弱中国的国际影响。美国还利用韩国、日本、中国台湾、越南、菲律宾等国家和地区对新中国形成一个新月形的包围圈，对中国进行军事封锁，以遏制中国的对外交往和经济发展。

面对复杂的国际环境和美国对华问题上的极端做法，新中国在外交政策上选择了“一边倒”，即在确保国家独立自主的前提下，向社会主义阵营倾斜，与苏联和其他社会主义国家建立良好关系，共同对抗美国等西方资本主义势力的侵略、打压与封锁。在1949年3月举行的党的七届二中全会上，毛泽东明确表示了准备向苏联“一边倒”的态度。6月30日，毛泽东在《论人民民主专政》一文中正式提出：新中国将“倒向社会主义一边”，“一边倒，是孙中山的四十年经验和共产党的二十八年经验教给我们的，深知欲达到胜利和巩固胜利，必须一边倒。积四十年和二十八年的经验，中国人不是倒向帝国主义一边，就是倒向社会主义一边，绝无例外。骑墙是不行的，第三条道路是没有的。”[①]“一边倒”被毛泽东称之为“打破帝国主义封锁之道”。

① 《毛泽东选集》第4卷，人民出版社1991年版，第1472—1473页。

就在毛泽东发表《论人民民主专政》一文宣布向苏联“一边倒”的前4天，刘少奇率领中共中央代表团秘密抵达莫斯科，不公开地访问苏联近2个月时间，这是党在新中国成立前夕采取的一个重大外交步骤。刘少奇代表中共中央向斯大林和苏共中央提交了一份关于中国革命和对未来新中国内外政策设想的详细报告。斯大林对报告十分重视，并作了53处加重号和批注，字里行间表露出了对报告的赞赏态度。在随后的会谈当中，斯大林明确表态，新中国政府一成立，苏联就立即给予承认。双方就苏联提供贷款、派遣专家帮助中国进行经济和国防建设进行了磋商。斯大林表示，中国共产党的政策是正确的，中苏两党应建立密切的关系互相帮助。新中国成立后的第二天，苏联政府率先宣布承认中华人民共和国。10月3日，中苏两国建立了正式的外交关系。1950年2月签订了《中苏友好同盟互助条约》及一系列协定，用条约的形式将中苏友好合作关系稳定下来。到新中国成立1周年的时候，中国先后与17个国家建立了正式的外交关系，有25个国家公开承认了中华人民共和国。“一边倒”外交策略，对于巩固新中国政权，打破美国的孤立冷战以及恢复新中国成立初期国民经济，建立工业体系等具有十分重大的意义。

中苏战略同盟关系确立后，苏联政府向中国提供了大量援助。1950年，苏联向中国提供了3亿美元贷款，按1950年的汇率折算约合9亿元人民币，占3年经济恢复时期中央政府总投资额的14.3%。这个比例是非常高的，而利息仅为1%，比贷给东欧其他社会主义国家的利息要低50%。朝鲜战争期间，苏联向中国提供的军事援助高达200亿元，还向中国派遣了大量的军事专家和顾问。1950—1953年，苏联向中国援助的重点建设项目有156项，从厂址选择、设备供应以及设备安装运行等方面都给予了全面的帮助，可以说是“无微不至”。这156项工程可堪称中国“一五”计划的核心，使中国很多工业部门实现了从无到有的转变。新中国经济建设所缺的科学技术人才，苏联同样伸出援手。据统计，1950—1953年，苏联先后向中国各经济部门派遣专家和顾问共计1083人；1954—1957年，在工业建设项目中，苏联继续派遣了近5000名专家来华。苏联专家还传授知识和技术经验，为中国培养了一批技术人员。从共同利益考虑，中国与苏联还建立了合营公司，1950－1951年，签订协定的有中苏金属公司、中苏石油公司、中苏民航公司和中苏造船公司。中苏合营公司经营得都比较成功，而且效益也非常好。在中苏贸易方面，虽然苏联对华贸易带有政治性质，但苏联确实是站在帮助中国经济建设的立场来进行贸易工作的。由于资本主义国家对中国贸易封锁和禁运，中国生产建设急需的产品无法从西方国家买到，虽然有些产品供应对苏联来说也有难度，但苏联还是尽量满足中方要求，甚至在没有议定价格和没有签订合同的情况下，就按中方提出的日期把一些急需商品运往中国，既不需要付现款，也不需要付定金。在价格方面，苏联也给予了比较优惠的条件，比同期资本主义市场上的价格要低。对于中国出口商品，苏联政府为了帮助中国恢复生产，对于他们本可自给而非必要进口的许多货物，都设法增加其国内的消费量，大量向中国购买。第一个五年计划时期是中苏关系的“蜜月期”，以1954年9月赫鲁晓夫访华，向中国移交在华财产为典型表现。比如，中苏合营的新疆石油公司股份就在这时完全转让给了中国。

但好景不长，中苏两党之间在20世纪50年代中期逐渐出现分歧，主要表现为中苏双方就共同建立“长波电台”和“联合舰队”问题产生的激烈争论。1958年苏联国防部要求在中国建立长波电台，坚持中苏共同建设、共同管理、共同所有。这一要求并没有得到完全同意，中方表示可以共同使用，但建设和所有权必须归中国所有。随后，苏联又向中国提出建立联合潜艇舰队，当即遭到毛泽东和中国其他领导人的严词拒绝。此外，苏共领导人赫鲁晓夫对中国采取炮轰金门的行动很不满，甚至担心这种行动发展下去会引起美苏冲突。上述三件事的出现表明中苏之间的矛盾已经涉及关系中国主权的重大敏感问题。毛泽东后来说："中苏闹翻实际上是在1958年，他们要在军事上控制中国，我们不干！"①中苏之间的真正冲突爆发在1959年，以赫鲁晓夫为首的苏联，为迎合美国以缓和国际紧张局势为由，于当年6月下旬单方面宣布暂时中止中苏国防新技术协定，中断向中国提供原子弹样品和生产原子弹的核技术资料，这些做法事实上放弃了中苏在军事上的同盟。9月，在中印边境地区发生武装冲突时，苏联政府不顾中方的强烈反对，发表了明显偏袒印度的塔斯社声明，反对中国政府立场。苏联作为中国的盟国，第一次把中苏分歧向全世界公开化。9月下旬，赫鲁晓夫结束对美国访问后，随即来华参加国庆十周年庆典，要求中国加入其国际战略同盟，遭到中方拒绝。1958年至1959年发生的一系列事件，使中苏两党的分歧越来越大。这些事件也表明，中苏分歧已从最初的意识形态领域扩大到现实的国家利益范围。1960年，苏联以自己专家在中国得不到信任、中方不尊重苏联专家，并使其卷入中苏两党分歧的讨论为借口，撤回全部在华专家，共计1390名；与苏联专家在华工作一同终止的，还有中苏签订的各项合同，其

① 中共中央党史研究室：《中国共产党历史·第2卷（1949—1978）》下册，中共党史出版社2011年版，第641页。

中包括苏联对华石油系统的技术扶持项目。当时石油供应本就匮乏，加之苏联专家撤离，全国石油系统陷入严重危机。中苏关系的恶化给中国的经济建设带来了严重困难，造成了巨大损失。

但我们并没有被困难吓倒，党带领中国人民发扬独立自主、自力更生的革命精神，顶住了巨大的压力。时任中共中央委员会总书记的邓小平在中苏两党高级会谈中指出，中国共产党永远不会接受“父子党”、“父子国”的关系。苏联撤退专家使我们受到了损失，给我们造成了困难。中国人民准备吞下这个损失，决心用自己双手的劳动来弥补建设自己的国家。苏联用“实际行动”让我们学会了独立自主、自力更生，为了表达对苏联的“谢意”，毛主席曾风趣地说，应该给赫鲁晓夫发1个1吨重的大勋章。

新中国成立前期，国民经济已经处于崩溃的边缘。近三年的抗美援朝，更是给新中国恢复国民经济带来很大困难。旧中国是一个典型的农业国，在1949年新中国成立时，全国工农业总产值140亿元，农业占70%，工业仅占30%，其中73.6%为轻工业，26.4%为重工业。基础薄弱、比例失调，严重制约着中国经济发展。1950年6月，党的七届三中全会提出，用3～5年的时间恢复生产，进行大规模的经济建设；准备将军费从1950年占预算支出的43%减少到1951年的占预算支出的30%，以全部预算的70%投入经济建设、文化、教育、卫生事业和改善人民的生活。可是朝鲜战争的爆发，迫使中国不得不改变原有的经济计划。1951年国家预算中军费开支的比例提高到45.64%。当年的总预算因战争增加了60%，而总预算中直接用于朝鲜战场的就占32%。朝鲜战争期间，中国军队共消耗各种作战物资560余万吨，军费开支达62亿元人民币。在国家最需要资金和物资进行经济恢复的时候，却不得不应对战争的需要。这直接影响了新中国成立初期的国民经济恢复工作，使开展大规模的工业化建设计划延迟实施，也影响了我国人民生活水平的提高。朝鲜战争结束后，中国迎来了“一五”时期的经济建设高潮，正式启动了工业化进程。

但随后的“大跃进”、人民公社化运动，再次使中国经济陷入严重困难。1957年，毛泽东在参加庆祝十月革命40周年大会上，提出了以15年或稍多一点的时间在钢铁和其他工业产品的产量方面赶上或超过英国的发展战略，以后又将这一时间逐渐缩短到两三年。为实现这一目标，规模空前的“大跃进”在全国各地展开。人民公社化运动是“大跃进”的产物，实质上是一场生产关系的“大跃进”，企盼通过人民公社，使中国早日过渡到共产主义。虽然“大跃进”和人民公社化运动的出发点是好的，但其直接后果极大地破坏了我国生产力的发展，使国民经济比例严重失调，造成人力、物力、财力的极大浪费，人民生活水平严重下降。从1957年至1960年，工业总产值由704亿元增加到1637亿元，按可比价格计算，增长了1.3倍；而农业总产值却由537亿元减到457亿元，按可比价格计算，下降了2.8%。不仅工农业比例失调，工业内部的比例关系也存在失调问题。“大跃进”提出了“以钢为纲”，提出钢产量在1957年的基础上翻一番，达到1070万吨。为了达到这个目标，甚至掀起了全民“大炼钢铁运动”。1959—1961年我们国家遭遇了连续三年的自然灾害，导致粮食供应极度匮乏。1959年、1960年、1961年全国粮食产量分别比1958年下降了11%、28.3%、26.25%。可以说，这三年是全中国都非常困难的一个时期。在“大跃进”的形势下，石油工业部也曾提出或设想过一些高指标和不切实际的口号，导致有一段时间，石油勘探和基本建设的力量过于分散、重

⊙ 1963年12月28日，石油工业部部长、会战工委书记余秋里在中央国家机关17级以上干部大会上作《关于大庆石油会战情况的报告》

点不突出，强调速度，忽视了资料录取和工程质量。

在国际形势空前严峻和国内条件极度困难的双重压力下，我国石油工业举步维艰。党中央、国务院决定调整和充实石油工业的领导力量，1958年2月11日，第一届全国人民代表大会第五次会议通过决议，任命余秋里为石油工业部部长。作出这样的调整，主要从年龄因素考虑，搞石油工业太过艰苦，李聚奎当时已经53岁，毛主席认为43岁的余秋里是“儿童团”，“精力充沛”，更适合这项工作。在接受任命之前，余秋里对于能否做好这项工作表示担忧，他并没有搞过工业，对石油更是很陌生，但他并没有退缩。在毛主席的鼓励下，余秋里表示将以“向一切内行的人们学经济工作，恭恭敬敬地学，老老实实地学”为座右铭，努力做好工作。在此后的经济工作中，尤其是领导大庆石油会战过程中，余秋里确实用实际行动践行了这句话。其实，无论是李聚奎、康世恩还是余秋里，他们都为共和国的石油工业作出了巨大的贡献，在以他们为代表的石油干部身上深深地诠释着“革命加拼命”的爱国主义精神。

由于长期受“中国贫油论”“陆相无油论”思想的桎梏，人们对于中国石油发展前景的认识是不同的。美孚石油公司在中国没有找到石油，日本人在中国东北也没有“嗅”到石油的痕迹。理论界普遍认为，中国无论是海相地层，还是陆相地层，都不可能生产大量石油。余秋里要带领石油职工在不利的国际国内环境下，在起步较晚、勘探理论准备不足、技术装备落后、勘探队伍经验贫乏、石油工业发展缓慢等严峻的形势下“摘掉中国贫油的帽子”，唯有发扬“革命加拼命”的精神，不怕困难、艰苦奋斗、顽强拼搏，没有条件、创造条件也要上，才能战胜一个又一个困难，不断取得胜利。

“革命加拼命”作为石油工业发展的指导思想，与抗日战争时期毛泽东为延长石油厂厂长陈振夏题写的“埋头苦干”一脉相承，都是中国共产党伟大精神的重要内容。邓小平在1980年12月25日对党的伟大精神作过概括：“在长期革命战争中，我们在正确的政治方向指导下，从分析实际情况出发，发扬革命和拼命精神，严守纪律和自我牺牲精神，大公无私和先人后己精神，压倒一切敌人、压倒一切困难的精神，坚持革命乐观主义、排除万难去争取胜利的精神，取得了伟大的胜利。搞社会主义建设，实现四个现代化，同样要在党中央的正确领导下，大大发扬这些精神……使之成为中华人民共和国的精神文明的主要支柱。”①

① 《邓小平文选》第2卷，人民出版社1994年版，第367—368页。

第二章

松辽盆地里发现了一个“大脚印”

天佑中华，在松辽盆地上给我们这个古老的民族留下一个“大脚印”。正是在这个“大脚印”里找到了一个世界级的大油田——大庆油田。

1953年，地质学家谢家荣在《探矿的基础知识与我国地下资源的发现》一文中指出，从我国大地构造角度来预测将来探矿方向，华北、松辽两个大平原下面，都可能有石油蕴藏。石油是由有机物质在古地质年代沉积而成，最主要的来源是单细胞植物，如蓝绿海藻类、单细胞动物、有孔虫类、活的有机物在沉积以后通过缓慢的物理和化学变化而产生。形成石油的最佳条件为有机质被迅速掩埋于细粒状的、多孔的沉积岩中。确定地下有无石油，根据大地构造、地层分析，明确有利于石油积聚的地下沉积岩层是否存在。松辽盆地是我国东北部的一个大型中、新生代沉积盆地，地跨黑龙江省、吉林省、辽宁省和内蒙古自治区。盆地四周被山脉、丘陵所环绕，中间是嫩江、松花江、辽河水系流经的平原沼泽区，面积约26万平方公里，是当今世界上最大的典型陆相沉积盆地之一。这里曾是一个巨大的内陆湖泊，湖中

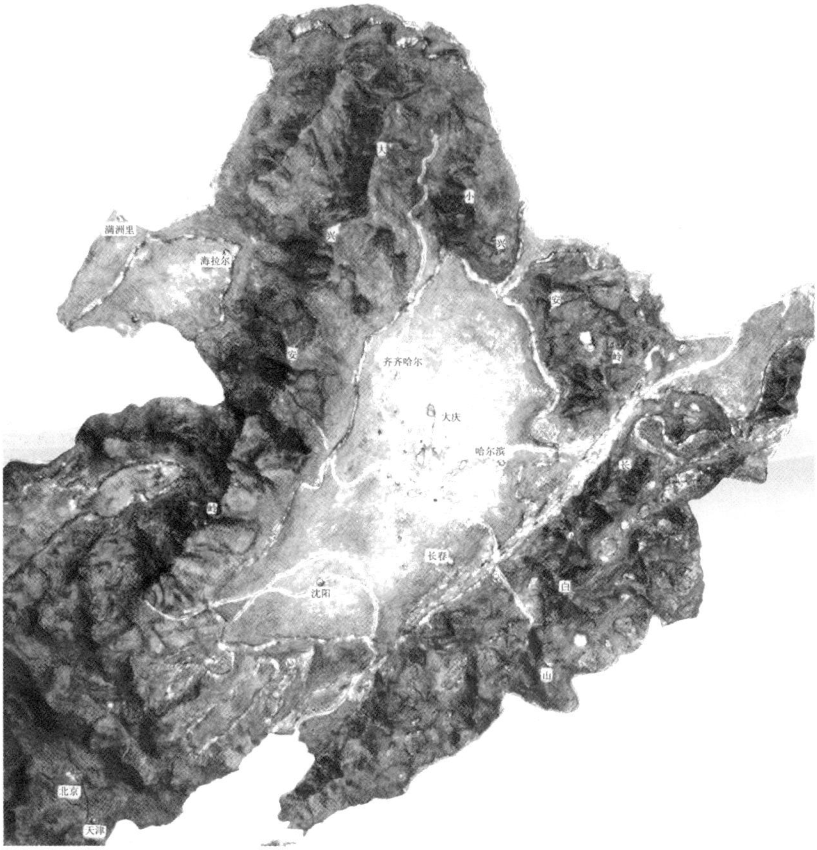

⊙ 松辽盆地示意图

和四周繁衍着丰富的浮游生物和其他动植物。谢家荣在《石油地质》1954年第12期《中国的产油区和可能含油区》一文中说，松辽平原应划为含油希望很大的地区，广大平原下有发现大量油气矿床的希望。1954年，著名地质学家李四光在《石油地质》第16期发表《从大地构造看我国石油资源勘探远景》一文，提出华北平原、松辽平原的摸底工作是值得进行的。

寻找大油田的重任最早落在了地质部。1955年1月，地质部在北京召开了第一次石油普查工作会议，将松辽盆地找油踏勘工作提上了日程。1955年六七月间，地质部东北地质局地质队队长韩景行正在野外工作时，接到了回局接受新任务的电报，新任务便是松辽平原的石油踏勘。韩景行曾就读于北京大学地质系，却没有接触过实际的石油勘探工作，年轻的他一开始有点担心完不成任务，但最后还是甘冒风险，把任务接了下来，并着手组队和查阅资料文献。组队一开始就不顺利，韩景行回忆：7月正值各队野外工作高潮，人员和设备工具都很缺乏，几乎只有地质工作“三件宝”（铁锤、罗盘、放大镜），连个照相机都没有。就在这样的条件下，以韩景行为首的6人小组踏上了艰辛的找油之路。他们曾经被这样形容：远看像是逃难的，近看像是要饭的，仔细一打听——原来是搞勘探的。尽管那时生活很艰苦，但每个人都有一颗火热的心，希望能找到油气，振兴祖国石油工业，所以心情非常愉快，没有什么私心杂念。8月中旬，6名二三十岁的年轻地质师从吉林市哈达湾租了两条渔船，沿着松花江顺流而下，兴致勃勃地开始了松辽盆地最早的石油地质普查工作。两条小木船拼在一起，既是交通工具，又是食宿场所。一行人就挤在不过几平方米的空间内，白天以舟代步寻找岩石露头，夜里停泊在江中沙洲，借着烛光汇总、交流一天的情况和收获。偶尔捕到几尾鲜鱼，捡到几枚鸟蛋，便是大家难得的“大餐”。

为什么要沿着松花江找油？因为松辽平原几乎都被厚厚的黑土掩盖，只有被大江大河切割冲刷过的地方才能比较容易地看到岩石露头，而只有通过岩石露头，才能推断地下是否具备形成油矿的地质条件和环境。两条小木船在松花江上一晃就是一个多月。9月底，东北天气已经转凉，韩景行一行人在国庆之夜弃船登岸，沿着沈哈铁路两侧的盆地边缘，徒步继续他们的野外踏勘，一直坚持到北风呼啸的12月才结束工作。而此次踏勘获得的成果很快将野外工作的疲劳一扫而光，韩景行在报告中欢欣鼓舞地写道：我们在一些沟壑中发现多处可能属于白垩纪或第三纪的紫红色砂泥岩和黑、灰、绿等色泥页岩……尤其重要的是在灰、绿色泥页岩中有很浓的油味，呈“芝麻饼”状的介形虫页岩和鱼子状泥灰岩薄层，他们具有荧光反应，推断可能是生油层。最后，报告得出了大胆的结论：松辽盆地应该而且可以找油，建议进一步展开油气普查和物探工作。两条小木船上的收获，树起了石油人对松辽盆地最早的信心。

1957年春天，冰雪初融的松辽盆地迎来了又一支地质队——来自石油工业部的地质师邱中建等7人，他们奔赴松辽盆地现场调查油苗，观察岩心，实测典型地层剖面，搜集以往地质资料及地球物理资料，开展含油气地质综合研究及远景评价工作。他们蹚过了山洪汹涌

⊙ 1958年松辽石油勘探局地质队进行野外调查

的老哈河，穿越了茫茫连绵的小兴安岭原始森林，几乎踏遍了松辽盆地的边缘。他们有时去地质部松辽地质大队收集资料并经常一起观察地层剖面；有时去地质部松辽物探队收集航磁图、重力图及横穿盆地的地球物理大剖面，结合浅钻资料，发现松辽平原地层起伏平缓，并有很多大型隆起显示；有时与松辽野外小队一起深入松辽平原北部小兴安岭的原始森林中，请鄂伦春族兄弟作向导，穿越深山密林，广泛调查地质情况，虽然工作辛苦，但收获很大。历时2年，由表及里、由浅入深的大范围搜索，零散而又微弱的地质信息在地质专家的脑海里逐渐会聚成一幅诱人的图册。邱中建在其执笔的《116地质研究队年度总结报告》中指出松辽盆地是一个含油远景极有希望的地区，并提出可供选择的基准井井位，其中一个井位位于大庆油田南部葡萄花构造上。经过实地调查和综合研究后，石油工业部得出了与地质部一致的结论——松辽盆地是一个含油远景极有希望的地区。

新中国的石油工业经历了20世纪50年代的起步发展，虽然取得了一定成绩，但形势依然严峻，国内石油产量只能自给40%。1958年2月27日至28日，邓小平在中南海居仁堂一面仔细听取石油工业部相关汇报，一面不时地做着记

大庆话语

三老四严：对待革命事业，要当老实人，说老实话，办老实事；对待工作，要有严格的要求，严密的组织，严肃的态度，严明的纪律。它是大庆石油职工在会战实践中形成的过硬作风的集中体现，源自采油指挥部三矿四队。当时，新来的徒工小孙由于操作失误挤扁了刮蜡片，还让材料员为他保密。队长辛玉和知道这件事后认为“小洞不补，大洞尺五”，他严肃地批评了小孙，并召开了事故分析现场会。队党支部因势利导，在全队开展了“当老实人、说老实话、办老实事，严格要求、严明纪律”的“三老两严”活动。“三老四严”的提法最早出现于1962年，到1963年形成了完整的表述，同年，“三老四严”被写进了《石油工业部工作条例》。这一好作风来自实践，是在大庆领导反

录。当唐克汇报到人造油的生产情况时，邓小平插话说：“听说你们石油工业部有搞人造油和搞天然油的讨论。石油工业怎样发展，我看人造油是要搞的，并且下决心搞，但中国这样大的国家，当然要靠天然油。”[①]邓小平这段话一针见血地道破了石油工业的要害。当时，石油工业部确实有发展人造油还是发展天然油的讨论。它的背景情况是，第一个五年计划期间，石油工业部是唯一一个没有完成产量计划的工业部门。当时的天然油基地主要是靠解放前发现的玉门、独山子、延长3个油田，以及解放后1955年发现的克拉玛依油田。1957年，这些油田的产量仅有86万吨，满足不了国民经济发展的需要。这些油田又都集中在西北地区，由于运输不便，对于急需用油的东北地区来讲，是“远水解不了近渴”。所以在大连、抚顺等地发展了人造油生产，产量也达到了60万吨，几乎与天然油的产量“平分秋色”。由于当时勘探工作做得比较少，勘探技术、地质理论也还比较落后，加上一些思想认识上的问题，在这种背景下，一些同志产生了悲观情绪，认为中国的地质既不像美国的北美地台，又不像苏联的俄罗斯地台，发展天然油的前

复倡导和精心培育下，逐渐在职工队伍中形成的。它增强了队伍的组织性和纪律性，生产中的主动性和科学性，执行制度的自觉性和严肃性，起到了单靠领导工作和生产管理制度不能完全起到的作用，在几万人的职工队伍中形成了风气。

① 全国政协文史和学习委员会编：《工业学大庆纪事》，中国文史出版社2009年版，第16页。

景不大。有的同志提出，与其打很多干井造成浪费，还不如把这些资金用来发展煤焦油和太阳能。邓小平指出，中国这样大的国家，当然要靠天然油。这就从战略发展上为我国石油工业指明了方向。从此，我国的石油工业开始走向了一个以发展天然油、天然气为重点的新阶段。唐克接着汇报石油勘探工作的规划部署。当汇报到第二个五年计划的重点勘探地区时，邓小平指出：“石油勘探工作，应当从战略方面考虑问题。战略、战役、战术总是要三者结合的。把真正有希望的地方，如东北、苏北和四川这三块搞出来，就很好。对这些地方应该积极创造条件，如果龙女寺钻出油来，四川石油工业就会‘跳’到前面，东北搞出来了也会‘跳’到前面。对于松辽、苏北等地的勘探，都可以热心一些，搞出一个初步结果。”[①]邓小平在听取汇报过程中和汇报结束时，对石油工业的战略发展方向又作了许多重要的指示。邓小平指出：“在第二个五年计划期间，东北地区能够找出油来就很好，把钱花到什么地方，是一个很重要的问题。总的来说，第一个问题是选择突击方向，不要十个指头一样平。全国如此之大，二十、三十个地点总是有的，应

① 全国政协文史和学习委员会编：《工业学大庆纪事》，中国文史出版社2009年版，第17页。

大庆话语

四个一样，即对待革命工作要做到：黑天和白天一个样；坏天气和好天气一个样；领导不在场和领导在场一个样；没有人检查和有人检查一个样。这是大庆石油职工在会战实践中形成的优良作风。“四个一样”是大庆职工把党的优良作风和解放军的“三大纪律八项注意”同油田会战具体实践结合起来的产物。1962年3月，大庆油田建立和推行岗位责任制后，会战工委结合生产实际，开展树立岗位责任心的思想教育，增强了广大职工的主人翁责任心和执行制度的自觉性，涌现出以李天照井组为代表的一大批先进单位和个人。李天照井组管的是一口1961年7月投产、地处油田边缘的油井。自投产以来，未发生过一次事故；井场设置863个焊口和170多个阀门，没有一个漏油漏气；使用的

该选择重要地点先突击。选择突击方向是石油勘探的第一个问题，不然的话，可能会浪费一些时间。”[①]邓小平的指示传达后，大家心里亮堂了。怎样把石油搞上去？邓小平已经为我们提出了明确的指导思想，那就是：第一，在发展方针上坚决把重点转移到发展天然油、天然气上来。第二，战略部署上要选准突击方向，实现战略转移，力争在第二个五年计划期间在我国东部地区有所突破。按照邓小平的指示，经过充分研究和讨论，石油工业部党组决定，把松辽、华北、四川、华东、陕甘宁以及南方地区作为战略发展的重点地区。第一个五年计划期间，我们把仅有的力量几乎都放在了大西北。那里的工作条件差，勘探效率低，就是新发现的克拉玛依油田也因为交通运输不便，无法进行全面勘探开发。我们不但要在西北地区找油，更要在工农业发达、交通运输便利、急需用油的东部下工夫。

也就是在这个时候，四川盆地于1958年春天，首先打响了第一炮，但接下来川中会战没有达到预想的效果。可石油工业部没有气馁，按照邓小平的指示精神，从1958年开始，又组织队伍去了松辽盆地，并且做了不少工作。正如邓小平

大小工具无一损坏丢失；记录的上万个产量和压力等数据，经反复检查无一差错；油井长期安全生产，月月超额完成原油生产任务。其基本经验是能自觉从严，做到了“四个一样”。大庆会战工委大力总结推广他们的先进经验，使“四个一样”逐步成为大庆职工队伍的优良作风。这一优良作风建立在广大职工的主人翁思想基础之上，其实质是一种高度的自律精神。职工队伍有了这种好作风，各项制度就能切实贯彻，各项工作就能扎实开展，一个小队、一个班组、一个人即使单独执行任务，也能信得过，干出来的事情也能过得硬。

① 冀年勇主编：《讲那创业年代的故事》，石油工业出版社2011年版，第47页。

提出的，如果龙女寺钻出油来，四川石油工业就会“跑”到前面。东北搞出来了也会“跑”到前面。正当川中会战下马之时，东北大地却正在酝酿着一次重大的突破！

根据邓小平的这一重要指示，党中央决定从国情的迫切需要出发，在全国更大的范围内开展勘探，石油勘探战略开始由西部向东部转移，以改变中国石油工业偏居西北一隅的不合理局面。这一系列举措，下定了突击松辽盆地的决心，从更高的战略角度为石油勘探工作指明了方向，也激发了大家的斗志，并且对以后发现大庆油田起到了决定性作用。

一拨又一拨的找油人开始挥师东进，踏上了松辽盆地这片充满希望的黑土地。杨继良是在1958年4月奉命从西安地质调查处调往东北的。和杨继良一同奔赴东北的，还有地质部和石油工业部派出的来自全国各地的数十支地质调查队、地球物理勘探队、大地测量队和专题研究队。他们踏着尚未完全消融的残雪，开始了拉网式的野外普查。一片荒芜的松辽盆地突然热闹起来，数十部地质浅钻机在松花江南北开动。刚刚来到这里就忙活开的石油地质工作者虽然兴奋，但还是禁不住担心：地质部和石油工业部都认为松辽盆地大有希望，这希望真的能够变成现实吗？松辽盆地真的能够找到大油田吗？仿佛是为了给初来乍到的人们吃一颗定心丸，地质部施工的浅钻孔南17孔，很快就发现了石油踪迹。南17孔位于松花江南岸的吉林省前郭尔罗斯蒙古族自治县达里巴村附近，1958年4月17日，在这口井里首次取到了含油砂岩。黄褐色的砂岩，散发着浓烈的油气味，现场的地质人员甚至用不着化验分析，就立即断定这是石油生成后运移过程中浸润过的油砂。石油作家宫柯用一个生动的比喻诠释了这次发现的重要性：“如果说韩景行地质师三年前嗅到油气味是从很远距离飘来的饭香，那么南17孔采集的油砂就是那口蒸饭大锅散落在灶台上的米粒。”[①]这意味着，人们虽然没有见到石油，但已经可以证实松辽盆地确确实实生成过石油。喜讯传到长春，又飞到北京，新华社在《人民日报》第三版发表了一篇“豆腐块”《松辽平原有石油》，寥寥数百字，一下子轰动了国内外。但杨继良等地质部和石油工业部的专家们来不及兴奋，他们要冷静下来，进行下一步的理论分析。据石油地质学理论推测，只要在油砂附近某个地方找到适合储油的地质构造，很可能就是石油沉睡的地方。石油究竟隐藏在哪里，只有钻井，尤其是钻深井才能确定。钻深井是石油工业部的强项，当时地质部只有钻井深度不超过1000米的小型钻机，石油工业部却有能够钻达3200米深度的重型钻机。因此，在松辽盆地钻基准井成了石油工业部松辽石油勘探局的第一要务。所谓基准井，是指在油气区域勘探初期，钻的几口从上到下全部取心的探井，主要目的是钻取地层深处的沉积岩石，直观地了解地层的沉积规律和物理化学成分。基准井一般要使用大型钻机，尽可能将沉积岩层钻透，钻达基岩，以便获取完整的地质信息。不过，由于国内石油严重短缺，等不及过长的勘探时间，因此，石油工业部对松辽盆地勘探的要求是将钻探和找油两项任务结合起来，同时进行。当时，松辽局仅有两台能打深井的苏式乌德钻机，每打一口基准井，都要耗费几百万元，花费一年甚至几年的时间。物资有限，时间紧急，即便是以发现油砂的南17孔为圆心，可供选择的面积也有3万多平方公里，哪里才是布置井位的理想位置？两部的地质专家们必须尽快回

① 大庆油田有限责任公司《大脚印》编纂委员会编著，宫柯执笔：《大脚印——大庆油田勘探开发历程揭秘（上部）》，石油工业出版社2014年版，第21页。

答这个迫在眉睫的问题。为了使松辽石油勘探局具有设计基准井位的研究能力，石油工业部从西安地质调查处抽调技术力量成立松辽地质室，派遣1951年毕业于南京矿业专科学校的地质师张文昭担任地质室主任，1954年毕业于西北大学地质系的钟其权为基准井研究队的队长，与最先到达松辽石油勘探局、1953年毕业于北京地质学院的杨继良，共同承担基准井位的设计任务——他们三人并称为松辽石油勘探局地质室“三杰”。

而最终这道难题摆在了25岁的基准井综合研究队队长钟其权面前。接到调令，他二话没说，一身单衣便赶到了冻土尚未完全融化的松辽前线。他带着基准井队队员，现场勘察，反复与地质部普查大队磋商，查阅了几吨重的物探资料，才完成了松基一井和松基二井的设计方案。松基一井井位确定在黑龙江省安达县任民镇以东约14公里处，松基二井井位确定在吉林省前郭尔罗斯蒙古族自治县松花江南岸的登楼库附近。1958年七八月，两口基准井相继开钻。11月11日，松基一井在1879米的深度完钻，几个月的钻井过程中没有见到任何油气显示。松基二井的钻井过程更加曲折，先是开门红，162米就出现油砂，给了人们无限希望，接着1000多米的深度都没有征兆，直到1252米以下，泥浆才带出了油花和一串串气泡，井场上顿时一片欢腾。谁知，由于钻具不配套发生了钻杆断开的事故，松基二井进程缓慢，直到第二年9月15日才在2887.63米的深度最终完钻。经过试油，一年前发现的油花和气泡早已不知去向，松基二井没有获得工业油流。在松基二井缓慢地钻向地层深处时，松辽局地质室主任张文昭，以及杨继良、钟其权等人正在为松基三井的井位设计忙得不可开交。

1958年下半年，开始设计松基三井的井位时，地质部松辽普查大队与石油工业部松辽石油勘探局在选址上发生了分歧，双方各抒己见，都有道理，于是松基三井的定位成了“难产儿”。为了获得更权威的论据，两部的技术人员不是在野外调查，就是在办公室研究资料。一天，钟其权等几位地质师到地质部长春物探大队所属的地震队收集新的地震资料，发现了大同镇附近一个叫作高台子的构造。钟其权顿时眼前一亮：一个大凹陷之中隆起局部圈闭，这种“凹中之隆”的构造极有可能富集石油。恰巧，这个位置还与松基一井、松基二井构成了一个近似等边的三角形，符合基准井的布探规则。就这样，钟其权提出了在高台子构造上布置松基三井的方案，果然，征询地质部意见后被认可了。年轻的地质师们满怀希望地向石油工业部报送了最新方案，此前，他们已经修改过5次方案。没想到，报告递交之后，上级要求再次补充资料，详细论证。近乎严苛的态度背后，是石油工业部对松基三井既可以了解地层又能兼探油层的强烈渴望。11月，松辽局补报的地质图表被送到了北京。石油工业部邀请了一批地质专家反复评审，终于下决心批准了这一方案，这一天是1958年11月29日。一个多月后，春节刚过，钻完松基一井的32118钻井队，在漫天冰雪中开始了大迁徙。他们要带着总重量超过100吨的乌德钻机，从安达县搬到130公里外的黑龙江省肇州县大同镇。此前，钟其权亲手砍下一根木桩，在这里钉下了松基三井的标志。没有大型载重汽车，只有乡间土路，工人们人拉肩扛，用将近两个月的时间完成了搬家。4月11日，大同镇高台子村西侧，32118钻井队队长包世忠宣布开钻，在鞭炮的硝烟中，高大的乌德钻机隆隆开钻。当时在场的钻井工人回忆，听说开钻，附近的老百姓都跑来围观，孩子们看傻了，女人们先

⊙ 1959年9月26日，松基三井喷出工业油流

是缩脖捂耳朵，后来渐渐松开了手、扬起了脸，老太太抿嘴乐，老头儿手捻着胡须，嘴里说：“这国家气力真大！”松辽局的地质师和钻井工人们没有百姓们那么轻松。地质室主任张文昭从办公室搬到了32118钻井队的施工现场，盯着每一米岩心取出来的情景。工人们在1879米深的松基一井没有见到任何油花，这次开钻松基三井，心里更是着急。一转眼就到了7月，这天，艳阳高照，钻井已抵达1112米的深度，井眼返出来的泥浆中出现了油珠和油花，一筒岩心从井下取出来，卸掉钻头，颜色棕黄、含油饱满的砂岩出现了。这块油砂虽然只有十几厘米厚，但它意味着松基三井钻到了油层。自从一年前从玉门来到松辽盆地后，32118井队还是第一次闻到原油的芳香，见到油砂，真好比久旱逢甘雨，一切疲劳顿时消失了。全队上下奔走相告，欣喜若狂。工人们把那块油砂看了又看，摸了又摸，闻了又闻……

继续往下钻，含油砂岩不断出现，在1100米至1200米井段，含油砂岩竟多达五六层，有的油砂刚被取出时，还有不少气泡往外冒。地质人员取样后，划一根火柴一点，居然燃起了火苗！毫无疑问，这是与石油伴生的天然气。在场的人都乐坏了，那股喜庆劲儿，比抱儿子时还乐！

按照一般的钻探模式，基准井的任务是钻取岩心了解地层的沉积规律，即便发现了良好的油气显示也要继续向下钻，直到钻达基岩。不过，松基三井在设计时就明确了要将钻探和找油结合起来。现在已经发现了油气，接下来是继续钻进，还是停钻试油？松辽局做不了主，恰好石油工业部康世恩副部长陪同苏联石油部总地质师米尔钦克来到了哈尔滨。康世恩曾在清华大学地质系就读，大学尚未毕业就加入了八路军，1949年，他率领一个装甲团解放了玉门油矿，从此与石油结下了不解之缘。1955年9月至1956年2月，他曾率中国石油代表团前往苏联考察。由于对石油专业求知若渴，爱提问，当时还是部长助理的康世恩被苏联人笑称为“问题专家”。康世恩在哈尔滨当面听取了松辽局工作人员的汇报后，提出停钻试油，米尔钦克却激烈反对：“搞勘探要讲究程序，基准井要完成基准井的任务，完井后才能试油。”康世恩继续争论：“这口井才打了

大庆话语

五条要求：人人出手过得硬，事事做到规格化，项项工程质量全优，台台在用设备完好，处处注意勤俭节约。它是大庆领导机关在油田全面开发建设初期，对生产建设提出的重要规则。作为大庆企业生产和管理的优良传统，“五条要求”所积淀的文化精神就是：质量观念，效率观念，效益观念，安全、文明生产观念等。这些观念体现了大庆人的科学求实精神，符合油田生产建设发展的客观要求。

1000多米，如果全井取完芯，起码还得半年。井身浸泡时间长了，恐怕有油也试不出来。如果现在试油，有开采价值，可以立即开发，另外再打一口基准井也可以嘛。”两人谁也说服不了对方，过了几天，32118钻井队接到了石油工业部的通知，立即停钻试油。

其实，苏联专家不知道的是，石油工业部坚持停钻试油另有隐情。一方面，国内急需石油；另一方面，松基三井在845米至875米的深度发生了井斜，在钻具不配套的情况下几次纠偏都没有成功，如果按原计划向3200米深度继续钻进，会越来越困难。

1959年8月，松基三井停钻，开始固井、准备试油。松基三井按部就班地进行了固井、射孔、诱喷。这一系列专业词汇意味着，很快就能出油了。可是直到20天后，才真正等到出油的消息。原来，井筒里的水压强太大，压住了油层，必须像用辘轳从井里打水一样，将井筒里的水捞出来，减小压强，深埋地下的油层才能在地层压力下涌出来。这项工作看似简单，干起来却相当艰苦。披星戴月的提捞工作终于接近尾声，最终，连钻机坠落在井底的螺丝杆都被捞了出来。9月26日下午3时45分，一条黑色的油龙顺着管子喷薄而出，油流越来越大，越来越猛烈。油花

大庆话语

三个面向：面向生产、面向基层、面向群众。它是大庆企业机关工作的一个基本指导思想。1960年，大庆石油会战一上手，会战工委便强调，各级领导要“亲临生产第一线指挥生产”“机关工作要面向生产”。经过不断实践、不断总结，到1964年就形成了“面向生产、面向基层、面向群众”的工作指导思想。企业机关坚持这一指导思想，对于克服主观主义、官僚主义和命令主义，密切干群关系，调动各方面的积极因素，提高工作和生产效率都具有重要意义。

飞溅中，欢呼声此起彼伏。几天后，松基三井的原油日产量稳定在9至13吨。新中国的石油人在松辽平原找油的艰辛，终于在新中国成立十周年的前夕得到了最好的回报。

11月8日，黑龙江省委第一书记欧阳钦等人来到大同镇慰问石油职工。欧阳钦提议，为庆祝新中国成立十周年，把松基三井所在的大同镇改名为大庆区。随后，石油工业部决定将松辽盆地发现的出油构造命名为大庆长垣，发现的油田命名为大庆油田。从此，大庆这个响亮的名字，成了新中国石油发展史上不可磨灭的印记。

在拟定松基三井井位时，地震资料只有高台子构造一个面积不大的高点，圈闭面积仅10平方公里。通过地质部长春物探大队的工作，到1959年第二季度，发现在高台子构造以南，还有一个圈闭面积可达300多平方公里的葡萄花构造。经过地质部松辽石油普查大队用浅钻钻探，在井深500米以内的嫩江组三四段发现多层油砂，推断葡萄花构造应是比高台子构造更有前景的地区。石油工业部决定调运钻机重点钻探葡萄花构造。

长春物探大队已编绘出包括喇嘛甸和敖包塔在内的整个大庆长垣的地震构造图，在石油工业部部长余秋里的主持下，制定了以大庆长垣二级构造带为整体的勘探部署方案。甩开钻探，大井距部署探边井，快速探明油田边界和大体规模，尽快地探明油田的储量。并采用“三点合一”的方针调整了部署，即把探井分为三类统筹安排：第一类井不取岩心，快速钻进，加强综合录井，取得完整资料，迅速拿下含油面积；第二类井在油层部位全部取岩心，掌握油层特征，为计算储量取得参数；第三类井是在油田边部的探井，进行分组试油确定油水边界。此外，在每个油田上，还要选一口井长期试采，了解产量递减情况。

在一些会议上，余秋里尖锐地指出：“过去石油勘探上的教训告诉我们，一口井出油不等于整个构造出油，一时出油不等于能长期出油，一时高产不等于能稳定高产。”“石油是深埋在地下摸不着看不见的流体矿物，因地而异，情况复杂。必须在不断实践中，取得大量的、能反映地下情况的第一手资料。经过反复测验研究，才能对地质情况、油藏性质、油藏类型等做出正确判断。”[①]究竟这个油田是大油田还是小油田，是活油田还是死油田，是好油田还是坏油田，在当时还不清楚。因而要求我们在振奋之余，必须保持头脑冷静，继续做更加扎实、深入、细致的工作。按照上述原则，减掉了一些探井的取心任务，加快了勘探速度。余秋里经常到现场去了解探井的安装和钻进情况，找干部、工人和技术人员谈话，还召开大会动员同志们克服困难，鼓足干劲，争取早日拿下大油田。

这里需要再详细叙述一下拟订大庆长垣北部三个构造高点上的第一口探井的情况。1959年冬，葡1井首先钻穿葡萄花油层并在岩屑中见到较多的含油饱满的细砂。张文昭、钟其权和地质室的同志们对松基三井和葡1井的测井资料进行对比后，发现从高台子向南到葡萄花方向，地层和油层厚度均有变薄现象，这预示着向着相反的方向，即从高台子构造向北，油层可能会增厚，即预测油层厚度更大产量更高的地区可能在大庆长垣北部。1959年12月，收集到地质部长春物探大队刚做出来的大庆长垣地震构造图，这张比例尺为1/100000的一米多长的构造图上反映出的构造形态，从宏观上看与现在已很接近。在

① 冀年勇主编：《讲那创业年代的故事》，石油工业出版社2011年版，第53页。

这张图中显示出长垣北部还有三个面积一百到数百平方公里的大构造没有钻探。12月下旬的一天，这张图被送给当时正在大同镇的余秋里看，并向余部长汇报了预测向北油层可能加厚时，余秋里很高兴，当即和李德生总地质师等一起决定在北部的三个构造顶部各钻一口探井。萨尔图构造顶部为萨1井、杏树岗构造顶部为杏1井、喇嘛甸构造顶部为喇1井。后来在研究大庆长垣的总体部署时，为了便于统筹规划构造上的井位，按照每边2.5公里为一个方格作为一个探井井区，这样按照井网格排列，萨1井改为萨66井，杏1井改为杏66井，喇1井改为喇72井。由于钻探以前已经预见到北部的三个构造高点可能出现较好的成果，因此当时各方面都十分关注大庆长垣北部三个构造高点上第一口探井的钻探成果。在数九寒天的季节，组织了在北部三个高点上的三台钻机的搬迁安装工作。大地已封冻，工人们用镐、大锤加钢钎，攻坚啃硬，把泥浆池和基础坑挖出来，为保证开钻创造了条件。工人们在安装中克服了缺少吊装设备、缺水等困难，将设备就位并进行了试运转。萨尔图构造上的第一口探井，即这个构造高点上的萨66井（原名萨1井），在1960年2月20日开钻，钻探这口井的是32139钻井队。这口探井采用不取岩心快速钻进，用加强岩屑录井的方法了解钻到的油层情况。这口井在井深680多米处见到了油页岩标准层。根据长垣南部高台子、葡萄花地区的经验，从这层油页岩向下，再钻230米才能见到油层。但是萨66井从765米处岩屑中就开始见到油砂，油砂的粒度明显比南部地区要粗，含油饱满，具有浓浓的油香味。钻过这层油层后，反映松软油层的钻速较快的低钻时层不断出现，相应的，岩屑中一次又一次地出现油砂含量增多的高峰。油砂、油砂，没完没了的还是油砂！在延续300多米井段中见到了多层油砂。

经过电测证实，油层厚度远远超过了大庆长垣南部地区。在钻萨66井以前，根据区域性地层和砂层变化情况，我们已经预计到向北油层可能要加厚。从萨66井的钻探结果看，油层这样厚这样好却是超出了我们原来的预计。萨66井油层厚、产量高，构造位置又在滨洲铁路线附近，交通条件比长垣南部好。中间突破找到了高产的萨尔图油田，喜讯传到参加勘探工作的职工中，大家再一次纵情地欢呼跳跃，欢庆这一新的更大胜利。大庆石油会战第一次筹备会议在哈尔滨召开期间，康世恩、唐克等领导都很关心萨66井的钻探结果。当听到萨66井见到较好的油气显示之后，会议认为：萨尔图地区可能是一个高产油区，估计随着开发形势的不断发展，会战重点将从大同镇转移到萨尔图地区。

在萨66井喷油以后，1960年3月16日，大庆石油会战领导小组决定，会战中心转向萨尔图，并提出当年会战目标是：拿下萨尔图，北进喇嘛甸，开辟生产试验区，拿下200口生产试验井，当年给国家拿出六七十万吨原油，争取100万吨。由于相对于大庆长垣南部嫩江组一段和姚家组二、三段的大段泥岩层位，在萨66井多出一套油层，就把这套油层命名为萨尔图油层。继萨66井之后，杏树岗构造上的杏66井也开始开钻，也采取不取岩心快速钻进的方法，在井深915米萨尔图油层的岩屑中开始见到油砂，同样是连续地见到多层油砂。对杏66井的电测资料进行研究后发现，这口井油层发育情况总体与萨66井相似，虽较萨66井减薄一些，但比高台子构造要明显增厚，也就是这口井还是属于油层厚度较大、产量较高的类型，这样就证实了油田的高产区是在包括杏树岗构造在内的长垣北部地区。

大庆长垣最北部的喇嘛甸构造高点上的喇72井于1960年3月28

日开钻，同样采取不取岩心快速钻进的方法，从井深882米开始，岩屑中见到油砂，坚持将油层钻穿见到含水层后完钻。经过电测和井壁取心证实有多组较厚的油层。最后完钻的喇72井，从油层总的特点看与萨66井相似，但油层要比萨66井更厚。也就是说，在整个大庆长垣上油层厚度最大、产能最高、最“肥”的部分是喇嘛甸构造。在萨尔图、杏树岗、喇嘛甸三个构造高点上打出了萨66、杏66、喇72三口油层厚度大、产能高的探井，这关键的“三点定乾坤”，展示出长垣北部大面积的高产区的宏观面貌。在大庆长垣北部找到厚油层高产区的同时，长垣南部也是捷报频传，不仅在葡萄花和高台子构造上，有更多的探井获得工业油流，在太平屯和敖包塔构造也分别获得工业油流。至此，已证明大庆长垣上的7个构造均获得工业油流。

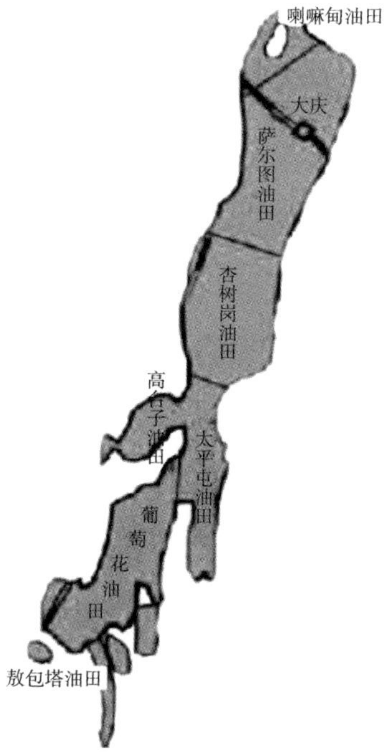

⊙ 大庆长垣示意图

大庆长垣纵轴方向从南向北依次排列的7个构造，即敖包塔、葡萄花、太平屯、高台子、杏树岗、萨尔图和喇嘛甸都是储油圈闭，一个整装的特大型陆相沉积砂岩的清晰轮廓被勾勒出来，而把松辽盆地中的这7个构造连起来，被形象地称为一个神奇的、储存宝藏的“大脚印”。这种说法来自石油作家宫柯，在其执笔的《大脚印——大庆油田勘探开发历史揭秘》的封面上可以看到一个生动形象的“大脚印”。从这个“大脚印”里不仅走出了一个世界级特大油田，也走出了世界闻名的大庆精神。

这个“大脚印”里究竟藏着多少油，是困扰着决策层的重大问题。而算准储量的关键，是要确定两个参数：一个是油层有多厚，另一个是含油饱和度有多大。在搞清油田面积和特性的同时，从1961年开始进行油田地质储量计算工作。这是中国第一次自行计算油田地质储量。总共运用了11400米岩心、160万个化验数据、1708万次地层对比资料，合理地圈定了含油面积，实事求是地确定了油层有效厚度、孔隙度、原始含油饱和度等一系列计算参数，最后正式上报党中央、国务院的地质储量为22.6亿吨。

回顾大庆油田的发现过程，结合国内外其他油气田的勘探过程以及勘探中取得的经验教训，发现油田的全过程需要经历以下五个主要阶段：一是圈定有利的沉积盆地，指出勘探方向；二是选定有利的凹陷和区带，提供钻探构造；三是在有利构造的关键部位提出井位，通过钻探、录井、测井工作发现油气层；四是通过艰苦细致的工作，获得工业油气流；五是通过试采，了解油井产能是否稳定，继续钻一批评价井或详探井，圈定含油面积和算准储量。上述每一个阶段都需要动用相当数量的人力和物力，并需要配合深入细致的石油地质综合研究工作。各阶段之间既有联系，又分别有本阶段的关键性工作和需要取得的主要成果。每个阶段都有取得较好或较差成果以及成功或失败两种可能性。如通过钻井可能见到油层也可能见不到油层，通过试油可能获得工业油流也可能不具备工业价值。在全部工作中只要某一个环节失败了，下一个阶段就很难继续进行。因此，在发现油田的全部过程中，忽视或降低任何阶段的必要性都是不恰当的。在陆相生油理论的指导下，决定在我国东北地区开展石油勘探工作，然而只是在松辽盆地开展地质的工作，并不意味着以后很多问题都能自然解决。日本人也曾在我国东北地区找过油，但没有成功，这就是一个例子。因此，大庆油田的发现是多种学科、多项技术和多个部门相互配合完成的一项大型系统工程。大庆油田的勘探过程，抓住了每个环节的主要问题，正确处理了战略方向、战役部署和战术动作三者之间的关系。而在所有这些关键环节上，都体现了学习和运用辩证唯物主义思想的重要性，以及采用先进的科学技术和开展综合研究的必要性。

每个关键时刻所做的正确的决策是发现大庆油田的先决条件。就在邓小平指示“东北搞出来了，也会‘跑’到前面”[①]后的一年零八个月，东北真的“跑”出来了。松基三井的滚滚油流，以不可阻挡的气势急速奔腾，唤醒了东北的油海，标志着大庆油田的诞生。在大庆出油、东北出油的启示下，在陆相盆地可以找到大油田的理论和实践指导下，石油大军挥师南下，华北“跑”出来了，江苏“跑”出来了，江汉“跑”出来了……“大力发展天然油”“勘探方向要东移”“重点突破松辽、华北、华东、四川等地区……”我国的石油工业正是坚决贯彻执行了邓小平的指示精神才取得了今天的成就。石油工业的胜利，首先应该归功于战略指导思想的正确，归功于对全局发展的正确判断。同样，对于大庆油田发现过程中余秋里、康世恩等大庆石油会战领导者们所做的正确抉择我们也应铭记于心。在我国石油工业的发展历程中，凝聚着他们的心血。今天，当我们为祖国的石油工业跻身世界先进行列而感到无限自豪的时候，一定不能忘记他们的教诲、他们的功绩。

---

① 中共中央文献研究室编：《邓小平文集》（1949—1974年）中卷，人民出版社2014年版，第368页。

科技工作者们在艰苦条件下呕心沥血的工作，是发现大庆油田的根本保障。大庆油田的发现，离不开李四光、谢家荣等地质学家从我国大地构造角度对将来探矿方向的预测，是他们指出了松辽平原下面可能有石油蕴藏；离不开地质部韩景行等地质师们艰苦的野外踏勘，是他们进一步证明了松辽有油说法的正确性；离不开石油工业部的地质师邱中建等人，不远千里奔赴松辽盆地现场调查油苗，开展含油气综合研究及远景评价工作，是他们最终绘制出一张诱人的图册；离不开松辽石油勘探局的地质室“三杰”，是他们严谨细致的工作，准确定位了松基三井，最终喜获工业油流；更离不开无数没有被载入史册的、默默无闻的英雄们，是他们的无私奉献换来了“三点定乾坤”，继而发现了上苍赐予我们中华民族的这个神奇的“大脚印”，推动了一个世界级大油田的发现。

第三章

“大会战，这一办法是好的”

1960年2月20日，中共中央批准了石油工业部党组于2月13日提交的《关于东北松辽地区石油勘探情况和今后工作部署问题的报告》，并且肯定地说：“石油工业部为了加快松辽地区石油勘探和开发工作，准备抽调各方面的部分力量，进行一次‘大会战’，这一办法是好的。”中央要求“请各地不太妨碍本地的勘探任务的条件下，予以支援”。同时，中央在批复中还说道：“积极地、加快地进行松辽地区的石油勘探和开发工作，对于迅速改变我国石油工业的落后状况，有着重大的作用。”

其实，对于展开这场“大会战”，石油工业部是经过了多次研究的。国家正处于国民经济困难时期，拿不出足够资金。松辽石油勘探局在当时只有20部钻机、职工人数不足5000人，而与之形成鲜明对比的是，全国石油行业有17万名职工、10多亿元的投资、100多台钻机，实力比较可观。考虑再三，如果能把全国石油行业的力量集中起来，将全局的劣势转化为局部的优势，这场“战争”就有了胜利的把握。

早在1960年1月，石油工业部党组在召开扩大会议时，就已经进行了反复的研究和讨论，准备用集中优势兵力打歼灭战的办法，组织石油会战，进一步加强大型油田的勘探与开发。2月1日至5日，正值春节期间，石油工业部再次召开扩大会议，专门研究分析松辽盆地的勘探情况和组织石油大会战的问题。会上，石油部专家工作组的李德生、童宪章、翁文波首先汇报了大庆长垣的地质情况和勘探形势，并对下一步的工作部署提出了初步意见。到1960年1月底，在大庆长垣南部的葡萄花、太平屯地区，已经钻完了6口探井。经过一个月左右的试油试采，产油情况良好。用5毫米油咀试油，每口井自喷日产10～24吨。另外还有7口探井钻遇油层，根据取心、电测和钻进过程中的油气显示，证明油层情况也很好。

从已经取得的地质资料看，这个地区条件很好，并通过这次会议达成共识：一是油层多，也比较厚；二是产量比较高；三是储油条件比较好；四是地层分布稳定；五是油层埋藏不深；六是地层松软。这充分说明，在已经控制的大庆长垣南部200平方公里的面积内，石油储量是可靠的，油田的地质条件是有利的。

在这次部党组扩大会议上，也考虑到组织这样一场牵动全国石油战线的会战会不会对当前生产和各单位的工作造成影响。经过分析，大家认为，只要各单位思想统一，工作能跟上去，从长

大庆话语

五到现场：生产指挥到现场，政治工作到现场，材料供应到现场，科研设计到现场，生活服务到现场。这是大庆企业机关在会战中形成的传统作风。生产指挥到现场，就是指挥调度人员实行现场调度，计划人员到现场落实计划，进行综合平衡；政治工作到现场，就是政治工作部门的干部坚持深入现场了解情况，发现典型，总结经验，并做好现场的宣传鼓动工作；材料供应到现场，就是物资供应部门实行“大配套”“小配套”“货郎担”，送料到现场；科研设计到现场，就是科研设计工作紧密结合生产实践，有效地解决生产中的问题；生活服务到现场，就是后勤和商业等部门组织理发、缝补，保证日用百货到现场，更好地为前线服务。实行“五到现场”，有利于根据实际情况决定工作

远的、发展的观点看，只会有利，不会有害。当时，余秋里在会上说：“我们搞石油勘探，既要勇于解放思想，又要敢于有根据地断定问题。有充分根据而不敢作判断，就无路可走，就会一辈子落后。现在国家迫切需要石油，大庆资源又比较可靠，地质情况也搞得比较清楚，改变石油工业的落后面貌在此一举。我们必须下定决心，背水一战，倾家荡产，全力以赴，才能很快拿下这个大油田。”“大庆石油会战，只能上，不能下，只准前进，不准后退，就是有天大的困难，也要硬着头皮顶住。争取以最快的速度、最高的水平，把这个大油田勘探、开发、建设好，把石油工业落后的帽子甩到太平洋里去。”①

这次部党组扩大会议开了几天时间。经过讨论，会议同意采取集中兵力打歼灭战的办法，组织松辽大会战；并且决定大庆石油会战由石油工业部党组直接领导，党组成员中的余秋里部长和孙敬文、康世恩副部长到前线指挥；并决定石油工业部机关抽调一半人员到大庆参加会战；参加会战的队伍由石油系统各企事业单位抽调组成，各单位带队的主要领导干部由石油工业部点名指定。

2月6日，余秋里给当时主管工业的李富春

① 《余秋里回忆录》，人民出版社2011年版，第485页。

方针，避免瞎指挥；能更多地倾听群众呼声，了解群众疾苦，及时地解决问题，激发工人群众大干社会主义的积极性；能更好地改进工作作风，促进机关革命化。

约法三章：坚持发扬党的艰苦奋斗的优良传统，保持艰苦朴素的生活作风，永不搞特殊化；坚决克服官僚主义，不能做官当老爷；坚持“三老四严”的作风，谦虚谨慎，兢兢业业，永不骄傲，永不说假话。“约法三章”是会战工委在1964年8月下旬的扩大会议上，通过总结会战几年来发扬艰苦奋斗精神，干部参加劳动，领导亲临前线指挥生产、蹲点调查的好处后，制定的一项企业领导干部革命化的措施。1964年9月30日，石油工业部向各局、厂、公司转发了大庆工委的“约法三章”。国家计划委员会在计划会议上和薄一波两位副总理写了一封信，其中汇报了松辽石油勘探情况和石油工业部准备在松辽地区组织石油会战的打算。同时，请求国家增加部分投资、设备、器材和劳动力。李富春同志看过信以后，便找余秋里谈话，表示石油会战是一个大行动，要求余秋里给中央书记处写个报告。

余秋里经过了几日的思索，终于在1960年2月13日将《关于东北松辽地区勘探情况和今后工作部署问题的报告》（以下简称《报告》）正式送进中南海，摆在了邓小平的办公桌上。

《报告》中提道：“最近，我们对东北松辽地区的石油勘探情况和今后工作部署问题作了反复的研究和讨论。从现在已经掌握的资料来看，可以说形势很好，来头很大。目前，已经在黑龙江省肇州县大庆（原名大同镇）地区，探明了一块200平方公里储油面积的大油田。初步估算，可采储量在1亿吨以上，大体上相当于新疆克拉玛依油田。产油情况很好，现在已经打出来的探井，经过1个多月的采油试验，平均每口井日产量在12吨左右。”“油层产油性良好，出油稳定。油层埋藏不算很深，第一、二组油层深度在一公里左右，而且地层松软，打井容易。总体来看，开发和建设这里的油田有很多便利条件。整个大庆地区，从地质材料上看，是一个很大的适于储

印发各中央局计划委员会，各省、直辖市、自治区计划委员会，抄送中央各部、委、办，国家经济委员会在《工业交通战线》第13期上予以刊登。通过认真执行“约法三章”，密切了领导和群众的关系，防止了干部特殊化。

四个公开：思想公开，缺点公开，工作公开，生活公开。1964年会战工委作出决定，领导班子和领导干部必须做到“四个公开”。思想公开：有问题摆到桌面上来，不隐瞒自己的观点，不搞背后议论；缺点公开：严于解剖自己，不护短，不怕丑，积极开展批评和自我批评；工作公开：及时向党委汇报工作，经常互通情况，有事共同商量，加强集体领导；生活公开：严格要求自己，不搞特殊化，不干见不得群众的事。根据规定，会战指挥部机关和二级单位普

油的构造，面积达两千余平方公里。现在拿到手的这块油田，仅是其中的一小部分，边界尚未摸到。看来，储油面积还会有大的扩展，远景非常乐观。根据这个地区的情况，我们认为应该下一个狠心，用最大的干劲儿，用最高的速度，迅速探明更大的油田面积和更多的新油田。为此，我们的部署是：第一，甩开勘探，在现已探明的二百多平方公里储油面积的四周，向外扩展。在两千平方公里的构造范围内部署钻探，以求迅速探明油田的面积和储量究竟有多大。第二，在已经探明的储量面积内，选择一两块地区，打出一批生产试验井，进行油田开采试验。第三，在大庆构造带以外的附近地区，还发现有许多好的构造，储油的可能性很大，准备用一部分勘探力量，有选择地进行钻探，以期找出新的油田。”“为了实现上述任务，我们打算集中石油系统一切可以集中的力量，用打歼灭战的办法，来一个声势浩大的大会战。”①

所谓“大会战”是革命战争战略战术在社会主义建设中的灵活运用。为开发建设大庆油田，根据石油工业部的工作部署，在短时间内要打400多口探井和生产试验井，钻井进尺大概50

遍做到：会战期间不盖楼堂馆所，不论领导干部、工人和职工家属都住干打垒或平房，标准一样；办公室不摆沙发，不用特殊家具、用具；不请客、不送礼；不设领导干部保健室和医院的干部病房；领导同志深入基层时和工人同吃、同住、同劳动；领导干部不固定专车，近的走路、骑自行车；领导干部的家属，有劳动能力的，都参加集体劳动，评工计分。领导干部实行“四个公开”的实际行动，在群众中影响很好，对加强班子建设，密切干群关系，发挥了积极作用。

① 中共大庆市委党史研究室：《大庆石油会战史》，中共党史出版社2008年版，第42页。

万米；同期进行相应的油田建设，其中包括采油、集油、输油、供水、供电、保温、运输和机修等项基本建设工程。这就必须集中人力，从玉门、新疆、青海、四川等石油管理局和其他有关石油厂、矿、院、校，抽调几十个优秀的钻井队和必需的采油、地质及其他工种队伍，再加上2000多名科学技术人员前来参加，掀起一个大规模的群众运动，同时要集中必要的物力、财力，把高速度、高水平、一鼓作气地拿下这个大油田作为一场“歼灭战”来打。因此，这种做法称之为“石油大会战”。

邓小平同志接过《报告》，从头到尾仔细看了一遍，好像要加深理解似的，又让余秋里把报告内容做些说明：“松辽大油田已经摆在前面，国家又那么需要油。我们是想在今年搞出些大名堂，但力量分散是不行的。所以想集中石油系统一切可以集中的力量，用打歼灭战的办法，在松辽地区开展一场勘探开发石油的大会战。”余秋里带着激情作说明，邓小平认真地倾听，不时点头表示赞许。听到最后他说：“在力量有限的情况下，集中兵力打歼灭战路子对头，我赞同。这样吧，余秋里同志，你给中央正式打个报告。”“好的，总书记。”此时的余秋里终于放下了一直悬着的心。①

报告送达后的第七天，2月20日，党中央就给予了批复，并向东北局黑龙江省和其他有关省（市）自治区党委、国家计委、经委、建委、地质部及其他有关部委的党组作了特批。中央下达批准石油会战的文件后，毛主席曾以得意的语气向人夸耀说：“有人说我们的军队干部打仗可以，不能搞经济建设。我就不信！你们看，余秋里在搞石油大会战嘛！”②

① 何建明：《部长与国家》，新世界出版社2009年版，第154页。

② 何建明：《部长与国家》，新世界出版社2009年版，第154页。

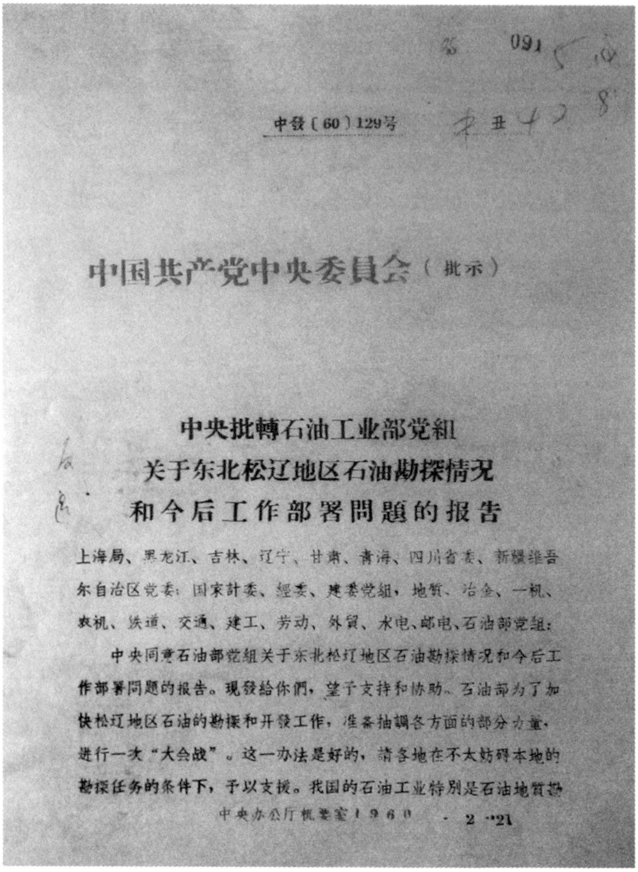
中發〔60〕129号

中国共产党中央委員会（批示）

中央批轉石油工业部党組
关于东北松辽地区石油勘探情况
和今后工作部署問題的报告

上海局、黑龙江、吉林、辽宁、甘肃、青海、四川省委、新疆维吾尔自治区党委：国家計委、經委、建委党組，地質、冶金、一机、农机、铁道、交通、建工、劳动、外貿、水电、邮电、石油部党組：

中央同意石油部党組关于东北松辽地区石油勘探情况和今后工作部署問題的报告。現發給你們，望予支持和协助。石油部为了加快松辽地区石油的勘探和开發工作，准备抽調各方面的部分力量，進行一次“大会战”。这一办法是好的，請各地在不太妨碍本地的勘探任务的条件下，予以支援。我国的石油工业特别是石油地質勘

中央办公厅机要室1960 ·2·21

⊙ 1960年2月20日，中央批转石油工业部党组《关于东北松辽地区石油勘探情况和今后工作部署问题的报告》

为了展开这场大会战，石油工业部早已做了大量准备。年初，部党组酝酿组织会战时，曾经计算过，要搞好大会战，需要解决的第一个问题就是人力不足。石油工业部当时设想过，如果能像新中国初期第五十七师成建制地转为石油工程第一师那样，有一支解放军部队成建制地转入石油队伍或者补充一批转业退伍官兵，就好了。于是，在部党组决定组织会战后，余秋里便决定由周文龙给罗瑞卿总参谋长、张爱萍副总参谋长写一封信，汇报松辽地区石油勘探情况和准备组织会战的打算，与此同时提出分给3万名转业退伍官兵的请求。信中提

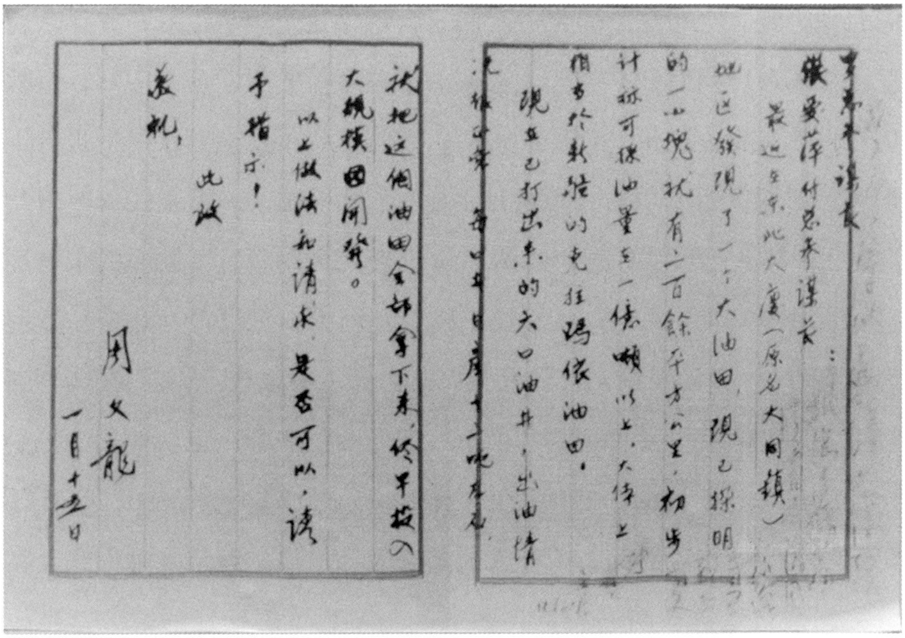
罗总参谋长
张爱萍副总参谋长：
最近在东北大庆（原名大同镇）地区发现了一个大油田，现已探明的面积有二百余平方公里，初步计算可采油量在一亿吨以上，大体上相当于新疆的克拉玛依油田。现在已打出来的六口油井，出油情

秋把这个油田全部拿下来，然后投入大规模开发。
以上做法和请求，是否可以，请予指示！
此致
敬礼，
周文龙
一月十五日

⊙ 1960年1月15日，石油工业部副部长周文龙关于请求解放军给予人力支援写给罗瑞卿总参谋长、张爱萍副总参谋长的信

到：“最近在东北大庆（原名大同镇）地区发现了一个大油田。我们已经决定在最近时期内集中石油系统一切可以集中的力量，进行一次大规模的会战，一鼓作气地拿下这个地区。会战中各种技术工种队伍及几千名石油技术干部的配备，我们已经组织调遣中，但由于这个地区非常辽阔，又是平地起家，一切基本建设、道路、电讯以及后备力量的补充，需要工人的数量很大，我们实在无力解决，特请求您设法支持我们一下，在今年转业军人中酌拨2万到3万人，以解决目前我们工作中最大的困难，争取在夏秋两季就把这个油田拿下来，尽早投入大规模开发。”①

2月，余秋里又把石油工业部的这个想法向周恩来作了报告。

① 《余秋里回忆录》，人民出版社2011年版，第491页。

周总理听到这个想法之后也表示同意，认为这个想法很好，并让余秋里去找正在广州召开军委扩大会议的毛主席作汇报。这月中旬，余秋里专程乘飞机去广州，到达广州后，首先见到了罗瑞卿，向他报告了来意。罗瑞卿听了以后，风趣地说：“余秋里哟，一下子就要改编我们的3万部队呀！就你想得出来！你真会找窍门啊！”此时的余秋里只好带着解释的口吻说：“总长，我们有困难，是没得办法啊！”罗瑞卿笑着说：“没问题，自己人嘛！我去向主席报告一下。”在向罗瑞卿报告后，余秋里又见到了刘伯承、贺龙两位老帅，也向他们汇报了这次广州之行的目的，刘帅说：“对头嘛！打虎要靠亲兄弟，出征还得父子兵嘛！”说话间，工作人员进来通知，说主席请老帅们到会客室去，余秋里也被叫进去了。原来毛主席想了解松辽的情况，也想让老帅们听听。于是，余秋里按照向中央报告的内容，作了汇报。毛主席一边专心地听，一边不时点头，说：“好……这很好嘛！”旁边有人插话说：“余秋里要在松辽搞个大会战！”余秋里接着说：“正准备调克拉玛依、玉门、柴达木、四川的队伍到松辽会战。”毛主席说：“听说你们有个报告，要搞会战。好哇！准备上阵喽！”虽然毛主席没有说多少话，从他听汇报的神态和讲话的语气，余秋里已经感到毛主席对石油工业部的计划是同意的、寄予希望的。从毛主席住处出来，余秋里的心情很轻松，同时也充满了信心。在他看来，这次会战，有毛主席、党中央、中央军委撑腰，如同是在革命战争时期，在困难条件下，有了党中央、毛主席的领导，就能打胜仗一样，这场会战也一定能打上去。①

---

① 参见《余秋里回忆录》，人民出版社2011年版。

余秋里从广州回到北京时，张爱萍已经为周文龙写的信作了批示，内容为：“动员部：将此情况简报罗总长请示，我看应该同意给2.5万到3万人。”2月22日，中央又下达了“中央决定动员3万名退伍兵给石油部”的指示，并指出：为了集中力量迅速开采在东北大庆地区发现的新油田，决定从部队今年度退伍兵中动员3万人交石油工业部参加开采大庆地区新油田的工作。其中，沈阳军区动员1.5万人，南京军区动员1万人，济南军区动员5000人。之后，中央军委又决定给大庆分配3000名转业军官。从3月起，转业、退伍的官兵陆续来到大庆。他们中间有不少是党团员，有的还参加过抗美援朝战争，到1960年4月底，来到大庆的复员战士和转业军官已达2万余人，他们的到来为大庆会战增添了一支生力军。

除了参与会战的人员问题，资金缺口这个大问题也令余秋里部长头痛不已。他曾把有“铁算盘”美誉的李人俊副部长叫到身边，俩人反反复复研究，该抠的抠、该卡的卡、该省的省、该挪就挪，算出了一年石油大会战所必需的基本费用。可是无论他们怎么算、怎么抠，所得到的结果还是令人发愁。至少有近3亿元资金和近5万吨钢材、设备和其他所需器材依旧没有着落。其实，这也正是让管钱管物的李富春副总理最难办的事情。他曾在接到有关报告后感慨过，以前别人争项目争投资，余秋里是稳坐不吭声，还以为他好说话。现在倒好，狮子大开口。这个副总理兼计委主任真是难当，国家这么“一穷二白”，什么项目都不能搞，都下马了，哪里能有那么多钱。于是，便让余秋里去找邓小平同志试试。

余秋里又硬着头皮，带着李人俊和“账本”去找邓小平。把“账本”铺到小平的办公桌上，余秋里和李人俊肃立在桌前，两颗心忐忑不安。邓小平仔细地看着这本“账”，深深地吐着烟雾，长时间地沉默着。临了，他拿起“账本”，对余秋里扬了几下，平静地说：“就这么多？”余秋里明白，要钱要物，是动真格的。邓小平的审慎，说明了国家的困难，石油部不能没完没了嘛。他干脆地回答：“就这么多！其他的缺口我们自己想办法解决。”邓小平同志在石油工业部资金器材缺口的“账本”上开始批示。他很清楚，松辽石油会战是大事，就算国家再穷，也得支持这个事。

在国家遇到暂时经济困难，很多部门压缩投资、物资，很多工程下马的时候，党中央批准石油工业部上马搞会战。在指示方向、方针的同时，又解决了缺资金、物资、劳动力等实际困难。党中央的关怀和支持，极大地增强了石油工业部的信心。如果当时没有党中央的批准，没有党中央、国务院政治上的关心和财力、物力、人力上的支持，大庆石油会战是搞不成的。

党中央批准石油工业部党组关于开展石油大会战的报告后，中央书记处指示，对会战的检查督促和组织支援工作，由薄一波副总理主持，国家计委、经委、建委负责，并由三委的三位副主任组成领导小组，负责日常组织领导工作。

国家计委、经委和建委，根据中央批示精神，立即组织有关部门和省市支援大庆石油会战。1960年3月3日，三委给冶金、水电、农机、外贸、交通、一机各部和上海、黑龙江省计委、经委发出电文，要求迅速调剂一批钢材、设备，支援松辽石油勘探。据统计，有钢材1.8万吨，发电机组6000千瓦，载重汽车100辆，吉普车30辆，45匹马力拖拉机60台，机床50台，压路机2台，油井水泥10000吨，轴承4000～6000套，木材由黑龙江就地调整支援。

3月9日，薄一波同志亲自主持召开国务院有关部门及黑龙江、吉林、辽宁三省和东北协作区负责同志参加的会议，讨论大力支援大庆油田的勘探与开发问题。会上，余秋里部长和康世恩副部长汇报了大庆油田的勘探情况、会战的工作部署和需要解决的问题，黑龙江省副省长陈雷汇报了黑龙江省支援油田勘探开发的情况以及从省里的角度要求国务院有关部门解决的问题，还有其他一些同志发了言。薄一波副总理在讲话中充分肯定了石油工业部和黑龙江省的工作，对一些问题作了明确答复。

1960年3月13日、17日，国家计委、经委、建委发出电报，督促有关单位迅速调拨钢材、汽车、水泥、拖拉机、机床、木材等设备物资，支援松辽地区的石油勘探和开发工作。

3月21日，国家经委向毛主席写报告，汇报了大庆会战部署和组织支援工作情况。报告中正式提出：同意增加投资2亿元、钢材3.8万吨；会战按年产2000万吨原油安排工作。这样，大庆石油会战在党中央的亲切关怀下，在国务院及有关部门和黑龙江省的组织和大力支持下，经过紧张的准备，迅速展开了。

其实，黑龙江省委、省政府以及全省人民对石油的支援和帮助早在1958年就开始了。当时石油工业部党组响应党中央提出的石油勘探战略重点东移，成立松辽石油勘探局，从西北移师东北，开始在松辽盆地进行大规模勘探工作的时候，吉林省委、省政府和黑龙江省委、省政府就极为重视，给予了各方面的关注和大力支持。说到黑龙江省的大力支援，便不得不提到当时的黑龙江省委第一书记欧阳钦和当年那段牛让“油”的记忆。

早在石油工业部党组召开扩大会议期间，石油工业部就不断地把勘探进展情况向黑龙江省委通报。欧阳钦坚决拥护中央关于在大庆进行石油会战的决策。他连续主持召开省委常委扩大会议，讨论研究支援石油会战的问题，作出了“全力以赴，全力支援，统筹兼顾，全面安排”的决议。在省委领导下成立了以省委常务书记强晓初为组长的支援石油会战领导小组。欧阳钦强调，这个机构就是石油大会战强有力的后勤部，他来当这个后勤部的政委。当时，省委还责成杨易辰负责安排解决会战队伍的粮食、副食品、煤炭、被服等物资供应；陈雷负责会战前线机修厂、卫生医疗机构、学校的建立，以及电力供应、通信线路的架设、组织力量修筑公路等事项。李范五、陈剑飞等也是一次又一次地向余秋里和康世恩征求对支援工作的意见，一处处地亲自检查支援物资的到货情况。还转达了欧阳钦深切关怀的话语：石油、黑龙江是一家，凡是黑龙江能解决的，就地拍板解决；不能解决的也要积极设法解决，总之省里的决心就是保证大会战的顺利进行。那时，黑龙江省同全国一样处于极端困难中。以欧阳钦同志为第一书记的省委、省政府和全省人民的无私支援，使大会战前夕就出现了“三军未动，粮草先行”的局面，为石油大会战的开展提供了先前准备和保障基础。

很多人不知道的是，曾经在大庆这片土地上，生长着一望无际的优质牧草，是世界上少有的百万亩优良牧场之一。早在解放初期，根据中共北满分局书记陈云同志的指示，就在这里建立了红色草原牧场。

1960年春，萨尔图、喇嘛甸地区一批探井相继喷油。所获得的地质资料表明，大庆油田越向北延伸，地下油层越厚，原油产量越高。当时以余秋里为部长的石油工业部果断地决定，挥师北上，集中力量探明萨尔图、喇嘛甸地区油田的情况。而萨尔图正是红色草原牧场的中心。牧民们因家乡发现了石油，沉浸在一片欢乐之中。他们热情地为会战职工腾出房子，连牛棚也腾了出来，仅1960年四五月，就安置了数以万计的工人，还为萨1井挖了第一个试油用的土油池。随着石油会战的发展，一口口油井、一座座泵站和油库建设起来，这些设施占去了一块块肥美的草原。牧民们发现，开发建设油田必然要破坏他们赖以生存的草原，油和“牛”之间存在着尖锐的矛盾，自此牧场和油田的争执不断发生。

以欧阳钦为第一书记的省委，认真分析了牧场和油田的矛盾，经过反复研究，确立了总的原则：“服从大局，‘牛’给油让路。”欧阳钦委派时任安达市委第一书记曲常川和时任省农业厅厅长房定辰在萨尔图召开了油田土地会议，通过与牧场、油田等有关部门的讨论协商，确定了大庆地区利用土地的具体原则：“地上服从地下，油区内‘牛’让油，油区外油让‘牛’。”

可是，问题还没有完全解决。会战职工在艰苦条件下，吃不饱肚子，体质严重下降，“浮肿”成了常见病。会战职工为了坚持会战，决定自己动手开些荒地，种粮，种菜，改善职工生活。这样，油和“牛”的矛盾再度突出起来。欧阳钦亲

大庆话语

岗位责任制：把全部生产任务和管理工作，具体落实到每个岗位和每个人身上，做到事事有人管、人人有专责、办事有标准、工作有检查，保证广大职工的积极性和创造性得到充分发挥。1962年5月8日，中一注水站因管理不善，发生了一场火灾。油田从领导到职工，本着“鸡蛋里挑骨头，打着灯笼找毛病”的态度整理问题。围绕“一把火烧出的问题”展开大讨论。北二注水站发动职工对照中一注水站事故，查找自己的问题，从查物点数做起，把全站每样东西、每件事情，由谁管、怎么管、负什么责任，都落实到每个岗位和每个人身上，做到了事事有人管、人人有专责、办事有标准、工作有检查。会战工委及时总结和推广了该站的实践经验，在全油田建立了岗位专责制、巡回检

自找有关部门做思想工作，省委再次重申：“宁可牺牲‘牛’，也要确保油。”为了确保大庆油田的开发建设用地，1963年5月13日，省委、省政府决定将红色草原牧场所属的在油区的4个分场陆续迁出，把一片大草原交给大庆油田使用。就这样，牧民们服从大局，带着牛离开了长久以来生活的家园。据统计，省委、省政府的这一决定，使红色牧场的奶牛和马的数量分别减少了53%和17.8%，这充分体现了黑龙江人民高尚的共产主义风格，体现了黑龙江人民对于大庆石油会战的全力支援。

说起大会战的筹备，早在中央正式批准石油大会战报告的第二天，也就是1960年2月21日，石油工业部党组就在哈尔滨市召开了大庆石油会战第一次筹备会议。这次会议由副部长康世恩主持，各石油局厂、院校主要负责同志，国家经委、东北协作区、黑龙江省有关领导和部门负责人，以及石油工业部机关部分司局长参加了会议。

这次会议传达了党中央的批示和部党组给中央的报告，讨论了大会战的指导思想、工作方针和主要任务，宣布了部党组关于全国石油系统37个局、厂、院校由主要领导干部带队，组织精兵强将，自带设备参加大会战的决定，并对会战各项主要工作作了具体安排。

查制、交接班制、设备维修保养制、质量负责制、岗位练兵制、安全生产制、班组经济核算制八大制度。

会议上宣布了余秋里、孙敬文、康世恩亲临前线，直接指挥会战。同时，成立大庆石油会战领导小组，由康世恩任组长，石油工业部地质勘探司司长唐克、石油部机关党委副书记吴星峰任副组长。

根据部党组给中央的报告中提出的工作部署，会议确定了石油会战的三项任务：第一，在200平方公里的面积上甩开勘探，争取打200口左右的探井，迅速探明油田面积，找到10亿吨的可靠储量；第二，选择已经探明的有利地区，打出200口左右的生产试验井，进行油田开采试验，实行早期注水，当年生产原油50万吨，年底达到日产4000吨的水平和年产150万吨的生产能力；第三，在大庆长垣以外的附近地区，进一步开展地震勘探，完成地震细测4万公里，选择有利构造进行钻探，争取再找到一些新的油田。

为了完成这些任务，会议决定划分5个战区：葡萄花战区、太平屯战区、萨尔图战区、杏树岗战区、高台子战区。明确了各参战单位的任务及所负责的战区。按照当时的安排，会战的重点地区是长垣南部的大同镇附近地区，在葡萄花、高台子、太平屯构造上部署了比较多的探井，油田的开发试验也准备放在葡萄花一带。

除此之外，还准备组织两个勘探大队，负责

大庆话语

三基工作：加强以党支部建设为核心的基层建设，加强以岗位责任制为中心的基础工作，加强以岗位练兵为主要内容的基本功训练。“三基工作”是会战工委通过总结会战初期加强基层建设的基本经验后，于1964年提出的基层工作全面发展、全面提高的方针，成为大庆油田基本经验之一。

大庆长垣外围的钻探工作；组织一个地质调查处，负责松辽盆地中央坳陷带的地质调查和地球物理勘探工作。整个会战的油田建设，由第一工程局包干，土建工程请黑龙江省支援。会战的科学研究工作，由石油科学研究院负责组织，北京石油学院配合。研究的项目包括钻井、地质、采油、油田建设等各个方面，由石油五厂负责，省机械部门协助，筹建一个机修厂。突击建设一个日处理百吨原油的小炼油厂，以解决会战用油需要。

会上，对各单位的队伍组织、人员集结、设备材料调度等提出了具体要求。比如，要求玉门局组织一个管理20部钻机、年钻150口探井的指挥部，调出10个钻井队，其中有5个是标杆队，抽调5部钻机；组织一个从采油、注水、集输到测试、修井的完整采油厂，管理200口生产试验井；配备一个机修厂的技术骨干，从车间主任、工程师到工长，还要成套配备一个管理400辆汽车和特种车辆的运输处的架子；还要成套配备一个包括工地主任、工长在内的土建工程处的技术骨干力量。对新疆、四川、青海等单位，也都提出了明确的要求。当时组织会战队伍采取了3种形式，康世恩赋予每种形式一个形象贴切的比喻：一是“拔萝卜”，点名抽调些标杆钻井队，比如，玉门的王进喜钻井队，新疆的张云清钻井队等。二是“割韭菜”，把原来的队伍成建制一个不剩地调来。三是“切西瓜”，把原来的队伍一分为二，留下一半，调来一半。

在时间的安排上，会议确定3月调动人马，4月开始上手，5月初正式打响。各单位的参战队伍必须在3月集结完毕，钻井、安装、附属工程队伍和机关于3月15日前赶赴现场。

会议还决定，所有参加会战的人员，不管是集体调来的还是个别调来的，仍归原单位建制，各单位都要成立党的组织，负责统一管理。但要带上组织、人事关系和户口、粮食关系。工资仍由原单位照发，以后再根据情况由大庆发放。各单位在队伍调动的同时，要随队带上一些必需设备、器材、备品、工具，以避免上来后缺东少西，影响会战。

会议期间，主要参战单位领导还到大同镇现场了解情况，听取了松辽局的介绍，察看了本单位的作战区域，以便回去更好地组织队伍快上。

第一次筹备会议开的时间比较长，于3月3日结束。会议期间有的同志就和单位联系，通报情况，准备行动。散会后，各单位参加会议的同志急如星火，从哈尔滨赶回单位，立即传达贯彻。搭班子，调队伍，拆钻机，运设备。经过层层发动，宣传动员，会战队伍迅速开赴大庆。有些职工临行前两三天才接到通知，出发时却一个不落地踏上了行程。那时，石油职工都以能参加会战为荣，就像战士上了战场，生怕打不着仗。各路会战队伍一路上集体行动，纪律严明。在北京换车时，许多第一次来到北京的同志，都顾不上到天安门广场拍个照片。石油工业部机关的工作人员也都动员起来，在行政司长、老红军鲍建章同志带领下，给过路的石油职工送水送饭。到1960年3月15日，离第一次筹备会议结束还不到

大庆话语

两抓两从：抓生产从思想入手，抓思想从生产出发。“两抓两从”是大庆人正确处理思想政治工作与经济工作关系的基本原则，也是大庆人思想政治工作的一条基本经验。抓生产从思想入手，就是坚持思想领先，抓生产首先要抓人的思想政治教育，注重解决生产过程中遇到的各种思想问题，把思想工作做在前头。抓思想从生产出发，就是思想政治工作必须围绕经济建设这个中心进行，根据经济工作实际，确定思想政治工作任务，把思想政治工作贯穿生产建设的全过程，保证生产建设任务的完成和经济效益的提高。1964年，石油工业部政治部在《关于加强基层建设，健全经常性政治工作的12条基本经验》中，概括为“抓生产从思想入手，抓思想从生产出发”。

两周，各单位到达大庆地区的职工已达1000多人，部队转业官兵已到11000多人。加上松辽局原有的5000余名职工，大庆油田已经集结了1.7万人，后续队伍还在不断涌入。运抵安达的设备、器材已有247个车皮，1万余吨。

康世恩副部长开完大庆石油会战第一次筹备会议后，便回到北京。油田勘探形势也在不断变化，很快又传来了萨66井喷出高产油流的喜讯。

1960年3月14日，余秋里刚刚迈进门，只见康世恩兴奋得像个孩子，大喊："大好消息！萨66井出油啦！日产148吨！"

"148吨！这简直跟在油库里倒油没啥区别嘛！"独臂将军余秋里乐得不能自已，随即他又兴奋地说："不行，这得修改我们原来的会战行动计划，得马上修改！"他立刻让秘书通知各副部长和全体党组成员开紧急会议。

余秋里在会上表示，萨66井如先前所料，出大油了！它证明长垣北边确实有大油田，比南边的葡萄花构造还要富有！必须立即调整计划，否则就错失大好战机了。

康世恩进一步说明，趁现在队伍还没有全部到达安达一带，要往北行动，现在就得下决心！

李人俊也认为这笔账是合算的，早调整比晚调整好。

孙敬文此时却有疑问，南边葡萄花构造已经有多口井喷油了，而北边现在只有一口井，是否也像南边把握大呢？

对于这样的疑问，余秋里认为意见是对的，但葡萄花是捏在手心里的东西，肯定不能放弃。既然要抓大油田，抱大金娃娃，而萨66井又如此高产，就证明北边的情况大大好于南边。既然形势变了，就要当机立断，调整部署；否则，当断不断，就会贻误战机。于是他建议，部党组立即修改会战方案，将主战场从南部转移到北部。所有参会的石油工业部领导一致同意了余秋里的提议。

余秋里根据萨66井的出油情况提出，为了加快会战步伐，尽快拿下大油田，对大庆会战做了重新部署。这就是中国石油史上著名的“挥师北上”的开始。

为了调整会战部署，3月主要抓三件事。

（1）3月16日，以会战领导小组名义下令，把玉门局参加石油会战的临时筹备小组由太平屯迁往萨尔图，要求正在调动、搬迁的队伍、设备，一律改变方向，直接摆到萨尔图地区。给新疆、玉门两支队伍下达的会战目标是：拿下萨尔图，北进喇嘛甸，开辟生产试验区，打出200口生产井，争取当年生产原油70万吨。

（2）3月17日，召开了全国石油企事业单位电话会议，通报了萨尔图地区勘探的最新发展以及党组调整部署的决定。康世恩代表党组要求各单位切实认识到这次会战和调整部署的意义，坚决贯彻部党组的决定，抽调精兵强将，一个顶一个。以最精干的队伍、头等的技术和武器，拿下油田。余秋里在会上着重指出，对这次调整部署所带来的困难，一定要有充分的思想准备，盲目乐观，看不到困难是要吃亏的。但是，我们要看到：干，有困难；不干，国家的困难更大。我们一定要按照毛主席的教导，发扬中国人民吃苦耐劳的光荣传统和革命战争时期的英勇战斗精神，艰苦奋斗、勇往直前，顽强克服各种困难。

（3）3月27日至29日，在哈尔滨召开了大庆会战第二次筹备会议。会议由康世恩主持，唐克作了关于4月工作安排的报告。出席会议的除会战领导小组成员外，还有有关石油企事业单位的领导同志。

根据部党组调整会战部署的决定，会议着重讨论了4月工作，重新划分了各单位会战的区域。

会议确定了4月的工作方针是全面完成准备工作，集中力量拿下萨尔图油田，打响第一炮，迎接大会战。主要任务是全面完成会战的准备工作，继续调动队伍，调整就位，大抓钻机安装和探井开钻。要求完成20口探井，在萨尔图探明一、二级含油面积100平方公里，可供开采试验的面积50平方公里。会议要求，在以萨尔图—喇嘛甸为重点进行钻探的同时，要加快杏树岗的钻探速度，不放松葡萄花、高台子、太平屯的工作。在南部这几个地区，一方面，要在已控制面积的范围内加密钻探，打出一、二级面积来；另一方面，要甩开向外围发展。

会议进一步调整并明确了各石油局的会战区域。调整后，在萨尔图地区部署了玉门、新疆、四川三个局的主力队伍，突出了会战的主战场。到4月，随着勘探形势的发展，又在此基础上合并成立了3个探区，并进行了明确的分工：一探区由原松辽局队伍组成，负责南部地区的钻探；二探区由四川局和青海局队伍组成，负责杏树岗地区的钻探；三探区由玉门局和新疆局队伍组成，负责北部萨尔图、喇嘛甸地区的钻探。

在这次会议上，还宣布了部党组的决定：在石油工业部党组领导下，由部机关党委组成会战期间党的办事机构，由余秋里兼任书记，吴星峰、雷震任副书记，后又增补宋惠为副书记。在会战领导小组领导下，由石油部机关参加会战的干部和原松辽石油勘探局机关干部，组成石油大会战的领导机关，立即迁往前线办公。

1960年3月底，余秋里和康世恩来到了会战指挥机关临时驻地——黑龙江省安达县城。刚开始，余秋里和康世恩等住在原安达县政府财政局的一栋两层小办公楼里。会战机关干部和科研设计技术人员，有的住民房，有的则住板房和帐篷。会战一线队伍住在老百姓临时腾出的房子或者牛棚、马厩，有板房、帐篷住，就算很不错的待遇了。1960年4月26日，余秋里在会战领导小组扩大会议结束时说：“虽然我们现在还要住牛棚、帐篷，但就当地党委、政府和人民来说，已是尽了最大的努力。应该认识到，当地政府和人民群众帮助我们解决了吃粮、烧柴、用水等问题，是一件很了不起的事情。人民群众的支援，对大会战具有决定性意义。”

4月，大庆石油会战初战告捷。1960年4月29日，在萨尔图草原临时开辟的一个广场上，召开了“石油大会战万人誓师大会”，宣布大会战正式开始。

为了使会战职工能够统一思想、统一步调、统一行动，拧成一股绳，劲往一处使，并对前一阶段勘探工作和会战准备工作进行总结表彰，会战领导小组决定召开一次万人参加的会战誓师动员大会。由于萨尔图地区为会战的主战场，所以责成第三探区的人员进行会议筹备。

第三探区党委书记李云和总指挥宋振明接受了康世恩安排的任务后，深感责任重大，他们急忙回到驻地，连夜开会研究部署会议筹备工作。第二天，便开始选择会场。茫茫草原，一望无际，想要找到可容纳1万人的空地并不难，但也不能把上万人随便拉到荒草甸上去呀，那样交通、饮食、送电、如厕问题都不好解决。当时的萨尔图仅是个小镇，根本无法找到一处能容纳万人的现成会场。他们跑了好多地方，最后选定萨尔图火车站前的一片平坦的草原作为会场。

经过几天的紧张筹备，终于将一切都敲定好。第三探区的领导向康世恩汇报了筹备情况，并在查看天气预报时发现，原定会议召开的5月1日当天会下雨，而条幅、标语等又是纸做的，尤其怕水。康世恩听后对会议的准备情况十分满意，便说，既然已经提前把会议筹备完了，那就4月29日开会吧。

万人大会提前召开的消息，很快传遍了整个战区。4月29日，会议当天，在会场北端搭起了一个主席台，台正中挂上毛主席像，两边是五星红旗。主席台前方高悬“石油大会战誓师大会”的巨幅会标，两侧的巨幅标语上写着“高举毛主席思想红旗，敢想敢说敢做，高速度、高水平拿下大油田”“沿着总路线的光辉道路，苦干实干巧干，多快好省地建设我国的石油工业”，反映了广大石油职工的决心和英雄

⊙ 1960年4月29日，战区召开庆“五一”万人誓师大会，号召全体会战职工向铁人王进喜学习

气概。整个主席台布置得庄严、朴素而又大有气势。会场的四周和通往会场的道路两旁插满各色彩旗和标语牌。有些职工凌晨3点就坐火车从驻地赶往会场。参加万人誓师大会的不仅有各探区和总指挥部的会战职工，还有当地的职工、公社社员、学校教师和学生，人人手持鲜花、彩旗，穿着节日的盛装，有组织地提前步入会场。将近上午10时，一支浩浩荡荡的仪仗队伍高举报捷彩画、模型、图表等，踏着鼓点，迈着整齐的步伐进入会场。与此同时，参加大会的余秋里、康世恩、部机关党委副书记吴星峰以及唐克、张文彬、李荆和等石油工业部领导和中共黑龙江省委组织部副部长曲常川等在主席台就座。上午10时整，萨尔图草原沸腾了，这里已经聚集了几万名石油人，大会主席团主席余秋里走到麦克风前，用充满激情的声音宣布：“石油大会战誓师大会开始！鸣炮、奏乐！”会场顿时响起了惊天动地的礼炮声，由70多名油建工人组成的军乐队奏起了国歌，会场一片沸腾。

大会正式开始，王进喜骑着高头大马，身戴大红花进入会场。这是大会战树起的第一个典型，也正是在这次万人誓师大会上，王进喜高喊出了那句：“宁肯少活20年，拼命也要拿下大油田，坚决把石油落后的帽子甩到太平洋里去！”他的话让整个会场都沸腾起来了。

在这次会议上，余秋里作了对于会战的动员讲话，康世恩宣布了五六月份是大会战的第一个战役。他说：“这两个月对会战取得全胜有决定意义。慎重初战，才能打开局面，扩大战果。首先要经过两个月的继续勘探，拿下一定面积的大油田。而且要扩大到外围，多拿储量，为下一个战役准备战场。同时打出一块生产试验区，以便取得全套的油田开发数据，为大规模开发和建设油田创造条件，积累经验。”曲常川代表黑龙江省委、省人民政府讲话，号召工、农、商、学、兵各界全力支援大庆会战。

在当时极其艰苦困难的会战条件下，大会提出：千困难、万困难，国家缺油是第一困难。要发扬革命精神，知难而进，正视困难，克服困难；并号召会战职工“要抱定一个只准上、不准下，只准前进、不准后退的决心，猛上、快上、巧上。发扬党和毛主席教导的敢想、敢说、敢做，勇于实践、勇于创造的精神和刻苦耐劳、艰苦奋斗、顽强克服困难的精神”。

当各路大军抬着标语牌、决心书、挑战表，开始通过主席台走向前线时，一场春雨潇潇而下。余秋里身边的工作人员为他撑起雨伞，但他轻轻推开，淋着春雨，与雄赳赳气昂昂的石油大军一起奔赴火热的会战前线。

誓师大会的召开，为大庆石油会战的展开吹响了号角，也标志着我国石油工业的发展进入了一个新的转折点。

中篇

大庆精神（铁人精神）在石油会战中产生

——大庆精神（铁人精神）形成的实践逻辑

对大庆精神实践逻辑的研究，就是对大庆精神生成过程以及在这个过程中所展现给人们鲜活生动最具有历史温度的那些具体内容的研究。本篇五章，也是对大庆精神内在生命活力充分展示的研究。

第四章

余秋里：川中是教师爷，使我们学乖了

“川中是教师爷，教训了我们，使我们学乖了。”这是川中会战失败后，余秋里讲出的苦涩中带有几分警醒的话，这句话是大庆石油会战逐步确立党的实事求是思想路线的逻辑起点，可以说，大庆石油会战就是从这个逻辑起点上走过来并且能够打赢的一场会战。

石油对于现代工业的重要性不言而喻，新中国成立以后，中央领导同志多次讲过石油的重要性。毛主席就曾发出过“要进行建设，石油是不可缺少的，无论天上飞的，还是地上跑的，没有石油都转不动”的感慨。大庆精神为石油战线、工业战线，乃至新中国的发展作出的贡献足以彪炳史册，但它并非凭空出现，而是在艰苦卓绝的大庆石油会战中孕育出来的。思想是行动的先导，没有充分的思想准备，任何事都难以办成。1958年开展的川中石油会战是新中国成立后全国第一次石油大会战，将“会战”一词用到石油领域也源于此。它所带来的一系列经验与教训，为大庆石油会战做了思想上的准备，并促进了大庆石油会战设计师余秋里在坚持党的实事求是思想路线上的自觉性进一步提高。

时值新中国成立初期，百废待兴，面对以美国为首的西方国家对新中国实行的经济封锁，油气勘探已成为关乎国家前途命运的关键。为了尽快找到储量大的油气田，1954年，西南石油地质处和西南石油钻探处先后对号称天府之国的四川川西、川南和川中展开地质调查，并集中力量对隆昌的圣灯山、江油的海棠铺和巴县的石油沟3个构造进行勘探。1956年春，石油工业部和地质部在北京召开石油勘探会和石油普查会，发出“向川中进军”的号令。同年2月，国家燃料工业部石油勘探总局发布命令，在蓬溪县蓬莱镇成立“四川石油勘探局蓬莱钻探队”，担负蓬莱构造基准井的钻探。3月9日，川中第一口深探井（蓬基井）在蓬溪县蓬莱镇构造开钻，并在侏罗系地层中发现油砂层，已有天然气显示。至此，拉开了在川中较大规模找油找气的序幕。

然而，找油找气的过程并不顺利，截至1958年初，四川天然气井总产量仅9500余万立方米，原油产量不足1.2万吨。新中国成立已过去8年，四川盆地的大油气田却迟迟没有出现。

1957年是我国国民经济第一个五年计划的最后一年。这一年，国民经济平稳快速发展，绝大多数工业部门都提前或超额完成了第一个五年计划，石油工业部却是个例外。那时，我国有1949

大庆话语

下去一把抓，中心带其他，各级一本账，回来再分家：在会战过程中，对于基层需要机关解决的问题，都带回来转交有关部门研究、处理、答复，机关同志把这种做法总结为“下去一把抓，中心带其他；各记一本账，回来再分家”。这种做法既减少了基层单位往返汇报请示，又加强了机关内部的联系和协作。

年前的油田3个，即西部边远的玉门油田、独山子油田和延长油田，以及1955年发现的新中国的第一个油田——克拉玛依。但这4个油田的原油产量不高，年总产量为86万吨。我国还在大连、抚顺、茂名等地生产了人造石油，造价很高且产量依然很低，年总产量为60万吨。中国全部石油的年总产量仅为146万吨，第一个五年计划规定1957年原油产量为201万吨，只完成计划的72.6%。而全国一年需要石油500多万吨，如此巨大的缺口只能用国家不多的外汇去买，花费约占我国外汇的1/3。当时首都北京的街上，不仅公交车很少，而且车顶加了一个大大的煤气包作动力。1958年2月，毛主席点将余秋里由解放军总后勤部政委转任石油工业部部长，以期改变我国石油工业落后的面貌。余秋里临危受命，压力可想而知。

就在余秋里上任一个月后的3月10日，一声巨响打破了令人窒息的沉寂。在南充地区武胜县金光乡石坪2组的山顶上，一口名为龙女寺构造女2井的油井喷油了！而且喷的是比附近的柏树还要高的20多米油柱。在大约1小时24分钟的时间里，喷出原油40吨，储油池根本装不下，只得顺着田沟一块田一块田慢慢流动到山下河沟，然后顺流而下进入几十米深的嘉陵江里。当时还处于农历正月，四乡八邻的村民还沉浸在春节的喜庆中，听说这个消息后，纷纷跑去山上看，4里路以外石油队住地的苏联专家和罗马尼亚专家也闻讯赶到，初步计算，该井日出原油量可达58.1吨，这是川中历史上第一口喷油井。

几天之后，蓬莱构造蓬1井和南充构造充3井也相继喷出了工业性油流。喜讯轰动了全国，《人民日报》以《第二个克拉玛依》为题报道了川中找到大油田的消息。当时，在上海视察工作的朱德委员长听到消息后，喜出望外，专门写了一封热情洋溢的信，鼓励川中石油人要继续努力不懈，苦战3年，拿下川中油区。

当得知这3口井相继喷油时，余秋里激动万分，随即与康世恩马不停蹄地赶赴喷油构造现场进行了考察。4月5日，全国石油工业现场会在南充召开。石油工业部决定将勘探重点放在川中，余秋里提出，川中油区具有全国性意义，要求迅速成立川中、川南两个矿务局，改四川石油勘探局为四川石油管理局，进行川中夺油大会战。会议还决定在南充、龙女寺、蓬莱3个构造上确定20口关键井（南充构造8口、龙女寺构造8口、蓬莱构造4口），力争拿下3个油田。

⊙ 1958年4月，余秋里（左）在四川南充听取石油勘探局汇报地质情况

5月5日至23日，党的八大二次会议在北京隆重召开，大会正式提出“鼓足干劲、力争上游、多快好省地建设社会主义”的总路线，号召全党和全国人民，争取在15年或者更短时间内，在主要工业产品的产量方面赶上和超过英国，掀起了史无前例的“大跃进”序幕。会议开始后，石油工业部的几位副部长每天晚上都来找余秋里碰头，听他传达会议的情况，领会会议的精神。从5月8日，会议进入大会发言阶段。这时，有人问：“咱们石油部要不要在大会发言？”余秋里自信地说：“当然要发言。人总得要有志气，要有蓬勃向上的精神。现在形势逼人，各地区、各部门都争着要发言，表示坚决拥护、贯彻总路线，把工作做得更好。我们怎能做缩头乌龟！”还有人问：“讲什么呢？”余秋里说：“这个发言，第一要短，长了没人听；第二不能泛泛地谈，要有气势，对内要鼓舞

士气，对外要激动人心。”大家沉默了一阵，都在思考余秋里的话。这时有一位同志提出了一个建议说：“根据余部长的要求，我看可以采取挑战、打擂的办法。”余秋里觉得这个办法好！要挑战、打擂，就要选一个名声大的部门做对手，不然就没有味道。最后大家经过讨论决定向在“一五”计划中交出优异答卷的冶金部挑战。于是，就有了中南海怀仁堂，李人俊代表石油工业部喊出的“冶金部生产一吨钢，我们生产一吨油”的豪言壮语。那一刻，会场上掌声雷动。掌声停息以后，坐在主席台上的毛主席问：“你们行吗？”坐在台下的余秋里霍地从椅子上站了起来，和台上的李人俊一起喊出一个字：“行！”

为了追赶形势，从1958年5月至9月，川中石油工人的比武、打擂、竞赛、誓师等群众性活动一浪高过一浪，钻井进尺不断刷新。然而，正当人们欢欣鼓舞、挽起袖子加油干的时候，戏剧性的转折发生了。女2井最初喷油时，日喷油量超出了当时石油大队的采油能力。苏联专家认为，我们一没有输油管线，二没有囤油池，不宜开采，而且油放多了坏庄稼，白白流走也十分浪费，建议封井。而罗马尼亚专家则认为，如果封井可能会把地层胀裂，导致石油漏向其他地方。最终，石油大队还是采纳苏联专家的建议把井封了。事实证明，罗马尼亚专家的判断是正确的。女2井封井后不久，罗马尼亚专家发现气压下降，便叫人打开阀门，只听得长嘘一阵后，气压一下子没了。经检测，地下没油了，叫来采油队试采，仍没有。后来，石油大队又在距女2井旁边100米的地方再打了一口井，钻到同样深的地层，但还是没得到油。后来又加进27桶原油引采也采不出油，27桶油也不知踪迹。不仅如此，南充井油量严重减少，蓬莱井也没有油了。人们想不明白，于是就在这口井的周围像梅花一样又打出4口井，但仍然未能出油。原定20口关键井打了19口，喷油6口，可是产量相差悬殊。有些井产量下降很快，有的井一开始产量平稳，但关井后再开井，就不出油了。川中石油会战遭遇到了极其复杂的局面，此时的油流竟变成了一个狡猾的敌人，令人一时捉摸不透！

10月，石油工业部在克拉玛依召开现场会，研究川中找油情况，大部分同志认为：川中虽情况复杂，但还是有工业油流的，与其他地区相比，开采环境还是有利的，建议继续加大力度拿下大油田。余秋里也摩拳擦掌，打算充分吸收解放战争中“三大战役”胜利的经验，集中优势兵力，开展大会战。这时，会场上突然传来一个不同的声音说道：“我和同事们在华蓥山西麓观察了凉高山砂岩和大安寨灰岩储层地面露头，又详细研究了南充、龙女寺、蓬莱镇已完钻探井的岩心和实验室分析化验资料，加上几口探井试油时产量、压力变化曲线，我觉得川中这样的地方，地质复杂，不宜如此大动干戈搞会战。最好再等等已经出油的几口井，观察一下，再大规模布井。”说话的正是川中矿务局总地质师李德生。这一席话给那些跃跃欲试的将士当头泼下了一盆冷水。

余秋里第一次注意到身边这个一直安静、温

大庆话语

人拉肩扛精神：1960年初春，王进喜带着36名钻井工人来到大庆，就盼着早日开钻。他每天都派人到火车站打听钻机什么时候到，安排人平井场，做好打井的准备工作。自己则到处访问看守探井的工人，了解地层情况。后来钻机终于到了，但吊车、拖拉机不够用，60多吨重的钻机怎么从火车上卸下来？又怎么安装起来？职工们焦急万分。为了解决这个问题，队党支部开会进行研究。会上，王进喜说：“没有吊车，咱们有‘宝贝’，照样干！”有人问：“啥宝贝？”王进喜说：“大活人！天大的困难也要上，退下来算个啥呀！”也有人说：“人是活的，抬也好，搬也好，总之要上，决不能让钻机在车站待着。”说干就干，30多人用绳子拉、木块垫、撬杠撬，人拉肩扛把钻机、柴油机卸和的年轻人，在眼前一片热火朝天的场面下，他却书生气十足地提出了反对意见。康世恩当即指着李德生说："你再说一遍!"李德生稳稳地、专业地又说了一遍。余秋里强压怒火，指着李德生问："要等到什么时候？"李德生不温不火地说："这个我说不准，或许半年……也可能一年、两年……"话还没落音，余秋里再也按捺不住怒火，猛拍桌子，大吼道："扯淡！等你把资料收集齐了，人家钢铁大王都已经把英国美国赶超了，我们还干个什么！你说要收集资料，你要的是什么资料？川中的石油喷到天上去了，这就是最好的资料！亏你还是个总地质师呢！"余秋里喝口水，又一字一句地放下狠话："你这是动摇军心！"

10月26日，余秋里在会议上作总结发言，宣布了关于在川中进行会战的决定。他提出："我们要集中力量，在今年最后两个月，拿下川中油田，这项任务，只准成功，不准失败。"[1]并决定从玉门、新疆和青海这3个石油管理局各选调一批优秀钻井队和试油队，由1位局长级干部带领，于11月中旬到达川中，参加会战。石油工业部、四川局的科学研究机关、设计院所、石油

下火车，把变速箱、滚筒等设备，一件一件拉上钻台。奋战了三天三夜，终于把井架立在荒原上。

干打垒精神：1960年3月至5月，4万多人的石油会战队伍，在短短3个月的时间里，一下子集中到荒无人烟的大草原，居住条件十分困难。但由于打油井、铺油管、筑道路、造油库、修厂房等工作紧张，油田广大职工仍住在帐篷或活动板房里。针对这种情况，会战领导机关果断地决定开展一场过冬突击战。各基层单位建立了干打垒专业小分队，下班的职工包括领导干部、工程技术人员和生产工人也都积极参加，动手挖土打夯，截至当年10月，建成了30万平方米的干打垒，解决了职工过冬问题，缓解了职工住房困难，保证了石油大会战的进行。

①　《余秋里回忆录》，人民出版社2011年版，第429页。

院校也要派出研究、设计人员和师生参战。为了加强领导，还成立了川中会战总指挥部，由康世恩任总指挥。一时间，从广元、绵阳、成都、重庆以及其他省、市、地区的运输公司汽车和总后勤部来的军车，日夜奔忙将设备和人员运输到各处。那时候，到处都弥漫着乐观情绪，都认为在川中找到了大油田。

很快，李德生的预言成了现实。指望着从这里年采300万吨的余秋里最后收获了不到30万的石油。1959年1月，石油工业部党组召开扩大会议。其间，余秋里、康世恩同四川石油管理局以及参加会战的玉门、新疆、青海局的负责同志开会，又一次专门分析了川中形势。大家谈到，从会战开始以来，在钻井、喷油和试油过程中出油的有37口井，其中出油情况较好的有9口井。根据钻井、试油试采结果和岩心、电测等资料综合研究分析，了解到含油部分基本上是石灰岩的裂缝和晶洞，属裂缝藏油。而且当地是致密砂岩、贝壳灰岩裂缝（晶洞）含油，在地下是一条一条、一窝一窝的，连通性很差，产能很低。没找到连片、产量比较高、比较稳定的含油面积。会议提出了收拢力量，继续勘察，持久作战，长期打算的工作思路。会后，康世恩去四川又做了一些综合研究和试采试验工作。

截至1959年3月，川中会战在10个构造上共钻探87口井，完钻76口，发现了南充、龙女、蓬莱、合川、广安等7个油气田，年产仅10万吨的生产规模，会战没有取得预期的效果。同样是在3月，石油工业部在南充召开地质勘探油气田建设会议，会战总指挥康世恩在南充石油部地质勘探和基本建设会议上宣布“川中石油大会战”结束，新疆、青海、玉门勘探队伍撤川，归还建制。

1959年4月2日至5日，在上海举行的党的八届七中全会上，毛主席关切地询问四川油田开发的情况。余秋里报告说："四川情况不好！经过勘探，发现那里油层薄，产量低，下降快，没有发现大的油田。"毛主席说："那里没有找到，就到别处找，东方不亮西方亮，中国这么大的地方，总会找到油的。"余秋里说："我们遵循小平同志的指示，将石油勘探的战略重点从西部地区转移到了东部，我们将加强东北、华北、苏北等地区勘探。"主席再问："四川呢？"余秋里答："四川也不放弃，四川石油管理局将继续勘探，有油要油，有气要气，有水要水（当时钻的一些井只出了水），淡水浇田，咸水熬盐。"主席说："好嘛。"①

川中会战出师不利给新中国石油事业带来深刻教训。其挫折原因较为复杂，主要是在油层情况没有彻底搞清楚以前，就做了过高的估计和判断。事实证明，一口井出油不等于整个构造能出油，一时出油不等于能长期出油，一时高产不等于能稳定高产。石油深埋地下，看不见，摸不着，搞石油必须要把油层情况搞清楚，掌握第一性地质资料，要根据数据作出决策和工作部署，决不能单凭热情和主观愿望行事。但这次挫折也帮助新中国石油人加深了对四川复杂地质条件下钻井的认识，发现了裂缝性储层的油藏，从而推动了钻油气层井相关技术的发展。更重要的是，它锻炼了新中国成立以后的石油队伍，找到了用大会战方式拿下大油田的途径，它所总结出来的经验对大庆石油会战十分重要。

川中石油会战的挫折也同样给余秋里带来深深的思考，事后他自我总结说："这是个很大的教训。在会战中，我由于对工作要求过高

---

① 雷厉：《川中会战时的余秋里》，《百年潮》2013年第11期。

过急，对一些问题又研究得不细，曾经错误地批评过个别领导干部和地质人员，说他们‘保守’。以后，在一些会议上，我多次公开检查，向他们道了歉。”[①]余秋里所言非虚，“川中石油大会战”结束后，石油工业部领导班子认真总结了经验教训，还将李德生提升调到石油工业部勘探司工作，直至“到大庆油田考验他一番”。在一次石油工业部大会上，余秋里请李德生（后任石油工业部总地质师、工程院院士）上台，为当年在克拉玛依召开现场会的那场争论公开向他赔礼道歉，并深深鞠了一躬！总之，川中会战的经验教训是深刻的，使余秋里在大庆石油会战中成为一个更加自觉的实事求是思想路线的践行者。

作为身经百战的共和国开国中将、大庆石油会战的主要指挥者之一、大庆精神的重要培育者和践行者，余秋里可谓是全才，深受毛主席的器重。他那种共产党人不怕牺牲、勇于奉献的革命精神和廉洁奉公、淡泊一生的高尚品质和人格魅力令人折服，他几近完美的工作艺术促进了大庆石油会战的成功开展。

1958年初，为了扭转石油工业部的被动局面，毛主席考虑，要做一下人事变动，并提出新

① 《余秋里回忆录》，人民出版社2011年版，第432页。

大庆话语

五把铁锹闹革命精神：石油会战初期，正值我国国民经济处于严重困难时期，为了渡过难关，松辽石油勘探局号召家属组织起来，发扬南泥湾精神，像革命战争时期那样自己动手、丰衣足食。这一号召得到了职工家属们的拥护。1962年4月16日，钻井指挥部机关的职工家属王秀敏、杨晓春、丛桂荣、吕玉莲，在45岁家属薛桂芳的带领下，扛着铁锹，背上行李，抱着孩子，到远离住地15公里外的地方去开荒种地，当年收获粮食1800多公斤。会战工委领导及时总结了这个典型事例，大力宣传和提倡这一精神，使之成为鼓舞广大家属发挥“半边天”作用的精神力量。

任石油工业部部长的三个要求：一要年纪轻；二要肯干，能吃苦；三要能打开局面。时任国防部长的彭德怀推荐了余秋里。毛主席表示同意。2月毛主席点将余秋里为石油工业部部长，主席深信好学善战，能做思想政治工作，又能搞好后勤工作的余秋里一定能为新中国的石油事业打开一个崭新的局面。

1914年，余秋里出生于江西吉安坪里村的一个农户家庭。他天资聪明，上过私塾，断断续续又读了3年夜校，打下了一定的文化基础。参加革命后，余秋里南征北战，1929年参加江西省吉安县农民暴动，后任吉安赤卫队大队战士、分队长。1930年10月，余秋里所在赤卫队配合红军攻打吉安城。10月5日入城后，赤卫队驻扎在发电厂附近，当时这个发电厂只有一台50千瓦的发电机。好奇的余秋里进去仔细观察，这是他第一次近距离接触现代工业。机器一开动就能发出电来，这让读过几年书、极其渴求知识的余秋里感到很神奇。这台发电机引起了他很大的兴趣，在以后的戎马生涯中，只要打下城市，余秋里总要抽空到工厂里去看一看。

1936年3月12日，红二方面军长征至云南乌蒙山区，时任十八团政委的余秋里在一次战斗中，为了掩护团长成钧，被敌人的机枪子弹击中，几乎将左臂打断，但以当时的医疗条件，只能进行简单的包扎。手臂疼痛难忍，为了止痛，余秋里有时把受伤的左臂伸到冷水里泡一泡。伤口怕太阳晒，一晒就火辣辣的疼，他行军时就尽量找有阴凉儿的地方走。过草地时没有阴凉儿，余秋里就准备了一把水壶和两条毛巾，水壶里装满水，毛巾沾湿，疼痛难忍时，就用凉水浇在伤口上，然后请其他同志帮忙把毛巾拧干敷在伤口上。等过了噶曲河，医生来检查伤口，打开纱布一看，伤口已经腐烂生蛆，无法彻底处理，直到红军到达甘南，才有条件做手术。9月20日上午，在度过了常人难以忍受的192个日夜后，余秋里在当地一家民居里做了左臂的截肢手术。手术的主要器械钢锯条是卫生部的同志从县城一家钟表店找到的，锯弓是从修械所找到的。余秋里事后回忆："打上麻药以后，很快我就迷迷糊糊睡着了。醒来时，觉得头有些晕眩，我习惯地用右手去摸左手，空荡荡的，我才知道手术已经完成。事后，卫生部的同志告诉我，我醒来时说的第一句话是：'这一觉睡得真香啊！'"[①]那年，他只有22岁。

长征后，有的同志曾经问余秋里，在负重伤的情况下，是什么力量支持他拖着伤残的身体走过这两万里的。余秋里认为，一个重要原因是崇高的革命理想和坚定的革命信念。这种崇高的革命理想和坚定的革命信念在20世纪60年代初的大庆石油大会战中再一次发挥了重要作用。大会战时期，余秋里等领导把原来位于安达的会战决策指挥机关转移到环境恶劣的萨尔图的牛棚里，就是要亲临一线、靠前指挥。一天，余秋里从外面回到自己的办公室兼卧室时，突然看到房间里摆着一张三人沙发，他把行政负责人叫过去，狠

大庆话语

缝补厂精神：石油会战初期，国家财力物力比较紧张，职工的劳保用品一时供应不上，再加上会战上得很猛，工人们白天黑夜苦干，衣服坏得快，换新的又有困难。当时会战工委领导抽调3名工人和4名家属，在两栋破牛棚里组成一个缝补组。1963年，会战工委决定把缝补组扩建为缝补厂，从原来的缝缝补补发展到翻新补旧，制作新工服、工帽、工鞋等17种劳保用品。1966年5月4日，周恩来总理来缝补厂视察，肯定了这种缝补厂精神。

① 《余秋里回忆录》，人民出版社2011年版，第40页。

狠训斥一番，说会战的同志们住什么他就住什么，让负责人把房间里的沙发马上搬走。行政处的同志只好把沙发分给了正在筹建的会战医院。当天，余秋里向会战一线干部和机关发出一道命令：所有会战一线的干部和机关人员，一律遵守“铁律三条”：一是不准买卧车；二是指挥机关不准有沙发、地毯之类的高档商品；三是不准为领导干部建单独的宿舍。这样做为的就是要保持艰苦朴素、官兵一体的品质。可以说，余秋里在革命生涯中养成的勇于面对困难、善于克服困难的顽强意志，在大庆石油会战中转化成了面对资金不足、设备和材料缺乏、生产设施不配套、生活条件差、气候严寒等困难和挑战知难而进的精神。

戎马生涯是紧张艰苦的，难得能抽出时间学习。1937年，余秋里参加了红军大学第二期学习班，在延安的窑洞里有幸亲耳聆听了毛主席讲课，而这次讲课内容，就是后来毛主席所作的伟大的马克思主义哲学著作《实践论》和《矛盾论》。在大庆石油会战最艰苦困难的时候，余秋里正是在周总理的支持下，组织石油工人学习《实践论》和《矛盾论》，以“两论”起家，破解了大庆石油会战的许多难题，“两论”也成为了大庆精神的理论基石。

余秋里不仅是一位有钢铁般意志的战斗员，还是一位在思想政治工作方面极有办法的政工干部。1944年余秋里在任一二〇师三五八旅政治部主任期间，他经常深入连队，了解情况，注意发现典型，并总结推广先进经验，取得了很好成绩。在大练兵活动中，他提倡能者为师，选拔战士中的射击能手、投弹能手、刺杀能手担任教员，开展了“官教兵、兵教兵、兵教官、互教互学”的群众性练兵活动，极大地提高了部队训练质量。余秋里总结和推广“官教兵、兵教兵、兵教官互教互学”的群众练兵方法受到中央军委的表扬。毛主席指出，这一练兵方法是突破历史的新创造。

1947年，人民解放军西北野战军进行了第二次榆林作战，历时25天，虽然歼敌6800余人，但也付出了沉重代价。主要原因是兵员得不到及时补充，所补充的也大多是“解放战士”，也就是加入解放军的原国民党军被俘战士。解放战士的比例很高，基本上达到70%，有的部队高达80%。这样一来，西北野战军不但缺衣少粮，政治思想素质也成了大问题。不少解放战士打惯了正面战场，对解放军的战术习惯很不适应，加上条件艰苦，很多解放战士打仗时畏缩不前，战斗打响后把头埋在泥土里，不瞄准就乱放枪。为保持人民军队的本质，提高官兵对党的认识和战斗积极性，司令员彭德怀在野司党委会上决定从严整顿部队。会后，时任一纵三五八旅政委的余秋里便下到了基层连队，找战士座谈、找干部开会。在七一四团，余秋里发现二营教导员夏伟摸索出了一些提高解放战士觉悟的成功经验。

当时，二营补进了一批“解放战士”。开始，他们不服气，说解放军打仗不正规，还经常和其他战士发生争执。夏伟从关心、爱护入手，嘘寒问暖。行军时，安排班、排干部和老战士替新战士和解放战士背枪；宿营时替他们放哨站岗……种种举措，使“解放战士”很受感动。夏伟从中得到启发，立即在全营搞了一个诉苦活动，让“解放战士”把在家乡和国民党军队里所受的苦说出来。这一诉苦才知道，几乎所有战士都是备受压迫的贫苦人。现在来到解放军队伍里，不但没有挨过打，大家在一起还互相关爱。通过对比，大批“解放战士”迅速改变了立场，懂得了解放军是为老百姓过上好日子而打仗，战斗积极性提高了，也更加团结了。

看到这些转变，余秋里和旅长黄新廷研究决定，利用冬季战斗的间隙进行一次整训。他主持召开了营以上干部会议进行动员，提出，在目前部队中“解放战士”已占大多数的情况下，应以提高“解放战士”的觉悟为重点。借鉴二营的经验，发动干部战士诉旧社会的苦、诉旧军队的苦，进行新旧军队对比，在“诉苦”的基础上，进行“三查”，即查阶级、查工作、查斗志，进一步解决少数干部和战士思想不坚定、斗志不强的问题。

“诉苦三查”摸清楚了这些士兵们的基本思想情况，掌握了他们的思想动态，并且因此彻查了风气，也肃清了党内的一些不正之风，维护了党和解放军的积极性、纯洁性以及先进性。在取得突出成果后，三五八旅把开展“诉苦三查”活动的简报送到西北野战军总部，立即引起了彭德怀的极大关注。当时西北野战军专门表扬了三五八旅的做法和余秋里深入实际的工作作风，并向各部队介绍了他们的成功经验。

1948年1月，西北野战军在米脂县杨家沟召开团以上干部参加的前委扩大会议，毛主席参加了这次会议。其间，主席想要了解部队“诉苦三查”的情况。余秋里没有想到的是，毛泽东用了两个晚上的时间，听他谈“诉苦三查”，引起了极大的赞叹，主席认为这个运动给了部队内部极大的反思，而且也着重加强了对俘虏兵的思想教

大庆话语

回收队精神：从石油会战开始，广大职工就坚持艰苦奋斗、勤俭建国的方针，利用业余时间回收散失在油田各处的废旧物资。1969年，铁人王进喜提议并组织起油田第一个废旧物资回收队——钻井指挥部“铁人回收队”。在“铁人回收队”的带动下，油田许多单位相继建立起回收队，开展废旧物资回收利用活动。回收队不仅为国家节约了大量的物资，而且解决了生产建设中的急需。后来，回收修旧成为油田物资管理工作的一项重要任务。

育。杨家沟会议后，毛主席把“诉苦三查”运动正式定名为“新式整军运动”。随后在为新华社写的《评西北大捷兼论解放军的新式整军运动》一文中，毛主席专门提及了这场运动，并且对“诉苦三查”运动给予高度评价，哪怕不是在战场上，就仅仅是在思想教育这一块，他认为余秋里也是功勋非常卓著的。经过“诉苦三查”，解放军的军内外团结得到增强，干部战士的立场更加坚定，斗志更加旺盛，部队的战斗力得到进一步提高。1948年3月，经过“新式整军运动”的西北野战军取得了著名的宜川大捷，歼灭胡宗南集团主力第29军，毙伤俘敌近3万人。

新中国成立之初，余秋里在艰难困苦的环境中，开创了军队后勤工作新局面。1951年，他调任高级步兵学校校长、西南军区后勤部部长兼政委，正赶上军队评级，他被评为了正军级。后来，解放军总财务部从后勤部独立出来，他担任了副部长。授衔后，他的职务有了新调整，担任了总财务部部长。其间，他率先垂范，厉行节约，反对浪费；严格执行预、决算制度，严肃财经纪律。他坚持一切从实际出发，在发现总财务部的一些财政法规不适合部队实际情况后，经过调查研究，提出了《十项改进措施》，改变了统得过多、卡得过死的偏向。1956年，他根据中央军委关于节约军费的指示，提出了节约军队开支的《十项措施》，以节省军费支援国家经济建设。他在总财务部前后干了3年，被调到后勤部担任政委任上干了1年左右，直到有了新的人事任命，去石油工业部担任部长。这段时间，余秋里为加强我军后勤工作正规化、现代化建设，作出了重要贡献。

其实，搞后勤余秋里是行家里手。1941年5月，余秋里率一二〇师三五八旅八团开进宁武地区，开辟创建以宁武为中心的管涔山革命根据地的时候，由于日寇的“三光”政策，当地老百姓处于极度困难的境地，部队也遇到了难以想象的困难。为了解决吃粮问题，他们一进入管涔山，就利用战斗和训练的间隙，掀起了开荒热潮。在驻地周围的山坡上，开出了一些荒地，种了莜麦、山药蛋、蚕豆等五谷杂粮和蔬菜。经过1年多的艰苦奋斗，不仅完成了上级赋予八团的各项任务，而且经过开荒种地，自办粉房、豆腐坊、油坊，部队的物质生活逐步得到改善，基本解决了吃穿问题。经过艰苦的磨炼，干部战士的意志更加坚定，军政、军民关系和官兵关系更加融洽，部队内部更加团结、巩固。1943年7月，为了粉碎国民党发动的第三次反共高潮，余秋里所在的部队奉命到陕甘宁边区的葫芦河川黑水寺地区驻防，守卫延安南大门。黑水寺一带处于大山深处，山高林密看不到一户人家，要想在这里安营扎寨相当困难。为了解决吃住问题，余秋里首先组织大家人人开动脑筋，自己动手挖窑洞，解决住房，安全过冬。同时，开展大生产运动，开荒种地，解决粮食问题。两年的大生产运动，粉碎了国民党顽固派对边区实施的经济封锁，不仅做到了丰衣足食、自给自足，减轻了边区人民的负担，还上交了一部分公粮。

大庆石油大会战也是在困难的时候、困难的地点、困难的条件下开始的。石油会战开始不久就遭遇了粮食供应的严重不足，几万石油大军会集在松嫩平原夜以继日地苦干，还要受饥饿、寒冷的严重威胁。当时国家经济处于极度困难时期，难以拿出更多的补给。而在冬天停止会战，等到来年春暖花开季节再接着干，或者先把所有的生活设施都备齐然后再开发油田，这都是与当时的国情相违背的。余秋里于是把当年在山西和陕甘宁边区克服困难的做法搬到了大庆石油会战中，他一边坚持会战，一边组织职工、家属开荒种地、盖最经济实用的干打垒房子，使油田会战职工在寒冷冬天到来之前，实现了“人进屋、机进房、菜进窖、车进库”的目标，当年开荒种地6000亩，生产粮食20余万斤，蔬菜130余万斤，有效缓解了当时的困境。

余秋里还是一位自觉的唯物主义者。就任石油工业部部长以后，部里有些同志担心他知识水平不过关。在一次会议上，一位技术人员说：“不懂得渗透率、孔隙度，还能当部长？”余秋里认为，这种说法虽然不全面，但也提醒自己，必须尽快掌握石油工业的一些专业知识。为此，他请求石油工业部原部长李聚奎带自己一程，就这样，按照余秋里的请求和周总理的指示，李聚奎并没有马上回军队。于是，石油工业部就出现了一个难得的场面：在部长办公室里，一张办公桌，李聚奎与余秋里两人对座办公。遇到开会，余秋里只管听，让李聚奎主持拍板，他当学生，天天学习石油的专业知识，天天与部领导班子成员研究沟通，向石油工业部、地质部的专家学者求教，天天只睡两三个小时。跟随余秋里15年的秘书李晔谈到他时说：“他没年、没月、没家、没节、没风、没雨、没明、没夜。他的一生就是工作、工作、工作。他的全部脑子，搞油，就是油、油、油，油、油、油。”[①] 看到新老部长的

① 沈宏宇等：《余秋里康世恩大庆石油会战时期讲话选编》，中共党史出版社2013年版，第14页。

大庆话语

修旧利废精神：厉行节约、勤俭办企业的创业精神，是大庆艰苦创业的“六个传家宝”之一。石油会战初期，大庆人坚持勤俭建国、勤俭办企业的原则，注意搞好废旧器材的修复工作。随着油田生产规模的日益扩大，器材和设备的消耗量逐年增加，每年都有很多废旧器材要报废处理。为了挖掘企业内部潜力，做到物尽其用，1963年，供应指挥部率先成立了修旧队，利用废旧材料修建简易厂棚，修复台钳、手钳、焊机等工具，承揽修复那些生产急需而供应又短缺的物料，满足生产建设的需要。1970年以后，各生产单位普遍建立了修旧利废车间、修旧小组等，大搞清仓查库、修旧利废，力求做到小材大用、短材长用、优材精用、缺材代用、一物多用，“吃干榨尽”。

配合默契和工作作风，一些从旧社会过来的专家深有感慨："国民党新老部长交接都是文字交接，见字不见人，只有共产党的干部才这样！"

1959年9月26日，松基三井喜喷工业油流。根据手头的地质、浅钻等资料分析，余秋里预感到松辽盆地可能会有大油田。但是这一次，鉴于川中的教训，他不再把一口井喷了油，就看作找到了大油田，而是和党组的同志们商定：不急于对外宣传，先埋头苦干，一面将松基三井出油的情况上报党中央、毛主席，一面在扎实落实原有工作的基础上进一步加强松辽地区的勘探工作。不久后，松辽石油勘探局传来喜报，发现松基三井所在的高台子构造以南，还有一个更大的葡萄花构造，而高台子、葡萄花这些局部构造，被一个更大更完整的、有利于含油的二级构造带——大同镇长垣所控制。中国石油工业迎来了新的曙光，余秋里和党组的同志在分析形势时，一致认为，1960年石油工业工作的重点，将转向松辽地区，在那里要展开一场找油大战。在这场大战中，单靠松辽局的力量是不行的，唯一可行的办法是组织动员全国石油厂矿人力、物力、财力，支援松辽，尽快发现和拿下新油田。

为此，当年10月26日，石油工业部在北京华侨饭店举行了党组扩大会议，会议第一阶段讨论了石油工业面临的形势和1958年以来的经验教训。11月26日，余秋里代表党组在会上总结主要经验：搞石油要有大局观，要依靠群众、组织全面综合有效的大协作，要把自上而下的物资供应和自下而上的自己动手解决生产上所需要的物资结合起来，要注意我们组织生产的目标，是高产、优质、多品种、低成本、安全生产。这几点经验后来被完美地运用到了大庆石油会战中。在党组扩大会议进行期间，还分别穿插召开了计划、勘探、开发、基建等专业会议。1959年12月6日，余秋里又代表党组在会上布置了石油工业1960年生产建设计划和各项重点工作，提出要准备大战松辽。

1959年底召开的党组扩大会议，是大庆石油会战开始前夕的一次重要的分析会、总结会和思想动员会。余秋里主持召开的这次会议，可以说是新中国石油工业发展史上的一个里程碑，对建设一支拖不垮、打不烂的石油队伍起到了重要作用。通过这次会议，将原来一盘散沙式的队伍变成了一支指向哪儿就战斗到哪儿并且能够取得胜利的钢铁队伍。1994年，已是80岁高龄、身患绝症的康世恩向人谈起当年余秋里召开的华侨饭店会议，仍然激动万分道：那会议才叫会议！开得极其认真，余秋里同志抓住石油行业是否应该“又让又上问题”和要不要提倡顾全大局观念、集中力量保重点这两个重大原则问题，进行深入讨论，大做文章，整整几十天时间，嘴巴都磨破了。至此，开展大庆石油会战的思想准备工作完成了。

第五章

“红点点”“黄点点”“蓝点点”

“红点点”“黄点点”“蓝点点”，是人们在第一次技术座谈会上对地质图的一种风趣叫法，当时用来汇报的地质图，还引起了一场讨论风波——如何认识地下油气水运动规律。后来这次会议被称为是引领新中国石油开发正确方向的“石油遵义会议”①。

1960年2月20日，中央正式批准石油大会战的报告，第二天在哈尔滨市召开了大庆石油会战第一次筹备会议，会议上明确部署了会战时间：3月调动人马，4月开始上手，5月初正式打响。筹备会结束后，会战队伍迅速从各地开赴大庆，几万人的队伍在很短的时间里涌到了只有几处牧场、几百户人家的萨尔图区，从安达到萨尔图火车站虽然只有50多公里，但是每个站台都停车下人、卸货，铁道两边堆满了各种设备、器材、行李、货物。由于起重运输设备不足，这些物资无法疏散开，火车皮也卸不下货，设备材料也不能及时地运到施工现场，会战的场面十分混乱，所有的困难和矛盾集中涌了出来。

三四月份的萨尔图天寒地冻，会战的地点条件十分艰苦，没有房

① 何建明：《部长与国家》，新世界出版社2009年版，第188页。

屋和床铺，少粮缺菜，多数职工做饭、吃饭、洗脸的生活用品只有一个脸盆，余秋里和康世恩等会战领导都住在马厩里。余秋里回忆说："我得到的总印象是，队伍上得很猛，地面、地下各种矛盾突出。比我想象的要严重和复杂得多！"在这种困难矛盾交织的情况下，首先就是职工思想问题。部分干部对组织石油会战心存疑虑：有的担心靠石油工业部有限的人力、物力，不能打赢这场仗；有的到了现场面对艰苦的环境、困难的条件和种种非常规的措施、办法，感到这里的一切都是乱糟糟的，埋怨会战不正规，不像个搞工业的样子；有少数人怕艰苦，怕受累，挑工种，讲待遇。个别干部一下车，不管队伍，不问设备，不关心工作任务，先打听中灶食堂在哪里；还有极个别职工开了小差，当了逃兵……同时，当时对于油田地下的情况虽然掌握了一些，但具体情况还不是很清楚，主要是由于：第一，没有开发过大型油田，缺乏勘探经验；第二，当时面对苏联单方面撕毁合同，从物质到技术不可能得到国外援助，只能依靠自己的力量独立自主。因此，能不能进一步探明这个油田的地质情况，正确地认识大庆油田；能不能根据油田的客观实际，制定出科学的开发方案；能不能掌握油田生产的客观规律，成功地开发和建设大庆油田，是会战领导和全体会战职工面临的严峻考验。

如何解决种种矛盾和重重困难？如何摸清地下石油的规律？如何打赢石油会战这场硬仗？周总理曾在会战前就预见到会战将会遇到种种风浪和重重困难。1959年12月，当时在哈尔滨召开东北协作区会议期间，余秋里、李人俊就向周总理汇报了石油工业的情况，汇报时提出了松辽石油勘探有新的发现，石油工业部准备组织一次会战，迅速拿下油田。周总理当时非常重视，对组织会战表示同意，还对余秋里说过这样的一段话：要用毛泽东思想指导大会战，用辩证唯物主义的立场、观点、方法，分析、解决会战中可能遇到的各种问题。总理的指示，为即将进行的石油会战和大庆油田的开发建设指明了方向。大庆石油大会战必须以毛泽东思想为指导，才能统一人们的认识和行动，才能正确地认识和解决矛盾，夺取会战的胜利。但是毛泽东思想内涵非常丰富，外延非常广泛，面对如此战役，我们学什么、我们靠什么，才可以直面会战解决问题？这是一个关键。余秋里曾经在抗大跟着毛主席学习过《辩证法唯物论》，就是后来整理的《实践论》和《矛盾论》，所以他首先想到的就是这两本书。他把自己反锁在屋里，重新认真阅读学习了毛主席的《实践论》和《矛盾论》，还有《关于领导方法的若干问题》，同时，会战领导小组的领导们都被“请”到了他面前，要求大家一起学习毛主席的《实践论》和《矛盾论》。通过几天的学习和听技术人员对地质、钻井、取岩心的想法，余秋里、康世恩、唐克、吴星峰等通过讨论分析了会战的形势、任务和矛盾、困难，认识到面对错综复杂的矛盾和困难，不能就事论事，头痛医头、脚痛医脚，必须要透过现象看本质，抓住主要矛盾和矛盾的主要方面，只有主要矛盾解决了，其他问题才会迎刃而解。石油大会战面临的种种矛盾和重重困难，既有主观上的也有客观上的，既有物质上的也有技术上的，主要包括：人力不足、资金不足、设备缺乏、材料缺乏，生产设施不配套，生活条件差，气候严寒，队伍技术素质不高，缺乏勘探、开发大油田的实战经验等。其中，生产、生活上的问题相对来说是暂时的，在党和国家的关怀下，在各地方、各部门的大力支持下，是可以逐步得到解决的；而在石油会战中起决定作用的矛盾和困难，就是如何摸清油田地下的情况，掌握客观规律，科学开发大油田。由于我国长期受到“贫油论”的思想束缚，因此，在石油会战中必须以马克思列宁主义、毛泽东思想为指导，用辩证唯物主义的立场、观点和方法解决问题，指导实践，才能少碰或不碰钉子，少走或不走弯路，发展的步子才能更快。

1960年4月初，余秋里和康世恩同会战领导成员亲自到葡萄花地区的第一探区进行实地检查。重点检查了探井地质资料的录取情况，包括原始资料和图表，试油井的班报、日报和初步整理的综合资料，同时向现场负责地质资料的工作人员询问录取资料时存在的问题。结果发现部分油井的产量、压力资料记录不全，部分录井资料数据不准、不全、不细，特别是在一口关键的探井上，由于井队地质员疏忽大意，漏取了一个标准层，造成在电测和地层对比中，难以认定这个油层。余秋里和康世恩对检查结果十分不满，说这是“一粗二松三不狠”“马虎凑合不在乎”的毛病，总的来说就是因为没有统一的规范或标准，导致工作人员工作粗估冒算，仅仅满足于相关数据和表面现象，经不起分析检查。紧接着余秋里和康世恩专门听了几位地质技术干部和专家的汇报，虽然专家介绍了一些对油田地下情况的认识，并作了一些综合分析和科学研究，但是有些结论仍然缺乏科学依据。为了解决国家石油资源不足的问题，高速度、高水平拿下大油田，石油战线数万人干劲十足，作为会战领导小组不能因为决策和部署的失误，挫伤这种积极性，也不能光凭主观热情来打这场复杂多变的战役。没有科学的态度和规范的技术，看问题往往就会片面、孤立、静止，就会被一些表面、偶然、局部的现象所迷惑，下的结论、定的方案、作的部署必然会在实践中碰钉子甚至走弯路。

油田的面积到底有多大，储量有多少？油层的结构和物性如何？

怎样才能把油拿出来？在这场伟大战役中，首要解决的问题就是树立地质工作的科学态度。刘少奇同志曾说过：“打井、搞石油，无非是三件事：人、机器、石头，还要加上先进技术。”①川中找油碰钉子的教训，让会战领导清醒地认识到第一性地质资料取得不全不准，油田地下情况就不能搞清楚。1960年4月9日至11日，在安达铁路工人俱乐部，余秋里亲自主持召开了第一次“五级三结合”油田技术开发座谈会。五级包括部、局、指挥部、大队、基层，三结合包括干部、技术人员、工人，参加会议的部、局领导、专家教授、工程技术人员、基层干部和工人代表开始有180余人，后来扩大到500来人。座谈会的主要内容就是讨论如何做好钻井、试油、试采工作，如何取好地质资料，如何搞清地下情况等问题。

⊙ 1960年在安达召开第一次油田技术座谈会

① 《余秋里回忆录》，解放军出版社1996年版，第712页。

大庆油田是个什么样的油田？怎样做好地质工作？如何吸取过去的经验教训？座谈会开始时，余秋里就直接提出问题要求大家讨论。地质技术人员首先汇报了大庆长垣南部葡萄花油田的钻探和试油情况，在会场上挂出了有许多五颜六色的地质图表，探井试油的不同结果，分别以不同的颜色标在油田的地质图上，红点代表出油井，黄点代表出气井，蓝点代表出水井，这就有了前面提到的地质图风波。听完技术人员的汇报，余秋里走到这张地质图前仔细端详，久久伫立，想从这张地质图中寻找到一些规律性，但是图上所标的这些，不仅分布很不规律，而且有的还互相干扰，根本看不出它们之间的任何关系。于是，余秋里就开始向地质技术人员和主管领导提出了一系列问题：怎么解释这些点点，有什么根据，说明什么问题？为什么有的油井又出油又出水，为什么有的不出油光出水，为什么有的油井光出油不出水？凭什么说这口井位是高产井，那口井位是低产量井？专家们虽然作了一些解释和说明，但是根本说不明白。熟悉石油地质的康世恩觉得专家的回答是“一碗豆腐，豆腐一碗”，一塌糊涂，余秋里直接扯下一张地质图，发火地说道：“我们搞天然油已经10多年了，光在地面戳窟窿，不把地下情况搞清楚，我们吃了多少亏？这亏难道还没吃够吗？要知道，我们千辛万苦找到的这个大油田，一旦搞坏了，比克拉玛依还难收拾。那时候，我们怎么向党和人民交代？”队伍都开到前线了，敌人的情况还没有搞清楚，那仗该怎么打？油田勘探同战争一样，需要侦察了解“敌情”才能知己知彼，百战不殆。钻井、采油的技术人员就好比是侦察员，地下油层的面积、深度、厚度等各项参数是我们侦察和需要掌握的内容，必须要做到掌握第一性地质资料，才能把地下情况摸得清清楚楚。而会战在准备阶段中的真实情况，就是探井试油工作做得比较粗糙，取得的资料不全、不准确。因此，重视不重视第一性地质资料，是尊重或不尊重科学的分界线。搞好油田开发的首要任务，就是充分掌握地质资料，就像余秋里所说的，搞勘探，搞开发，最大的实际就是油田地下，有半点马虎都不行。

余秋里刚到石油工业部工作时，就不断向专家和技术人员请教，在实践中不懂就问，很快掌握了天然石油工作的特点，并归纳出7条，其中一条就提到了：对油田地下情况，不管是开发前的静态，还是开发后的动态及其变化，都要以间接的手段，取得大量的、多方面的资料数据为依据，经过综合分析，才能掌握地下规律。这就要求要有严格的科学态度，进行细密的分析化验和研究试验工作。由此看出，第一次“五级三结合”的技术座谈会主要就是为了解决搞清油层情况这个核心问题，只有扎扎实实取全取准地下资料，地面上的工作才能顺利进行。为了搞清油田地下情况，余秋里在会上接着提出，必须取得哪些资料数据，怎样取得这些资料数据。沉默了几分钟后，会场上开始有人发言，提出一些具体项目，会场气氛一下子活跃起来，你一条我一条互相启发补充。余秋里总结归纳了大家的意见，提出在油田勘探过程中要搞清楚13个问题，经过讨

大庆话语

领导干部人人当政治部主任：不管做党务工作的干部，还是做行政工作的干部，或是做技术工作和群众工作的干部，都要把政治工作当做自己的、经常的工作任务。领导干部人人当政治部主任是大庆石油会战时期对领导干部提出的一条基本要求。领导干部人人当“政治部主任”，政工干部人人当“生产办主任”，其实质是领导首先是政治思想上的领导，领导干部人人要抓思想政治工作，当好政治思想战线上的指挥员和实践者，这样才会有共同的语言、共同的思想、共同的行动。余秋里指出：“会战队伍中，干部与工人经常谈心，工人互相之间谈心的活动是比较普遍的。正因为依靠群众，随时做思想政治工作，群众中大量的思想问题就不会成堆，就能及时得到帮助，及时得到解决。”

论增加到16个问题，后来康世恩又组织地质技术人员讨论，把问题补充到20个，根据这20个问题又细化确定了72个需要掌握的数据。随后，由李德生执笔，连夜起草了一个石油勘探开发过程中应该取全取准资料数据的提纲，经过会议的讨论和批准，正式形成了《大庆长垣勘探和开发过程中取全取准二十项资料七十二个数据》的文件，会议要求每钻一口探井都要取全取准这20项资料、72个数据，做到一个不能少、一点不准错。会议还对录取资料提出了“四全四准”的要求。“四全”是指：录井资料全，测井资料全，岩心资料全，分析化验资料全；“四准”是指：各种仪表校准，压力测准，油气量准，各种资料准。第一个石油技术规范就是在安达铁路俱乐部里通过全体智慧创作诞生的，也被称为“石油开发法则”。

在会议讨论的基础上，余秋里总结强调了三个问题。第一个问题，我们下这么大的力量进行大会战，目的是为了搞油，当前一项突出的工作，就是树立地质工作的科学态度，进行系统的、准确的试油、试采，重视调查研究，搞清油田地下情况。第二个问题，我们要遵循党中央、毛主席的教导，解放思想，破除迷信，大胆实践，敢想、敢说、敢干，争取大会战达到高速

大庆话语

队伍好不好，关键在领导；班子行不行，先看前两名：大庆1962年和1963年政治工作总结认为，一是领导班子要带头学习马列主义、毛泽东思想，用毛泽东思想指导全部工作，认真负责地贯彻执行党的方针政策和上级指示，坚决完成上级交给的各项任务。二是要贯彻党委集体领导和分工负责的原则，坚持民主集中制。各委员按照集体领导和分工负责的原则，分工不分家。互相支持，定期向党委汇报，定期过民主生活，开展批评与自我批评，班子内部既加强团结，又不护短。三是领导作风革命化，带头执行“约法三章”。四是熟悉本企业生产、技术方面的基本知识。五是讲究领导方法和工作方法，坚持“实践认识再实践再认识”的观点，提倡唯物主义辩证法，反对形而上学。

度、高水平。高速度，就是拿下油田要快，时间要短，用人要少，用设备要少，用材料要省，办的事情要多，拿下的油田质量要高。高水平，就是要有高的技术水平、高的群众运动水平和适应大会战的领导水平。具体表现在勘探、开发工作中，就是要取好“20项资料、72个数据”，做到“四全四准”。群众运动要规模大，内容丰富，效果好，成就大；领导要有科学分析的精神，有较强的组织能力，善于走群众路线，对新事物敏感，善于总结和推广先进经验。第三个问题，号召参加会战的单位立即开展一个以找油采油为中心，大搞技术革新和技术革命、大表演、大竞赛、大评比、大检查、大学习毛泽东著作的群众运动。康世恩也在会上发言，着重讲了在勘探、开发中广泛深入地开展技术革新和技术革命的问题。会战第一次技术座谈会，明确了油田勘探、开发的对象和根本任务；明确了油田勘探、开发工作必须从取全取准第一性地质资料入手。这对于搞好会战的油田勘探、开发工作具有重大的意义。后来在1960年6月召开的“五级三结合”技术座谈会上，康世恩反复强调了这一思想，提出搞石油工作的人，工作岗位在地下，一切工作都要做到地下油层。这些话，后来余秋里把它概括为：“石油工作者的岗位在地下，斗争对象是油层。”①

会议期间余秋里正式提出要认真学习《实践论》和《矛盾论》，要在“两论”的指导下取得大量的第一性地质资料，掌握大量的事实，去粗取精、去伪存真，由此及彼、由表及里，达到搞清油田地下情况，掌握油田客观规律的目的。余秋里认为学习“两论”不能仅仅停留在一般的号召上，要由党的组织正式作出决定，对党员、团员

① 《余秋里回忆录》，解放军出版社1996年版，第718页。

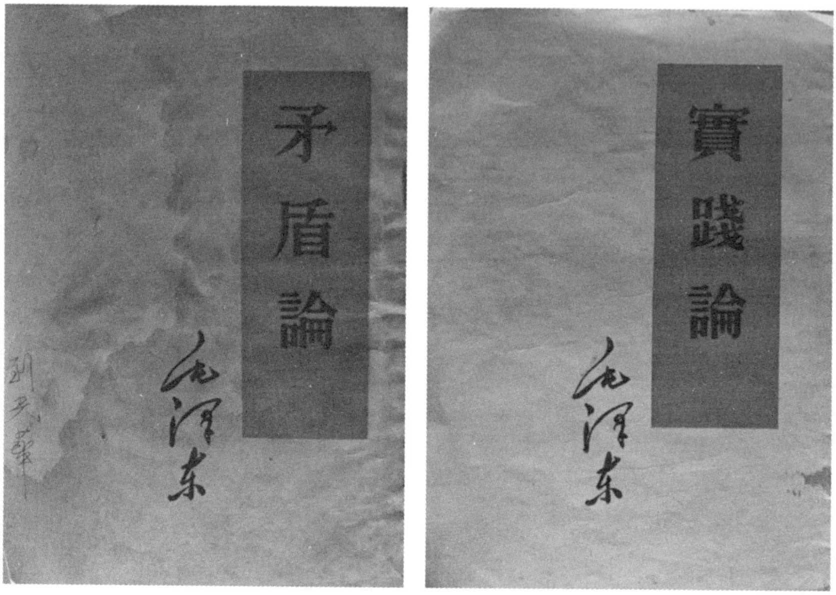

⊙ 1960年发行的毛主席的《实践论》和《矛盾论》单行本

和干部、群众提出明确的要求，经过讨论以石油工业部机关党委的名义，在1960年4月10日作出了《关于学习毛泽东同志所著〈实践论〉和〈矛盾论〉的决定》(以下简称《决定》)，这也是大庆石油会战的第一个决定。经过党组讨论决定，创建会战党委机关报《战报》，任命关松森为首任社长，《战报》第一期为创刊号，头版头条准备发表还在起草的关于学习“两论”的决定。4月10日下午，记者们就已经从一线发回了十几篇报道和通讯，但是《战报》头条的内容却迟迟没有送来，因为头条是由余秋里组织起草的，虽然最后头条定稿仅有400多字，但也是写了数个白天黑夜的。执笔的宋惠说：“不怕枪不怕炮，就怕给余部长写报告。”[①]因为大家熬夜，他也跟着熬夜，一个报告，改了又改，抠了又抠，多一个字不行，少一字也不行，结果是句句实

① 冀年勇主编：《讲那创业年代的故事》，石油工业出版社2011年版，第55页。

在，没有一句大话，这个《决定》的初稿是10多页，三五千字，最后压到不到两页。4月13日，第一期《战报》出版了，头版头条刊登的是政治性文件《关于学习毛泽东同志所著〈实践论〉和〈矛盾论〉的决定》(以下简称《决定》)。

《决定》指出：我们正面临着会战——大规模的生产实践，在会战中，把别人经验都学到手，但又不迷信别人的经验，不迷信书本，我们要勇于实践，发扬敢想、敢说、敢干的风格，闯出自己的经验。同时，我们在实践中不迷失方向，就要掌握马列主义的理论武器，把实践经验上升到理论，包括正确认识油田规律，使我们的实践具有更大的自觉性。

学习的目的就是号召参加会战的全体职工，掀起一个学习毛泽东著作的高潮，掌握武器、勇于实践、认识规律，找出一套符合我国实际情况的开发、建设油田的理论和办法。《决定》见报后，4月26日，余秋里在会战领导小组扩大会议上再一次强调：“毛泽东思想是我们全部工作的指针，‘两论’是会战的灵魂。这两篇文章一定要很好地读，反复地读。读了毛主席的著作，就会感到头脑清醒，浑身是劲，就有办法；离开了毛泽东思想，就什么事情也搞不成。”学习“两论”的决定，得到了全体会战职工的拥护，很快便掀起了学习“两论”的热潮，书店现有图书全部脱销，现派人从哈尔滨、北京买回了几万本，基本上做到人手一册。形成了人人学、人人议、人人用的学习氛围，干部带头学，职工有时间就读，文化低的、不识字的工人请别人念，自己则认真听，通过培养骨干、树立典型、交流经验、组织讲师团的方法，把学习“两论”的热情引向深入。对于学习的过程会战领导小组主要坚持四点原则：一是用“两论”的立场、观点、方法，分析会战形势，在每个时期，都抓住主要矛盾，特别是抓矛盾的主要方面，集中主要精力，加以解决。二是提倡实事求是的科学态度，批判地接受国内外油田勘探、开发的经验教训，从实际出发，大胆实践，解决会战中的重大科学技术难题。三是普及“两论”的基本知识，用毛泽东思想武装会战队伍，在改造客观世界的同时，增强改造主观世界的能力。四是坚持群众路线，改进领导方法，重视调查研究，从群众中来，到群众中去，启发和依靠群众的积极性和自觉性，做好会战各项工作。从领导思想上来讲，学习“两论”，就是要以辩证唯物主义和历史唯物主义为武器，克服机械论和形而上学，打破“贫油论”“油田开发不可知论”的思想束缚，解放思想，在实践中解决石油勘探、油田开发科学技术的复杂问题，探索中国石油工业发展的道路。

“两论”的学习对于石油大会战有着重要的指导意义。从学习收获效果看，会战职工通过学习“两论”，分析了会战面临的各种矛盾和困难。这矛盾、那矛盾，国家缺油才是最主要的矛盾；这困难、那困难，我们探明的石油资源太少，产量太低，不能满足国家需要，是压倒一切的困难。通过深入内心的学习，会战职工都知道要“牵牛鼻子”、抓主要矛盾。什么是“牵牛鼻子”、

大庆话语

严、细、准、狠、快：拿下大油田在于狠，开发大油田在于细，讲干劲要猛如老虎，讲细致要细如绣花。“严”是生产指挥要“严”字当头，坚持高标准、严要求。“细”是要科学细致地安排生产，对上级指示和基层反映的问题都要认真对待。抓工作要具体，不能粗枝大叶，反对说空话、说大话。只有把工作抓细，才能使计划和决策符合客观实际，才能有正确的指挥。“准”是问题看得准，矛盾抓得准，处理事情准。指挥生产要吃透两头（上头的方针政策和下头的实际情况），不犯主观主义，不瞎指挥。“狠”是指挥生产要做到情况明、决心大。凡是决定的事就要抓住不放，一抓到底，抓出成效。对生产中存在的问题敢说、敢管、敢于要求，对低标准、老毛病敢反，对歪风邪气

主要矛盾？会战第一个困难，是国家没油，必须拿下大油田，这是全局的、根本的困难；第二个困难，是会战中我们会面临恶劣的环境、艰苦的生活，这是局部的困难。只有解决第一个困难，其他的困难才能迎刃而解。从国家的整体利益、长远利益来看，如果石油工业上不去，国际敌对势力就会用“洋油”卡住我国的脖子，就会阻碍我国经济和国防建设发展。我们的任务就是要用自己的双手摘掉贫油国的帽子，取得石油大会战的胜利，粉碎企图在石油上卡我们脖子、阻碍我国经济发展的阴谋，这是我们的历史使命。从指导思想来看，这是马列主义、毛泽东思想的一次普及，也是一次思想的大解放。在“两论”学习中打破了人们头脑中旧的条条框框，提高了领导水平和工作能力，职工懂得了真正的理论只能是从客观实际抽出来又在客观实际中得到了证明的理论，懂得了人的认识一点也不能离开实践。当技术干部搞不清油田情况的时候，不会再像过去那样，一味钻到书本里寻找现成答案，而是本着实践第一的观点，大搞调查研究，狠抓第一性地质资料，把油田情况搞清楚；当在科学技术上遇到难题时，也不会望而生畏、半途而废，而是勇于实践、反复试验，攀登世界科学技术高峰；当在生产管理上千头万绪、矛盾百出时，也不再像

敢顶，对错误倾向敢斗。“快”是贯彻上级指示要快，反映下面情况要快，处理问题要快。工作要雷厉风行，说干就干，干就干好。

过去那样手忙脚乱，而是分析矛盾、抓住关键，建立岗位责任制和正常的生产秩序；当在生活上遇到困难时，也不再愁眉苦脸、向外伸手，而是克服困难，开荒种地改善生活。

第一次技术座谈会以后，会战指挥部和各探区、各单位加强了对地质工作的领导，开展了“取全取准各项地质资料”的群众活动。指挥部组建了地层对比大队、测压大队、注水大队、综合研究大队和地质分析试验室等科研机构，集中了1000多名专家、教授、工程地质干部和大中专毕业生，从事地质资料录取分析和油田地质研究工作。同时成立了多个三结合小组，深入井队，实行“四同五包”，即与工人同吃、同住、同劳动、同商量，包宣传鼓动、发动群众，包地质预告，包生产任务，包资料整理，包向工人讲地质课，使现场生产工序与油田地质研究形成了一条龙，油田地质研究渗透到了生产的每个环节。在热烈响应贯彻党组的号召下，有很多令人难忘的事迹。女地质员王晓云从钻井队背回来25包砂样，到大队一查发现丢了2包，她忍着关节炎的疼痛，冒着瓢泼大雨硬是找回了砂样。专门研究介形虫的工程师叶得泉，在简陋的条件下进行科研工作。有一次丢掉了两颗米粒大的介形虫化石，他硬是趴在地上用放大镜一寸土地一寸土地地寻找，整整用了两个多小时才找到这两个标本。而正是这两个介形虫标本化石，在识别萨尔图油层中起到了重要作用。3249钻井队方永华班，在钻井取心时发现有1.5米的岩心掉在了井底，虽然在总计的取心数量上也算合格，但他们懂得岩心是认识油田地下最有用的资料，岩心缺一寸，判断、了解地层就少一分科学依据。于是，他们连续工作了26个小时，取了17筒岩心，有16筒岩心收获率达到100%，平均收获率超过了99%。会战头8个月，全油田共取岩心3000多米，井壁取心近万颗，录取砂样12万多包，作电测曲线3200多公里。各项资料做到了齐全准确，为认识和搞清油田地下情况提供了充分的依据。正是因为我们重视第一性地质资料，才取得了一项又一项科研成果，解决了一个又一个技术难题，在大量实践、反复研究的基础上，形成了我国自己的石油地质理论。

为了搞好油田开发，避免走弯路，找到科学合理的开发方案，石油科学研究院张俊院长组织几名科技人员和翻译人员，翻阅外文书报杂志，收集、整理出20个国外油田开发实例作为参照研究对象，总结经验教训，研究自己的路子。经过讨论，确定了一条方针——保持长期稳定高产和当前合理产量相结合；三项原则——实行大井距、小油嘴、早期注水；一个目标——保持3年不递减，5年以后递减不超5%，以提高采收率为根本目的。1960年7月，就大庆油田的开发问题，余秋里明确地提出，为了保证实现长期稳定高产的方针，在大庆油田的开发上必须坚持实事求是和留有余地的原则。如果不留有余地，可以一时高产，但却不能持久。所以，在研究、制定油田第一个开发方案时，不能只想到眼前，还要想到今后10年、20年。1961年3月，经过党组开会讨论，正式确定了油田开发六条原则：（1）先开采萨尔图油田，留下喇嘛甸、杏树岗油田作为接替，目的在于保持长期稳定高产；（2）早期注水，保持油层压力采油，油田开发时先打注水井；（3）采取合理的大井距（井距500米、排距600米），1平方公里先打4口井，以后视开发情况逐步加密；（4）先采取一套井网合采几层油，以后再打第二套井网；（5）两排注水井之间打5排生产井；（6）控制生产压差，保持在饱和压力以上或接近饱和压力的情况下采油。讨论意见上报党中央。党中央、国务院批准了大庆油田开发方针。

“真理的标准只能是社会的实践。”这是《实践论》中经典的一句话。大庆油田南北长100公里，东西宽10～20公里，开采难度非常大。如果没有科学的开发方案，石油这个“金娃”就会胎死腹中。如何把“金娃”抱出来?《实践论》中提道：“你要知道梨子的滋味，你就得变革梨子，亲口吃一吃。”石油开发不能一下子大面积开发，一旦发生错误，想改就来不及了。经过党组会讨论，大家一致认为在探明的油田范围内，先开辟一个小面积的生产试验区，待取得经验后，再大范围推广。在一个整装的大油田上开辟生产试验区，在国内外油田开发史上是没有先例的。开辟生产试验区像农民种“试验田”一样，可以逐步探索地下油气水运动规律，试验各种开发技术措施，积累开发大型油田的实践经验，避免在全局上犯错误，造成被动，又可提前采出原油，为国家解“缺油”的燃眉之急。于是，成立了开发试验区指挥部，调动人员开始大规模地开发试验，经过一番试验取得经验，接着开辟了东部试验区、西部试验区。1960年4月24日，大庆石油会战领导小组正式决定，将萨尔图油田中部作为油田开发的第一个生产试验区。这个试验区油层厚度大、产量高，而且有铁路在区内横穿，交通方便，各方面条件都比较有利。最初的试验区是中部中区，面积为22平方公里（后扩大到30平方公里），约占我们当时圈定的480平方公里含油面积的1/22。

在1960年5月召开的油田“五级三结合”技术座谈会上，参会人员就生产试验区的试验方案和部署展开了讨论，现场气氛热烈，大家各抒己见、畅所欲言、踊跃发言、献计献策，提出了许多好的意见。其中，李德生代表地质研究员，提出了生产试验区的技术政策和措施，余秋里认为这套技术政策、措施是可行的，但是不能马上铺开，应该先解剖一个麻雀，取得必要的数据和经验，然后再铺开。但是在会上讨论采用什么注水方式和井网时，发生了争论，有的人主张行列注水，有的人主张面积注水，多数同志认为，萨尔图油田面积大，呈条带状，油层厚度和物理性质比较稳定，实行油田内部横向切割注水比较合适。所以选择一种方案试验是不行的，必须选择多种方案，进行试验、对比，才能说明问题，得出正确结论。为此，会上提出的各种方案，会后整理出一些有创新、有价值的方案，进行试验区立项试验，后来归纳为以早期注水为中心的“十大试验”。

会后，紧锣密鼓地开始调动钻机上萨尔图试验区打注水井、生产井。但是天公不作美，东北的雨季提前到来了，整个战区一片泥泞，汽车无法行驶。分散在草原上施工的井队和建设工地需要的油料、材料和其他物资运不上去。1960年6月7日，会战领导小组决定缩短战线，集中力量猛攻生产试验区。当年，对油田面积和储量不必担心，最重要的是拿下30平方公里试验区。要重视过好两大关：一是大面积生产，得到稳定的产量；二是注水试验。通过试验区，解决了这两个问题，就可以说大功告成了。在进行试验区试验期间，帮助石油工业部工作的苏联专家工作组，要求到大庆看看，当时唐克问余秋里接待的原

大庆话语

领导干部“五同”：领导干部要同职工同吃、同住、同劳动、同解决生产问题、同娱乐。“五同”是大庆石油会战初期对领导干部提出的要求。当时生产和生活条件很差，为了战胜困难，会战领导机关要求各级领导干部在实际工作中做到“五同”。各级领导干部同群众同甘共苦，深入基层做好思想政治工作，遇事同群众商量，虚心听取群众意见，进一步密切了干群关系，鼓舞了群众的革命干劲，大大加强了对基层的领导工作，从而保证了会战各项任务的完成，同时也锻炼了广大干部，提高了干部素质。

则如何掌握，余秋里提出外国同志要来，一要热情接待要尊重，二要虚心，三请人家帮助。要注意几个问题，介绍资料要准确，现有资料可以都拿给他们看，请他们研究分析。苏联专家到达大庆后，会战地质指挥所负责的同志向他们介绍了松辽盆地区域情况、各探区情况和生产试验区情况，请他们参观了现场、展览室，看了岩心和大量的资料。苏联专家提出了一些具体问题，我们都详细地进行了解释，苏联专家组参观以后，作了这样的评价："松辽的工作，在中国历史上是一个榜样，在世界上也是没有见到过的。"

油田开发试验中最关键的一仗就是早期注水试验。注好水，保持地层压力是关键。康世恩曾说过，地层压力是油田的灵魂。没有压力，好油田活油田也会变成坏油田死油田。在他指挥下，年轻的技术员刘文章、万仁甫、朱兆明等到现场同工人们一起搞试验，通过"热洗强注""注活性水"等办法，经过排液、洗井、试注等环节，最后成功注水，使油井见到了注水效果。在这个过程中，我们从失败中积累经验，在艰苦中探索经验，试注的成功也证明了大庆油田早期注水是可以实现的。试注中总结了一套净化水质、热洗强注的具体办法，为以后的试验区大面积注水提供了经验。但是，大面积注热水，消耗能源太多，干不起，只有用冷水注，才能在油田全面推广。经过多次反复试验，用冷水试注终于成功了，打开了油田会战的新局面。生产试验区实行早期内部注水之后，采油的地层压力高、自喷能力强、渗透率高的油层，很快见到了注水效果。但也发现油井见水，而且水淹严重。试验区30平方公里的地下有两个层系、5个小层，每个小层的厚度、渗透率、连通性都不一样。采取笼统注水，水注进去以后，很快出现"单层突进"，油层有被水淹的危险。面对这样大的课题，我们只能走自己的路，别人没有的，我们要有，别人没有做到的，我们也要做到。刘文章的团队经过日以继夜的研究，终于用“糖葫芦封隔器”解决了难题，在油田地下实现了分层注水、分层堵水，做到了兴水利避水害，创造了采油工艺的新水平。这项工艺，把美国和苏联甩到了后边。美国东得克萨斯油田没有早期注水、苏联罗马什金油田取的是外围边内注水，所以开采效果不好，只有几年稳产，采收率很低。而大庆油田可以稳产多年，这不能不说是个奇迹。余秋里对生产试验区的做法总结道：“这种做法贯彻了实践、认识、再实践、再认识的辩证唯物主义的思想路线，做到实践一步，认识一步，使开发前进一步。这是大庆油田开发之所以比较成功的一条重要原因。”[①]

大庆的原油具有含蜡高、黏度高、凝固点高的特点，只有印度尼西亚的一个油田的原油凝固点与之相近，但是印度尼西亚属于热带气候，不需要对原油加热保温，而大庆年平均气温比原油凝固点低20多摄氏度，现有的“巴洛宁流程”不仅造价高，而且能否解决问题还是个未知数。因此，在这种气候条件下，如何对油气集输管网加热保温，用什么样的流程把原油输送出去，成为石油会战的又一大难题。最初，经过分析比较，选定了“井场三把火”的原油加热保温方案，虽然暂时解决了加热保温的问题，但是“三把火”存在着安全隐患。油田处攻关组经过昼夜苦战成功地把“三把火”变成了“两把火”，正当我们推进“一把火”的保温技术攻关研究时，中区6排20井突然发生大火，失火原因就是保温炉火源与油井没有做到彻底隔离，井下高压气窜至井口，与保温炉火源接触造成的。这使科研人员决心更加

① 《余秋里回忆录》，解放军出版社1996年版，第768页。

坚定，原油加热保温关必须限期攻克，哪怕有天大的困难，也要坚决攻下来。经过艰苦探索、集思广益，终于在1960年初步解决了原油加热保温的问题。在初步解决问题的同时，我们紧紧围绕生产，做了大量的研究和试验工作，突破了原油保温关、集油流程关、油井计量关，形成了整套以水套加热保温手段，采用“挂灯笼”式的集油方式和水垫式玻璃管液位计进行原油计量的流程，这个流程后来被称为“萨尔图流程”，又叫“单管密闭油气混输流程”。“萨尔图流程”是依靠自己的力量打赢的一场志气仗、大胜仗。

1964年12月21日，周恩来在第三届全国人大一次会议上作的《政府工作报告》中说，大庆油田的建设，“是学习毛泽东思想的典范，用他们自己的话说，是‘两论’起家，就是通过大学《实践论》和《矛盾论》，用辩证唯物主义的观点，去分析、研究、解决建设工作中的一系列问题”。大庆石油大会战的胜利就是因为全体会战职工通过“学、思、悟”《实践论》和《矛盾论》两本书，统一会战思想，提振士气，在最短的时间里，打赢了这场没有硝烟且复杂多变的地下石油战役。

第六章

“王进喜代表大会战的方向”

在大庆石油会战刚开始不久，余秋里讲了一句令人称慕也一直有着历史温度的话，他说：“王进喜代表大会战的方向，铁人就是我们的旗帜。”[①]这句话充分肯定了铁人王进喜在大庆石油会战中表现出来的具有无穷力量的榜样作用。1950年，王进喜成为新中国的第一代钻井工人，1970年离开了我们，他为新中国的石油工业艰苦奋斗了20年。铁人王进喜身上体现出来的“大会战的方向”，“这不是一时的表现，而是他一生的积累”[②]。方向是从形象中一点一点地积累起来的。铁人王进喜在为国家石油事业不懈拼搏当中，树立了不仅仅惊奇了民族的目光，也惊奇了整个世界目光的光辉形象。我们厘清了这个形象不断被打磨定型的历史脉络，就读懂了“王进喜代表大会战的方向”这句话。

第一个形象：白杨河大战中“半路杀出来的一匹黑马”的形象。1958年，石油工业部在安排第二个五年计划时，为解决钻井技术落

① 大庆油田铁人传写作组编著，孙宝范、卢泽洲执笔：《铁人传》，中央文献出版社2009年版，第144页。

② 大庆油田铁人传写作组编著，孙宝范、卢泽洲执笔：《铁人传》，中央文献出版社2009年版，第181页。

后、钻井速度慢以及隐藏的思想观念不适应的问题，在石油工业的主战场——玉门和新疆发动了以“高速优质钻井”为中心的群众运动。在这场运动中王进喜成了“半路杀出来的一匹黑马”。

这个故事是从“老粗看旧报”引起的。1958年初，玉门矿务局为贯彻“努力发挥老油田潜力，积极勘探开发新油田，发挥基地作用”的战略部署，组织一批先进钻井队“大战白杨河”。以著名的标杆贝乌4队（队长景春海）为龙头和新疆的1237钻井队（即后来的1202钻井队，队长张云清）等展开一场“钻井大战”，力求在解决钻井速度低这个老问题上有大突破。而像王进喜的贝乌5队这样“一般的”先进队则被安排在老君庙油田的干油泉去打井，可以说是被列在“大战”之外了。

5月上旬的一天，王进喜拿着一张旧报纸翻着，突然发现一条消息说新疆的张云清钻井队3月打井1277米，突破了“月上千”，保证“年上万”，已经赶过了玉门关，党政工团都表示祝贺。他问工人“赶过玉门关”是啥意思，有知道情况的工人说，在白杨河大战中，景春海队创造的月钻1183米纪录被张云清队打破了，玉门被新疆压了一头。

一向不服输的王进喜一听来了火。张云清

大庆话语

九热一冷：大庆石油会战中创造的一种领导工作方法，其主要内容是在一旬中，有九天“热”，一天“冷”。每过十天，领导干部再忙，也要坐在一起开务虚会，学习上级文件或会议精神，分析形势，总结经验，从而把感性认识提高到理性认识上来，使领导作风和领导水平得到不断改进和提高。会战初期，油田领导就把实践、学习、总结结合起来，把“冷”与“热”结合起来，把冲天干劲和科学态度结合起来，创立了“月初紧，月中狠，月末冷”的工作方法。具体做法是：月初开大会、大动员，大造声势，绝大多数干部上前线；月中组织大检查、大突击，使全月工作任务“立于不败之地”；月末则自下而上地分析形势，总结经验，表彰先进，布置下月任务。

是从玉门出去的，人是一样的人，钻机是一样的钻机，为啥被人家压着打，5队要树雄心，立壮志，和他干。他告诉工人要给他找报纸看，叫大家也随时掌握消息。从此，5队工人就憋上一股劲，一心想创个高纪录，超过张云清。可是，干油泉山高路窄，坡大沟深，搬家很困难；又远离主战场，辅助工作和后勤保障工作都跟不上，想超先进不容易。

进入6月，白杨河干得热火朝天。景春海、张云清你争我夺，新纪录不断被刷新。王进喜可真的坐不住了。6月底，在一口井完钻以后，他召集骨干开会，商量申请搬家上白杨河的事。他对大家说：“窝在这里太憋屈，咱们要来它个‘月上千，年上万，祁连山上立标杆’，也去大战白杨河好不好。”大家一听非常高兴，个个摩拳擦掌、跃跃欲试。有的小青年还吼起来：“对，咱们要求上战场。”这时的5队已有了一些变化。支部书记孙永臣去参加四川会战了，技术员田肇雄也调走了，一些骨干支援了别的队，从领导到骨干力量都有些减弱。曾帮助王进喜入党的老党员、老练的机械工长张兴福看着累得黑瘦的队长很心疼，开完会就对他说：“队长，孙支书和田技术员走了，新书记还没来，你现在够累的了。现在打得也挺顺，我看是不是别搬了，在这平平稳稳地保个先进得了！”王进喜对张兴福一向很尊重，听了这话没发火，而是心平气和地说：“张师傅（对他尊重的人一律叫师傅），你以为我是为了争先进吗？不是。是为了多打井，早点赶上新疆，为咱玉门人争口气！咱们都是劳动人民出身，看见工作上不去咋能不着急呢？我累点没啥，把钻井速度提上去才是大事。平平稳稳没干头，风风火火才来劲，咱们一定要上白杨河。现在干部少，你可得多支持，多操心啊！”张兴福握住队长的手说：“那没问题！”

过了“七一”，在一次大队调度会上王进喜提出要搬家上白杨河，大队长王嘉善不同意，他就和大队长吵了起来。最后大队长还是不同意，他一气之下又去找局长。局长焦力人说得研究一下，他说：“这明摆着的事研究什么！”吵个没完。焦力人被他缠得没办法，就抛下他去找其他领导商量。市委书记刘长亮说：“群众的积极性要保护，嗷嗷叫的队长要坚决支持！王进喜这两年打得不错，给他搬，叫他近学景春海，远学张云清，边学边赶最后超他们！”焦力人回来一说，王进喜抱起老羊皮袄撒腿就跑回队里。

回去一宣布，工人们个个抓紧，人人争先，把3天收尾的活，1天就干完，7月5日搬到了白杨河，和贝乌4队隔路相望，进入了主战场，加入大战的行列。

白杨河油田在老君庙东北9公里处，是1958年重点开发的油田。这里聚集了著名的3207钻井队、贝乌4队等一批先进队，一溜摆开，展开了一场冲击钻井速度的夺油大战。7月正是打井的最好季节，各个队你争我夺，互不相让，轰轰的钻机声中充满了硝烟味。从此，贝乌5队进入了“大战”状态，王进喜把行李卷从队部拿到井上，往一个不用的泥浆槽子里一扔就日夜不离开井

大庆话语

指挥靠前：人民解放军优良传统在大庆石油会战实践中的具体运用，指领导干部亲临前线，直接指挥生产。会战初期，会战领导做表率，亲临前线指挥生产。凡是有两个以上施工队施工的地区，就有会战指挥部的前线指挥所。每个大战役，都在集中施工地区组织大型前线指挥所，领导“指挥靠前”，能深入调查研究，及时了解情况，发现问题，解决问题；能迅速组织队伍，配备力量，选择重点，突破难关；能加强薄弱环节，并及时总结推广先进经验，有效地发挥领导作用。

场了。

这场“钻井大战”是钻井队强手之间的较量，玉门、新疆都摆出了最强的阵容。一个要标杆立祁连，一个要红旗插天山。你争我夺，互不相让。3月，张云清领先实现了“月上千”。6月，景春海一跃来了个月钻2445米，接着7月又上了3000米，真是一山更比一山高。作为当时“一般先进队”的贝乌5队相比之下应该说是个弱旅。可王进喜凭什么敢主动参战，且最后创出更高纪录战胜了强手？一是有股敢与强队争高下的不服输的劲头；二是有豁上身家性命的忘我精神；三是有一种虚心向对手学习的风格。他远学张云清，近学景春海，先学后超。他自己主动学，工作组也组织两个队互帮互学，在竞赛中创造新成绩。

8月13日，5队终于赶上4队，司钻和工人们都挺高兴，增强了赶超先进的信心。可是王进喜心里明白，这只是一次小小的过招，算不上超4队。天天都在打探4队“情报”的他清楚地知道，4队6月“上双千”，7月“上三千”，累计进尺已过万，日进尺、班进尺记录都挺高，他们要真正赶上超过4队没那么容易。不下个大决心，拿出点大举动，出几身大汗是办不到的。

这时，石油工业部决定在新疆召开一个克拉玛依现场会，要求各局献厚礼。玉门局和勘探公司都提出钻井队要实现“月上五千”的目标。在制订9月钻井计划时，王进喜和新来的党支部书记郭兴和商量说，报它个“5000米”，超4队，也超过他新疆张云清。郭兴和虽初来乍到，但对队长的脾气是知道的。他相信，王进喜这话不是随便说的，一定是心里有底的，就说，他同意，一定全力以赴做好保障工作，发动全队拼一场！他们又一起去征求工作组的意见，工作组表示大力支持。

“月上五千”可不是小事，为此，5队先召开支委会研究，又召开骨干会酝酿，最后交给全队讨论。在讨论中，大多数工人嗷嗷叫，完全拥护队里的决定。但也有一些同志心存疑虑，他们说以往一个队一年打1000米都算高水平，现在设备困难、材料短缺，一个月要上5000米，好比往祁连山上冲，要冲上主峰太困难、太危险了。王进喜对大家说：“你们几个说对了，就是要往祁连山上冲，这就像部队打仗一样，总得有人打冲锋，咱们不冲叫谁冲。现在是有困难、有危险，但我们干的是先人没有做过的事情。慢打只能出慢的经验，快打才能出快的经验。我们要大胆地闯，猛劲地冲，不上五千不罢休。”

最后全队统一了认识，经过认真研究，制订了具体可行的计划，上报大队和局里。几个有文化的工人还琢磨出一个口号，叫作：“钻透祁连山，战胜戈壁滩，快马加鞭进军吐鲁番，定把标杆立天山。”上级同意了他们的计划，也很欣赏这个口号，鼓励他们一定要实现目标。

“月上五千”，非同小可。在当时一般井队一个月只打五六百、七八百米已属正常的情况下，要月上5000米简直有点令人难以置信。但全国石油事业发展需要，同新疆竞赛成败所系，王进喜必须面对挑战，5队没有退路。全队充满信心，有志者事竟成。对待非常的任务，得采取最好的措施：依靠和发动群众。党支部召开全队大会，王进喜给大家讲清只许成功不许失败的形势，然后叫大家充分讨论，发表意见提出建议。工人们以空前高涨的热情献计献策，大到搬家安装的安排、快速钻进的措施，小到诸如把导管分成两节、搬家时方钻杆可以贴到大门边上等，提出了各种好主意。然后，算细账，把5000米的任务分解落实到每个班、每口井、每一天，把千头万绪的工作落实到每个岗、每个人，要求全队人人当主人、个个抢时间，班与班、工序与工序环环扣紧，争分夺秒，每个行动都要保证成功，精准快速。这样一讨论，一落实，工人们心里踏实了，大家说，就是拼上老命，也要把5000米拿下来。从大班到司钻，从钻工到司机，热情空前，都拿出了冲锋陷阵的拼劲。

一场夺标大战打响了。5队的干部工人以从未有过的意志，打了一场“进军吐鲁番，标杆立祁连”的硬仗。用王进喜的话就是“工人们的干劲是解放以来从未见过的”！

对工人这种主人翁精神和干劲，队长王进喜由衷地敬佩。在克拉玛依现场会汇报时他深情地说：“我们的工人就是好。以前有的工人加个班还得先问问加班费，你给少了他不干。从1958年开始，我们全队同志提出不要奖金和加班费了，反而干劲更大。你不让加班他都不听，一干就是十几、几十个小时不下班。你撵他回去休息，他不回去，还给干部贴大字报，责问我们为什么不叫他劳动！工人们的干劲确实是解放以来没见过的。”

9月30日下午4时整，5队打到4975米，离5000米只差25米了，新纪录眼看就要诞生了。虽然只剩25米，但那是最硬的岩层，最难打的地段，5队上下一点也不感到轻松，王队长的要求还是那句话：“眼皮子都不敢闪一下！”地上转盘飞快地转，地下钻头一分一分地啃，经夜班工人的艰苦战斗，到半夜12点，9月累计整整打了5009多米，完成了“月上五千”的宏伟目标。

而当时的张云清正一门心思和景春海比高低，且进尺大大超过了贝乌4队。听到贝乌5队这个消息后大吃一惊。摸着头说：“怎么又冒出一个王进喜！怎么又冒出来一个呢？”

30多年后，张云清说：“1958年钻井大战，王进喜是中途杀出来的一匹‘黑马’。他的出现搅得玉门不得安宁，也在我们新疆屁股后面烧了一把火，把整个钻井生产提高了一大截。”正是1958年王进喜在玉门白杨河烧起的一把火，让新中国的石油工业多了几分红火，添了几分锐气。

第二个形象：“有条件要上，没有条件创造条件也要上”的忘我拼搏形象。1960年初春是铁人王进喜一生最艰苦的一个季节，也是他永远值得自豪的一个季节。在这个充满希望的春天里，他把自己的全部生命和热血都融入到了共和国的石油事业当中。王进喜带着30多名钻井工人来到大庆，就盼着早日开钻。4月2日，听说钻机运到了火车站，不等天亮，他就带领1205钻井队（当时称1262工钻井队）职工跑步15华里（1华里=0.5公里）来到车站。可一到车站，王进喜和工人们就遇到了难题：车上是几十吨重的钢铁大件，没有吊车拖拉机，怎么卸车搬运、安装？王进喜集合全队，问在朝鲜打过仗的支书孙永臣：“我没有打过仗，你说若是在战场上遇到这种情况怎么办？是上还是退？是打还是坐下来等？”孙永臣说：“只能进，不能退；只能上，不能等，就是豁出命来也要上！”王进喜接过话来说：“对！我们大会战也像打仗一样，只能上，不能等。没有吊车，我们37个人就是37部吊车；汽车不够，我们有手有脚有肩膀，蚂蚁搬山也要搬。就是要靠我们自己的力量卸车搬运、安装，早开钻。大家说，行不行？”“行！”全队异口同声地答道。“好！有条件要上，没有条件创造条件也要上！”王进喜说完，甩掉老羊皮袄，抄起一根撬杠，大喊一声“跟我上！”就跳上了槽子车。大家也拿起工具一拥而上。全队战士把钻机拆卸成几大件，用滚木加撬杠，推的推，拉的拉……棕绳把手勒出了血，肩膀被压得又肿又痛。许多人甩掉棉袄，只穿一件衬衣，全身也热气腾腾。从4月2日早上7点一直干到次日凌晨，硬是将60多吨重的钻井设备全部运到萨55井井场。这时，又遇到了钻机安装的难题。队长王进喜在全队工人动员会上，代表党支部向大家高声说：“现在摆在我们面前的任务，是怎样把钻机安装起来。我们国家现在有困难，我在北京参加‘群英会’时，看到汽车背的是煤气包。国家没有油，外国卡我们的脖子，帝国主义封锁我们的国家，千困难、万困难，国家缺油是最大的困难。我们石油工人是国家的主人，就得想办法把钻机安装起来。我们要干出个样儿来给外国人看看！”王进喜的一席话说得大家精神大振，个个摩拳擦掌。大家以撬杠、大绳、木头、钢管为工具，人拉肩扛苦战三昼夜，巍峨的钻塔终于屹立在萨55

⊙ 1205钻井队人拉肩扛运钻机

井的井位上，屹立在石油大会战的战场上。

设备安装好了，井架立起来了，要想马上打井还是困难重重。打井离不开水，可用水却成了大问题。1205 钻井队使用的是贝乌40型钻机，通过泥浆泵、立管和水龙头组成的循环系统把用水配制的泥浆通过空心钻杆注入地下，再从钻杆外边返回地面，每口井大约耗水60多吨。在正常情况下，这些水是由专业供水队专门接管线输送的，但当时马家窑的管线还没有接通，等罐车运水大约要3天时间。

王进喜哪里肯等，他又一次把队员们集合在一起，有些激动地说："还是那句话，有也上，无也上！就是尿尿也要开钻！"这时，有人提议说一公里外有个水泡子，可以到那里破冰取水。有人说："谁见哪个国家端水打井？"王进喜回答："就是我们中国人，端水也要把井打出来。"说干就干，决定之后，王进喜马上带领全队工人赶到那个大水泡子，把已经冻得厚厚的冰层用镐砸开一个大窟窿。望着清亮的冰水，全队人都兴奋起来。仿佛是捞宝贝，他们把能用的家伙都拿了出来，有拿脸盆的、有拿水桶的，实在没有大东西了，四下一划拉，铝盔、灭火器外壳也派上了用场。

开始端水了。走一走，跑一跑，连走带跑，谁都不想被落下。被他们的精神所感染，附近的老乡和指挥部的机关干部都赶来帮忙，渐渐汇成了100多人的运水长龙。当时的气温零下三十多摄氏度，却没有人觉得冷，甚至脸上都挂上了细密的汗珠。天渐渐黑了，有人点亮了马灯，有人燃起了火把。从白天到黑夜，从黑夜再到白天，直到水池满了，他们才感觉到身体的困乏、胃部的饥饿。经过一天一夜的艰苦努力，他们硬是端了50多吨水。王进喜走上钻台，高喊一声："开钻！"萨55井井场上霎时响起隆隆的钻机声。有几分兴奋，也有几分紧张，更有几分焦急，萨55井一开钻，王进喜就没离开过井场。饿了，啃几口冻窝窝头；困了，裹着老羊皮袄在钻杆堆上打个盹，不眠不休地盯在井场。功夫不负有心人，只用5天零4个小时，1205钻井队就打完了到大庆油田后的第一口井。这口井到现在还在神奇地自喷，依然诉说着当年的故事。

第三个形象：和平建设时期也需要“刺刀见红”的形象。余秋里说，和平建设时期可能用不着拼刺刀，但不能缺少拼刺刀的精神。铁人王进喜把革命战争年代的拼刺刀精神带进大庆石油会战，拼刺刀精神是大庆精神与生俱来的底色。1205队搬到2589井以后，王进喜就把防漏防喷当作重点。地处高压区，王进喜根据一口井的经验，为预防井漏和井喷，准备下大量的水，先挖了一个100立方米的大池子，但怕遇见漏层和井喷不够用，又组织工人挖了一个，机关干部也来帮忙，储备了足够的水。开钻前王进喜说打光屁股井（指不下表层）容易喷，提出过要用重晶石粉，可因暂时没有货保障部门没给送，倒先送来了500袋固井用的水泥。这也算是有备无患。果然打到700多米时，突然发生了井喷。强大的高压液柱冲出井口，一直冲向井架，不一会就达到十几米、二十多米高。这时因腿被砸伤被领导硬给送到齐齐哈尔住院、刚跑回来的王进喜一面派人通知全队集合，一面叫司钻无论如何不能停钻，让钻杆保持在井里旋转，叫孙秉科管住明火，万万不可引起火灾。

人马集合以后，商量压井办法。这时一位上级驻队的技术干部说：“现在情况危急，我去安达找领导要重晶石粉来压井，你们守住。”王进喜一听就急了，他大声吼道：“等你调来重晶石粉，钻机早就掉到地球里去了！”液柱越喷越猛，越来越高。吼声震得人耳朵发聋，井场大事故就要发生，王进喜忘了伤痛，对大家说："同志们，现在情况紧急，就是搭上命也要压住井喷。绝不能叫井毁人亡的惨剧在我们队发生！"这时有人提出往泥浆池里加水泥和黄土，但有人反对，说那样容易水泥"灌肠"把井堵死。

王进喜的脑子急速地转了几圈，果断地说："现在保井保设备要紧，水泥凝固要二十几小时，我们压住井及时循环处理不会灌肠的。上！"

方案确定以后，大家急速行动，像固井时那样搬起水泥往泥浆池里倒，有的则用铁锹，用手往里扒黄土。

不一会儿，几十袋水泥和黄土被加到泥浆池里，紧跟着问题出现了：大量的水泥沉入池底，泥浆融合不好，比重提不高，而且又糊住了池底的上水管口，泵不上水来。现场又没有搅拌机，连个泥浆枪也没有……井在喷，水柱在往高里蹿，吼声传得老远，眼看更大的事故就要发生，怎么办？

在这千钧一发之际，只见王进喜忘了自己的腿伤，不顾泥浆烧人，扔掉双拐，"扑通"一声跳进泥浆池中，手划脚蹬用身体来搅拌泥浆，钻入水下去清理上水管线的莲蓬头。

队长的行动就是号召！队长跳下去了！紧跟着实习生段功武、司钻戴祝文，还有几名工人也跳了下去。大家奋力划动搅拌，上水管线通畅了，泥浆比重升高了，用水泥、黄土配制的高比重泥浆经过两台高压大泵的强力抽压，通过循环管线和钻杆强力注入地下，以高出"气老虎""水老虎"大几倍的压力往下顶、往下压，硬是把它们一点一点压了回去。

整整经过3个小时的紧张搏斗，井喷被制服了！

这时仍在池子里的王进喜已经精疲力竭，伤腿上的绷带纱布已不

⊙ 王进喜忍着碱性泥浆对腿伤的灼痛，用血肉之躯奋力搅拌泥浆，英雄的壮举定格为精神的永恒

知去向，伤口被碱性很强的泥浆浸泡冲刷变得血肉模糊，疼痛难忍。身上、脸上、手上也被泥浆中的烧碱、化学药剂烧出了血泡。大家刚把他拉上来，他当即昏倒在地上。人们手忙脚乱，张罗要送他回队部休息，他清醒后大声说：“不要管我，看井压住没有？赶快大排量循环，防止水泥凝固。快点处理泥浆！”

工人们给队长擦去满脸满身的泥浆，披上老羊皮袄，搀回铺位上。他坐在那里，分派工人们处理事故后的各种问题，依然是那样坚定、沉稳！

经过全队努力，井保住了，设备安然无恙。除了队长，人员一个手指也没伤。又打了100多米，把含水泥的泥浆全部换掉，进入了正常钻进。

压住井喷以后，越打越顺，只用4天时间就打完了这第二口井，还创造了日进535米——当时全战区最高的纪录。在接单根、起下钻、下套管、固井等多方面都创出了最好成绩。

开发试验区的这口生产井，是王进喜用生命打出来的。他不顾腿伤，一直坚守在井场上，在关键时刻扔掉拐杖，跳进泥浆池用自己已经带伤的血肉之躯搅拌泥浆压住井喷，这就是“宁肯少活二十年，拼命也要拿下大油田”的英勇行动。正是在2589的井场上奋不顾身的一跳，永远地把大庆石油会战的方向做了一个大写的“定格”。

第四个形象：房东赵大娘眼中“人与钢铁较劲，拼命也要为国家多打井”的形象。王进喜带领1205队全队工人下了火车就要任务，创造条件上，靠“人拉肩扛”安钻机，他们自己觉得没啥，无非是比过去多吃一点苦，可在他们的新朋友和当地乡亲们看来可是了不得。

1205队住在马家窑，除了抓紧本队的工作外，还抽出人力帮助乡亲们备耕、送肥、铡草喂马、挑水扫院子，这些活都没少干。党支部严格群众纪律，王进喜定了几条要求，工人们都能自觉遵守。老乡们看井队吃住困难，送来不少东西，管理员都做了登记，大部分送了回去，实在退不掉的则按市价补偿。有的工人实在无法谢绝，吃了老乡的煮鸡蛋，过后从别人家买来鸡蛋补上。万一有什么违反群众纪律的事，也坚决地给予赔偿。有些工人上井走近道踩了老乡的葱（东北头一年种上葱，第二年春天稆生出来，叫“缓阳葱”），王队长领人道歉，赔了钱。一次住在屯西的几个工人帮老乡家起粪，发现一个草垛起火就去扑救，在井上干活的王进喜知道后跑回来参加完救火，把工人狠批了一顿，最后叫张启刚带人打草给赔上。生产队长查清了着火原因后说冤枉了工人，王进喜说那也得叫他们赔。住在老乡家的工人都很注意群众纪律，晚上睡觉熄灯就不说话，不打手电，回来晚的都蹑手蹑脚尽量不影响别人。有一次，几个工人没经验，把炕烧得太热没法睡，几个人在炕梢蹲了一夜，没敢惊动别人。

1205队良好的作风和严明的纪律，给乡亲们留下了深刻的印象，都说钻井工人是“穿蓝工服的解放军”。生产队长则直接对孙永臣、王进喜说：“咱工农是一家人。我看你们一天半天走不了，干脆咱合成一个党支部算了。你们打井，我们种地，把咱马家窑的工作搞好！”但是，更让乡亲们感动的还是王进喜和工人们那种不怕困难、创造条件的苦干精神。他们从井场上的劳动和号子声中体会到工人阶级的意志和力量！

感受最深的当属房东赵大娘。

在小屯中，赵大娘属于开明、干净利索的老人，因此生产队长特意把“队领导”安排在她家，赵大娘也以能接待队长、书记为荣。在本来很困难的条件下，她尽量把“石油人”照顾好。钻井队进村第一晚，她带领全家热情招待全队在她家开了大半夜的会，又照顾王进喜睡了一个好觉。她本想就照这个样子照顾好这一队之长和书记。可是，王进喜自从第二天起床走了以后，就没再回来睡过，除陪工作组的人来谈话、开会或者取个东西之外，极少碰面。她做好热饭菜，王

大庆话语

现场办公：大庆石油会战过程中形成的一种领导工作作风，也是改进机关工作、提高工作效率的好办法。会战时期，每项计划任务下达后，领导就组织有关部门到重点工程、工地或问题比较多的单位，就地解决生产中存在的各种问题，落实计划任务。凡是能在现场开的会，就在现场开，就地解决问题，不用书面材料。凡是涉及两个以上单位协同作战的项目，上一级调度部门派人到现场进行调度、协调。会战时期，后勤服务部门经常组织生活服务队到现场服务，帮助基层解决职工生活上的问题。实行现场办公，能够迅速、准确了解情况，及时、彻底解决问题。

进喜没回来吃过；她备下炒好的瓜子、黄豆、苞米花，王进喜没来动过；她烧了洗脚水，王进喜没回来用过。大娘就问住在她家的孙秉科：“王队长这几天干什么去了？这大冷的天怎么也不回来睡觉？”

孙秉科解释说：“这是我们王队长的习惯，工作一忙他就没黑夜没白天了。这几天多数是上火车站找钻机，有时是跑到别的队去学习经验，就回不来了。大娘您别见怪！”

大娘说：“我不是见怪。这人也不是铁打的，总不回来睡觉怎么行？”

尽管赵大娘像想亲人一样天天想、夜夜盼，可王进喜还是一夜也没回来睡过觉。本来是驻队干部的房东家成了招待所，什么工作组的、兄弟队的、指挥部领导轮着来休息，大娘都热情地接待。

钻机到了以后，井场上“人拉肩扛”的号子声、叮叮当当的钢铁撞击声，震动了大地，惊动了马家窑，乡亲们都像过去看解放军拉练运大炮、军马场训马一样，到井场上去看热闹。那震天动地地拉大泵、力拔千钧地抬大梁的气吞山河的号子声，都使这些以小农劳作为主的乡亲们受到震撼，感到真是“咱们工人有力量”！

日子一长，赵大娘了解到王进喜这个西北人爱吃面条，她就特意把平时舍不得吃的白面拿出

大庆话语

蹲点包队：从石油会战开始，各级领导干部和机关干部，每年都结合不同时期的工作任务，抽出一定的时间蹲在基层单位，实行包队抓点。有的是一个人包抓一个队（点），有的是两三个人组成一个小组，抓一个队（点），有长期的和临时的两种。抓点的任务主要是：全面了解工人在做什么、想什么、要求什么，掌握第一手材料；了解基层思想政治工作、党的建设、生产技术管理、职工生活等方面的情况和问题，帮助解决；对重大问题、关键问题进行系统的调查研究，科学的分析论证，以便作出正确的决策；总结典型，帮助后进，做到先进经验不总结出来不出队，后进面貌不改变不出队，中间队不带起来不出队。实行领导和机关干部蹲点包队，既有利于加强机关建设，又有利于加

来擀了面条，叫儿媳去买来醋，准备把王队长找回家吃一顿面。她叫小孙子领着她来到井上找王队长。这时工人们正在往钻台上拉绞车。大娘看见高高的钻台上站着20来人，手攥大绳往上拉，地下十几个人用大撬杠拼命往上撬，一个比磨盘还要大还要重的铁疙瘩在人们的吼声中，一点一点顺着斜搭的钢管子往上爬。她觉得这个家伙太大、太沉了，要把它拉到房子高的台子上就凭人干怎么行，吓得她出了一身冷汗。这时赵大娘看见了王进喜。王队长脱掉棉工服，只穿单衣，在钻台上手攥大绳拼命往上拉，边拉边喊号子。她看到王队长攥大绳的手被勒出了血，她眼睛虽然花了，但越远越看得清，棕绳那一道道血印她看得很真切，顺着带血的大绳往上看，她看到了王队长的脸。仔细端详，王进喜比来时瘦了很多，颧骨隆起，眼窝深陷，胡子拉碴，嘴唇干裂出血口子。听他喊出的号子声，尽管沙哑却很有劲儿。

赵大娘越看越心疼，走上前大声喊：“王队长，歇口气吧！”不知是听到了大娘的呼喊，还是别的什么原因，王进喜走下了钻台。可他没留心赵大娘，却抄起一截大撬杠插到那个大铁家伙的底座下拼命地撬起来，肩膀上渗出了殷红的血迹，血又染到冰冷的撬杠上。她又大声喊：“王队长，歇会吧！”可她的声音被响亮的号子声所

强基层建设，是调查研究、解决问题、加强基层建设、管理好企业的一种有效方法。

淹没，根本听不见。赵大娘最后失望了，领着孙子回家了。

到后半夜了，大娘还是睡不着。白天一幕幕总是在脑子里闪过，她想：人家都说工人比农民生活好，可这群钻井工人比农民苦得多累得多。成天和铁疙瘩打交道太危险了，人也不是铁打的，哪能这么干，就是铁人也得注意呀！正好这时工人张志贤回来睡觉，她对张志贤说："你们的王队长也不是铁打的，咋能这样干呢？"

张志贤说："大娘您不知道，现在国家缺油，王队长他着急呀！眼下吊车拖拉机不够用，他宁肯自己多吃苦，也要带我们人拉肩扛把钻机安装上，好早点开钻，多打井，快出油。"

赵大娘又感慨地说："活了大半辈子，除了那些打鬼子打土匪把脑袋别在裤腰带上的人外，没见过这么拼命的人。唉，你们的王队长可真是个铁人哪！"从此"铁人"两个字成了新中国劳模精神的最简洁最响亮的表达。

第五个形象：万人广场上，骑马戴花，绕场一周，一个被称之为"铁人"的劳动模范被众人敬仰的形象。1960 年4月29日，在萨尔图火车站北不远的一片草原上（后来人称"万人广场"）召开五一"万人誓师大会"，宣布大会战正式开始，再次号召学铁人。这天早晨，王进喜指挥工人放井架时，右腿被滚堆的钻杆砸伤，当时就昏了过去，醒来后他对工人们说"我受伤，你们要保密，不能让上级知道"。他只是简单包扎了一下，就坐马车去参加万人大会了。会上，他用肥裤腿盖住伤口，忍着剧痛像好人一样披红戴花骑马，绕场一周接受检阅。他在发言时，面对万人郑重宣誓："宁肯少活20年，拼命也要拿下大油田！"

同年5月1日的《战报》，这样描绘当时的情景：在康世恩报告时，会场西面突然锣鼓喧天，掌声雷动。军乐队簇拥着骑在红色高头大马上的铁人，他十字披红走进了会场。当时，会场上立刻响起了“学习铁人王进喜”“人人做铁人”的呼声。《铁人传》作者孙宝范说，辽河油田的王奎同志，当年是三探区办公室主任，他证实了上述情况，并把珍藏多年的1960年“万人誓师大会”时铁人骑马的照片献了出来。

誓师大会后，广大职工学铁人、做铁人，油田上涌现出许多铁人式的队伍。会战领导决定要在继续号召学“铁人”的同时，大张旗鼓地表彰和宣传这些先进队。在1960年7月1日召开的“七一万人大会”上，突出表彰的有5个先进队：王进喜－孙永臣钻井队（1262，即1205钻井队），马德仁－韩荣华钻井队（1202钻井队），段兴枝－陈

⊙ 石油大会战“五面红旗”：（右起）王进喜、马德仁、段兴枝、薛国邦、朱洪昌

茂汉钻井队（1247钻井队，后来改名1206钻井队），薛国邦–韩文明采油三队，以及朱洪昌工段。这就是后来赫赫有名的“五面红旗”。当时按部队的叫法，人们习惯地把队长指导员的名字连起来称呼某个基层队，所以后来的“五面红旗”被简化为“王、马、段、薛、朱”，这就是说，当时树的“五面红旗”是五个队。

大会上，披红戴花骑大马接受检阅的有王进喜、孙永臣、马德仁、韩荣华、段兴枝、陈茂汉、薛国邦、韩文明、朱洪昌（工段长兼指导员）9个人。为了表彰英雄们的丰功伟绩，探区党和行政领导同志和总工程师为他们牵马引镫。

据一些当事人回忆，牵马的有李云、宋振明、孙希廉、李敬、刘文明、孙燕文、田德亮等人。

1960年7月2日，《战报》发表消息时，还刊有《战报》记者拍下的铁人王进喜和指导员孙永臣骑马的照片。

随着大会战的深入开展，先进队伍不断扩大，表扬的范围也在扩大。1960年八一建军节时，三探区、基建指挥部和探区分别召开“万人大会”，会上共有37人骑马。

8月3日，《战报》报道三探区大会时这样写道：“一阵‘将军令’乐声传来，一级红旗单位和一级红旗手组成的英雄队伍走进会场。为首的是为大会战建立了特殊功勋的‘铁人’王进喜、指导员孙永臣，后面紧跟着的是1202钻井队队长马德仁、指导员韩荣华，1247钻井队队长段兴枝、指导员陈茂汉，1203钻井队队长谢大楼、指导员徐锦荣，1275钻井队队长祁建和、指导员蔡风启，1201钻井队队长杨友福、指导员周明和，以及十元红砖厂厂长赵光明同志等25人。他们都骑骏马，旌旗簇拥，胜似凯旋荣归的将士。”

报道基建指挥部大会盛况时，这样写道：“在游行队伍的最后，是12名身披彩带，骑着高头大马的红旗手。走在最前面的是朱洪昌，他后面的是创造‘快速卡板对管法’、提高工效8倍的管工李荣久等11人。”

三探区的这次大会与以往不同，不仅阵容庞大，还有来油田慰问的文艺团体参加，有武士给助威壮行。在“王、马、段、薛”4个队7个人（薛国邦兼指导员）的马后有一面帆形大旗，上书“王、马、段、薛”几个大字，另有两面小旗标明队号，真有点像古代元帅升帐那样威武雄壮。由于朱洪昌在另一个会场，所以他身后就没有这个“帅旗”。《战报》同样刊发了相关的照片。

9月1日，召开万人大会时，先进代表改为乘敞篷汽车，接受检阅；10月1日，万人大会没人骑马，也没人坐汽车。

1965年，按照周恩来总理的指示，上海海燕电影制片厂来大庆拍艺术性纪录影片《大庆战歌》，一些当年会战的重大事件、重要场景都要还原补拍。在研究补拍1960年“万人誓师大会”时出现两个方案：一个是按当年情景拍4月29日的“万人誓师大会”，但那次大会上只有铁人一人骑马，显得单一，没有气势；另一个方案是按当年“七一万人大会”拍9个人骑马，觉得这样隆重热烈有气魄。但由于9人中已有几人调出大庆，经研究确定了“五人骑马”的方案。研究时，有人说这样不真实，导演说拍的是艺术性纪录片，允许有些“创作”。加上当时人们已约定俗成地认为“王、马、段、薛、朱”就是“五面红旗”的代表，有关领导就拍板，但不让打什么“帅旗”。所以，最后拍摄时，就是“王、马、段、薛、朱”5个人披红戴花骑大马，为他们牵马的是当时在任的相关指挥部领导张云清、李云、孙燕文、刘文明等人。

铁人的出现，不是一个偶然的历史事件，而是社会主义社会发展的必然产物。历史进入一个新的节点——党的历史方位的转换，民族精神时代主题的转换，英雄人物时代内涵的转换，呼唤铁人的出现。同时，铁人也完全具备这样的主体条件：他经历足够的人生磨难、具备优秀的精神品格、拥有丰富的哲学智慧，历史为他提供了足够大的舞台。为什么一位普通的农村老大娘一声呼唤就喊出一个顶天立地的铁人，因为那是历史的呼唤、人民的呼唤、时代的需要。从石油大会战到现在，王进喜一直是石油行业乃至整个工业战线的旗帜性人物，他对中国经济建设产生了巨大的长久不息的影响力。毛泽东称赞他说："铁人是工业带头人。"作为一个钻井工人，能够在积极主动的工作实践中，淋漓尽致地体现出伟大的民族精神，这不仅在中国的历史上，在世界的历史上也是一个奇迹。铁人王进喜的光辉事迹，是对历史唯物主义思想的普及性宣传。铁人王进喜是一个把劳动者伟大、劳动光荣、人民创造历史大写出来的人。大庆石油会战时期五面红旗之一的马德仁说，没有铁人，大会战就不会打得那么快。这是对铁人王进喜历史贡献的最朴实最中肯的评价。我们只有理解了"王进喜代表大会战的方向"这句话，才能破解大庆石油会战如何打赢的精神密码。

第七章

余秋里一口气说出了20个“严”字

读《余秋里回忆录》，让我们又回到了那段激情燃烧的岁月。当我们翻开这本书的第674页时，会看到一段精彩的讲话。在这段讲话中，余秋里一口气讲了20个“严”字。他说：“人们有了严格要求的作风，就会在工作中形成一种动力。领导严，大家也严，就会出干劲；严，就可以出责任心；严，就可以出战斗力；严，就可以出规格；严，就可以出高标准；严，就可以出好产品；严，就可以出技术；严，就可以出办法；严，就可以出好风气；严，就可以使自由主义、个人主义没有市场；严，就可以把歪风邪气打倒；严，就可以避免错误；严，就可以保证思想上、政治上一致；严，就可以保证团结。讲严，不单是生产工艺上要严，而且，在政治思想上也要严，按党的原则办事，按标准办事，按工艺办事。严，不是要瞪眼睛、竖眉毛，是要对问题不马虎、对原则不让步。”这段话层层递进、一气呵成，把一个“严”字讲得神采飞扬、鲜活灵动，让人不得不钦佩余秋里高超的语言艺术，尤其是他对工作上要严格要求、形成优良作风并产生巨大作用方面的深刻解读。这段话是后来在大庆石油会战中逐步形成“三老四严”作风的动员令，也是“三老四严”作风对打赢大庆石油会战意义的最早诠释。

为什么余秋里一口气讲了这么多“严”？因为，大庆石油会战在一开始就被一些不好的习惯和作风影响着。这些不好的东西可以用两句话概括——“一粗二松三不狠”“马虎凑合不在乎”。其主要表现是：工作不细，粗糙简单，经不起分析检查，经不起推敲；办事拖拉，抓得不深；抓得不紧，抓得不狠；工作不认真，大而化之，放任自流，得过且过；不调查，不研究，不分析，粗估冒算，满足于平均数字和表面现象；工作有布置无检查，不善于总结经验教训，做好了说不出道理，做不好也道不明原因。这些问题在一些干部身上比较突出，余秋里经常批评他们辛苦有余，用心不足，这种又粗又松、马虎、凑合的作风害处非常大。生产建设上很多问题的发生，诸如工程质量不好，造成返工或留下后患，资料取得不全不准，影响对地下油层情况的正确认识，工作计划不周，组织松散，事故频繁，完不成计划任务，以及许多应该做好的事情没有做好等，往往都与此有关。如果会战刚开始就出现这种不好的作风，那如何才能拿下这个大油田呢？

余秋里一直在想，究竟要树立一种什么样的

大庆话语

好作风是领导干部带出来的：大庆企业领导培养队伍作风的一条宝贵经验。石油会战中形成的“三老四严”“四个一样”等好作风，不是命令出来的，也不是靠制度定出来的，而是靠领导干部严于律己、以身作则的好作风带出来的。从会战开始，工委就特别强调，要求职工群众做到的，领导干部首先做到；要求职工群众不做的，领导干部带头不做。身教重于言教。干部的一举一动、一言一行在群众中树立榜样，就能感染群众、教育群众、带动群众树立起好作风。领导干部严于律己，作出表率，才敢于严格要求职工群众，敢于狠抓队伍中出现的“一粗二松三不狠”“马虎凑合不在乎”的老毛病和坏习惯，带出人人严、事事严、时时严，“严”字当头的作风。

作风，才能够打赢这场大会战。他抓“三老四严”作风有一个清楚的历史脉络，这个历史脉络由以下四个节点构成。透过这条脉络，我们就能看到余秋里抓“三老四严”作风的良苦用心。

在1960年4月26日召开的会战领导小组扩大会议上，余秋里在讲到作风问题时提出：“大庆石油会战是一场硬仗恶仗，没有过硬的作风是不行的。我们的各级指挥员，要有英勇顽强的战斗作风，提倡‘刺刀见红’的精神；我们的技术人员，要有严肃认真的科学态度，力戒以往犯过的马马虎虎、粗枝大叶的错误。”“要发扬党的优良传统，工作一定要做到基层，要经常到下面了解情况，解决问题。领导干部要有目的地进行调查研究。毛主席讲过，没有调查就没有发言权，没有调查就是党性不强，这一点应该引起我们的注意。不应该满足于一般的报告，要深入群众，深入实际。只有彻底发动群众才能解决问题。”①这是第一个历史节点。余秋里提出想打赢大会战需要过硬的工作作风，这样的作风就是战争年代的那种“刺刀见红”精神的发扬。

4月29日，在“石油大会战誓师大会”上，余秋里提出：“一定要树立一种猛攻猛打，雷厉风行，严肃负责，密切联系群众，扎扎实实，生机勃勃的工作作风；要发扬党和毛主席教导的刻苦耐劳，艰苦奋斗，勇于实践，顽强克服困难的革命精神；要把困难留给自己，把方便让给别人的共产主义风格。”②这是第二个历史节点。余秋里提出大会战需要怎样的工作作风，是发扬共产主义风格的作风。

随着会战的展开，作风问题进一步凸显出来。1960年底到1961年初，石油工业部党组在总结大庆会战和石油工业工作时，专门分析了

① 《余秋里回忆录》，人民出版社2011年版，第668页。

② 《余秋里回忆录》，人民出版社2011年版，第668页。

队伍作风情况。根据分析的结果，余秋里在1961年初召开的石油局厂领导会议上，用较多篇幅集中讲了作风问题。“我们到底要树立什么样的作风呢？要树立一个高度负责，严肃认真，勇于实践，勇于革命，实事求是，联系群众，扎扎实实，刻苦顽强，能打硬仗，苦干实干的作风。我们搞油的队伍，工种多，工艺过程复杂，科学性强，材料很多，没有一个好的作风，做出的事情就不可靠。”①这是第三个历史节点。余秋里针对作风问题提出了更细致的要求。

1961年5月10日，余秋里在松辽干部大会上讲到作风时说：“工作作风本来是一个看不见的东西，可是它是个客观存在。我们要有一个很好的作风，它会对我们发生长远的作用和深远的影响。哪个单位的作风扎实、紧张，又负责、又严肃、又认真，他这个单位的工作就会好；哪个单位的作风马马虎虎，拖拖拉拉，松松垮垮，稀稀拉拉，他这个单位的工作也就马马虎虎，拖拖拉拉，松松垮垮，稀稀拉拉。作风的培养，取决于大家的觉悟和教育。同时，要有严格的要求和严格的检查。一个领导干部的表率和模范作用，对培养作风关系很大。我们搞油的时间性很强，技术很复杂，科学性很强，不能马虎。但严格要求不等于粗暴简单，不等于军阀主义。我们既要有严格的要求，又要反对粗暴简单。我们要强调耐心说服教育，反对军阀主义，要以自己的表率来培养良好的作风。”②这是第四个历史节点。正是余秋里不断地倡导严抓工作作风，为“三老四严”“四个一样”等优良作风的形成奠定了良好的思想基础。

在此，我们再梳理一下“三老四严”“四个一样”等优良作风形成

---

① 《余秋里回忆录》，人民出版社2011年版，第669页。

② 《余秋里回忆录》，人民出版社2011年版，第669页。

的历史脉络。

1962年8月，萨尔图油田中区西部许多油井相继建成投产。原来的钢铁采油四队一分为三，红旗留下，传统带走。队长辛玉和领着12名职工，抬着两块床板带着一把菜刀来到新区。在分管的井场上，钻机还没有撤走，采油树也没有刷漆，井场周围杂草丛生、油污遍地、坑洼不平。经过两个月的日夜苦干，12口油井相继投产了。就在新井投产的当天，队长辛玉和踏着厚厚的积雪到西六排二井检查，中途，他发现新来的徒工小孙手里拎着一个新刮蜡片急匆匆地跑向井场。当时，辛玉和纳闷，小孙井上的那个刮蜡片刚用几天，怎么这么快就坏了？为了弄明白，辛队长返回材料库，问材料员这是怎么回事。材料员拿出一只变了形的刮蜡片说：“小孙今早清完蜡，没有检查刮蜡片是否拉到井口就去关清蜡闸门，结果把刮蜡片挤坏了。还让我保密呢。”辛玉和走出库房，寻思这件事怎么办。小孙隐瞒事故，说明采油工在井场单独值班，如果没有一个老老实实的工作态度，绝不能管好油井。“小洞不补，大洞尺五”，这件事不抓，肯定不行，不狠抓就等于不抓。他转念一想，这段时期，自己只忙着抓新井投产，放松了抓职工的思想作风建设，问题虽然出在小孙井上，根源还在自己身上。想到这，他就加快脚步，赶往井场。一进值班房，小孙正在擦去手上的油污，显然刮蜡片已经换好了。“小孙，你刚才为啥又去领了只刮蜡片？”“原来那个刮蜡片不好使，就换掉了。”队长没有发火，心平气和地说：“咱们当采油工的，没有个老实的工作态度是不行的。对工作中的任何事情，对是对，错是错，一是一,二是二，要忠诚老实，说老实话……”小孙低下头，含着泪花说：“队长，我错了。我原以为刮蜡片没有掉到井里，只是挤变形了，自己做主换个算了，别人也不会知道。以后，我再也不说假话了。”

为了借这起事故教育全队职工，党支部决定第二天召开“事故分析现场会”。支部书记李忠和重点讲了事故原因和对待事故的态度。他说：“采油工人的工作特点是单兵作战，靠的就是觉悟。没有老老实实的态度，不严格要求自己，是管不好油井的。”听了大家的发言，小孙坐不住了，又一次眼含热泪站起来激动地表示：要求把那个变了形的刮蜡片，挂在自己管的那口油井上。要时刻对照，不忘这次教训。辛玉和队长听后心情也很激动，他诚恳地说：“事故出自小孙，可根子在我身上。我这个队长只埋头抓新井投产，放松了对大家思想作风方面的要求。我不能严格要求自己，也难以要求别人，队伍就不

⊙ 中四队加强经常性队史教育，培育形成了“高度觉悟、严细成风”的好队风

可能有高度的自觉性来严格对待自己的工作，我首先做检讨。”后来大家的一致意见是，应该把那只变了形的刮蜡片挂在队部，让全队的人天天看到、时时想到、人人警觉，让小孙的教训变成大家的教训。那就是：要说老实话，办老实事，做老实人，严格要求自己，对每一件事都要具有一种严肃的态度。这样，才能当好采油工，管好油井。

党支部因势利导，在全队开展“当老实人、说老实话、办老实事，严格要求、严明纪律”的“三老两严”活动。严格细致认真干工作的风气在全队形成。在三矿四队，法兰不能缺一颗螺丝钉，阀门不能有一滴渗漏，报表不能有一处涂改。1963年9月12日，战区召开工作会议，总结会战以来加强基层建设、培养队伍作风的经验，完善形成“三老四严”。同年10月9日，《中华人民共和国石油工业部条例》对“三老四严”的内容进行了具体阐述，并要求在全国石油系统贯彻执行。其主要内容和具体要求如下。“三老”：（1）当老实人。鼓足干劲，艰苦奋斗，不图安逸，不怕困难；埋头苦干，少说多做，一切从实际出发，尊重科学；有全局观点，向上级要东西不能越多越好，交东西不能越少越好，不闹分散主义；有团结协作精神，不能只图自己方便，不顾别人困难；对同志讲原则，以诚相见，有意见当面提，不当面一套、背后一套，不耍手段。（2）说老实话。向上反映情况，向下作报告，必须有什么说什么，有多少说多少，不夸大成绩，不缩小缺点，不隐瞒错误，更不能封锁、报喜不报忧，夸夸其谈、哗众取宠；凡做计划、要投资、要材料、要人员、做统计报表以及向上级报告，都必须实事求是，坚决反对弄虚作假，宽打窄用，打埋伏，藏一手。（3）做老实事。提倡调查研究，实事求是，做“笨”事、做“傻”事；工作要越做越细，不怕麻烦，认真负责，讲求实效；要一件事接一件事，一个问题接一个问题，一点一滴去干，搞个水落石出；不做表面花花哨哨、内容空空洞洞的事；反对粗枝大叶、马马虎虎、道听途说、指手画脚的坏作风。“四严”：（1）严格的要求。一切行动都严格按照党的政策和上级指示办事，各个方面的工作都要有严格的标准，要做就要做彻底，绝不允许凑合、应付；产品质量不合国家规格，坚决不许出厂；工程质量没有达到设计要求，坚决返工重来；设备检修质量不合格，坚决不许开动。（2）严密的组织。在生产、建设的每个环节、每个岗位上，必须做到人人职责分明，事事都有人管；各个环节、各个岗位都要紧密协同配合，使上下左右都工作、生活在严密的组织之中。坚决反对责任不明、无人负责和互不协作的混乱现象，绝不允许自由散漫，各行其是，自搞一套。（3）严肃的态度。对党和国家的方针政策、上级指示，要做到严肃认真，雷厉风行，说干就干，干就干好；要抓紧、抓狠、一抓到底，反对那种拖拖拉拉、疲疲沓沓的坏作

⊙“三老四严”发源地——第一采油厂第三油矿中四采油队

风；对人对事必须坚持原则，分清正确与错误的界限，分清责任，自己有错误，必须诚恳进行自我批评，坚决改正；一切正确的东西，都要支持，一切错误的东西，都要及时批评纠正，发扬正气、批判歪风邪气，不能是非不分、马虎迁就。（4）严明的纪律。在生产建设各项工作中，必须实行集中统一领导，严格遵守各种规章制度、工艺纪律和劳动纪律。凡是遵守制度、积极工作的，就要表扬鼓励；违反制度的，就应按照不同情况及时严肃处理，不能迁就姑息；在执行纪律时，应坚持原则，以说服教育为主，防止惩办主义。①

1964年2月24日，会战工委作出“关于开展向采油三矿四队学习的决定”。全战区立即掀起学四队、赶四队、超四队的群众性活动热潮。最终，“三老四严”不仅成为大庆精神的主要内容，也成为石油精神的重要传承内容之一。

“四个一样”作风也同时形成，即对待革命工作要做到：黑天和白天一个样；坏天气和好天气一个样；领导不在场和领导在场一个样；没有人检查和有人检查一个样。这是大庆石油职工在会战实践中形成的优良作风。“四个一样”是大庆职工把党的优良作风和解放军的“三大纪律八项注意”同油田会战具体实践结合起来的产物。1962年3月，大庆油田建立和推行岗位责任制后，会战工委结合生产实际，开展树立岗位责任心的思想教育，增强了广大职工的主人翁责任心和执行制度的自觉性，涌现出以李天照井组为代表的一大批先进单位和个人。李天照井组负责的一口1961年7月投产、地处油田边缘的油井，自投产以来，未发生过一次事故；井场设备863个焊口和170多个阀

① 《余秋里回忆录》，人民出版社2011年版，第671页。

门，没有一个漏油漏气；使用的大小工具无一损坏丢失，记录的上万个产量和压力等数据，经反复检查无一差错；油井长期安全生产，月月超额完成原油生产任务。其基本经验是能自觉从严，做到了“四个一样”。大庆会战工委大力总结推广他们的先进经验，使“四个一样”逐步成为大庆职工队伍的优良作风。这一优良作风建立在广大职工的主人翁思想基础之上，其实质是一种高度的自律精神。职工队伍有了这种好作风，就能扎实贯彻各项制度，就能扎实开展各项工作。一个小队，一个班组，即使一个人，单独执行任务，也能信得过，干出来的工作也能过得硬。

“三老四严”“四个一样”是大庆精神的具体内涵，是大庆作风的核心内容，是大庆传统的具体体现。2007年7月19日，中国石油天然气集团公司在大庆召开领导干部会议，这次会议下发了《发扬大庆精神加强基层建设努力实现集团公司科学发展和谐发展》的文件，文件指出大庆石油会战中形成的优良传统和作风主要包括：（1）“两论”起家、“两分法”前进是大庆油田的基本功，就是通过学习《实践论》和《矛盾论》，用辩证唯物主义的立场、观点、方法，去分析、研究、解决油田开发建设中的一系列问题，在任何时候任何情况下都要坚持两分法，形势好的时候要看到不足，保持清醒的头脑，增强忧患意识，形势严峻的时候，更要一分为二，看到希望，增强发展的信心。（2）“三老四严”“四个一样”是石油职工过硬作风的集中体现，就是对待革命事业要当老实人、说老实话、做老实事，对待工作要有严格的要求、严密的组织、严肃的态度、严明的纪律；做到黑天和白天一个样、坏天气和好天气一个样、领导不在现场和领导在现场一个样、没有人检查和有人检查一个样。（3）“五条要求”是石油职工的行为规范，就是人人出手过得硬，事事做到规范化，项项工程质量全优，台台在用设备完好，处处注意勤俭节约。(4)“三个面向、五到现场”是领导机关工作的基本指导思想，就是面向生产、面向基层、面向群众，做到生产指挥到现场、政治思想工作到现场、材料供应到现场、科研设计到现场、生活服务到现场。(5)“三基”工作是大庆油田加强基层建设的基本经验，就是加强以党支部建设为核心的基层建设，加强以岗位责任制为中心的基础工作，加强以岗位练兵为主要内容的基本功训练。(6)岗位责任制是大庆油田最基本的生产管理制度，就是把全部生产任务和管理工作落实到每个岗位和每个人身上，做到事事有人管、人人有专责、办事有标准、工作有检查，包括岗位专责制、巡回检查制、交接班制、设备维修保养制、质量负责制、班组经济核算制、岗位练兵制和安全生产制八大制度。(7)思想政治工作“两抓两从”是大庆油田抓思想政治工作的基本方法，就是“抓生产从思想入手，抓思想从生产出发”。这些优良传统和作风，也是符合油田生产建设实际行之有效的管理制度和基本规范，对于我们的工作具有长期的指导作用。①

这是对于大庆传统和作风概略性的表述，在此基础上我们有必要对大庆作风从以下八个关键点加以细致说明。

第一个关键点，“严”字当头，严、细、准、狠的工作作风。在大庆石油会战中，如何做到严细准狠都有严格、明确、具体的要求。各级干部在工作中要抓得严、抓得细、抓得准、抓得狠。严，首先是政治思想上严，在原则问题上不让步，按照党的原则政策办事；严，

① 马英林、宋玉玲、刘晓华：《大庆精神读本》，新华出版社2013年版，第29页。

就是办事要严肃认真，在一切工作上，不马虎、不凑合，做什么事都有个规格，干就干得漂亮，做出的事情都像个样子；严，就是对一切工作都有一个高标准，不满足已经达到的水平，精益求精，出了差错决不迁就姑息；严，就是从领导自身严起，以身作则，处处严格、事事严格。有了严的作风，工作就有条理，工程就讲质量，产品就合规格。细，就是工作要细致踏实，不能粗枝大叶，做到精雕细琢，像绘画、绣花一样。石油工业的地下作业多，高温高压作业多，隐蔽工程多，生产工艺复杂，许多问题要依靠大量资料分析、判断，必须十分细致，肯下功夫，有一股细劲。抓细了，做细了，情况就能了解得全面真实，工作就会比较符合客观实际，就能出高质量、高水平。如果不细，就会搞乱搞错。准，就是问题要看得准，工作抓得准。这是正确决定问题，正确指挥生产的基础。准，就要对党的路线、方针、政

⊙ 1960年冬，采油指挥部三矿四队队长辛玉和，针对徒工挤扁刮蜡片隐瞒不报的问题，召开“事故现场分析会”，并在全队开展“三老四严”教育活动。1962年2月，石油部党组总结概括“三老四严”

策和上级指示认真学习，全面理解、吃透精神，并能结合本单位实际正确贯彻执行；准，就要深入一线、深入基层、深入实际、深入群众，认真作调查研究，吃透下面的情况。问题看不准，就会犹豫不决，下不了决心，或者下了错误的决心，会误大事。狠，就是在抓住主要矛盾以后，要雷厉风行，抓就抓紧，抓就抓死，一抓到底，毫不放松，务必抓出成效来。对一个问题、一件工作，只要情况清楚了，看准了，就要下定决心，大刀阔斧地去干，不管刮什么“风”，再大的困难也要打上去，决不能半途而废。改正缺点错误，也要狠，有了缺点错误，要勇敢地承认，及时改正。

第二个关键点，“闻风而动、雷厉风行”的工作作风。这简单的8个字，在大庆石油会战的困难年代，能够做到很不容易。这是大庆人高度的革命觉悟和担当精神的具体体现。大庆石油会战是不能等，也等不起的一场会战，只有“闻风而动、雷厉风行”才能打赢这场大会战。这是人的主观能动性的体现，也是一种主人翁精神。

有一次，中四队西五注水站党员站长李春玲接完早班，在巡回检查中发现冷油器穿孔，大量污水进入润滑油箱内，如果不及时处理，很可能酿成注水电动机烧毁的重大事故。她果断地采取停机措施，配合维修人员进行抢修。为了彻底清除润滑油箱内的杂质，尽快恢复生产，她钻到仅有2米见方的油箱内跪在里面清理杂质。由于油水混合后，杂质附着在油箱内表面，形成一层油膜，于是，她用刷子刷、用抹布擦、用海绵吸，但效果都不明显。一个多小时过去了，清理工作进展缓慢。这时已经是晚上七点多了，别人都去吃饭了，李春玲却心急如焚，仍坐在油箱旁苦思冥想什么东西既能吸油又能吸水呢？当班工人看到李春玲没去吃饭，就从值班室拿来一个馒头递给她说：“站长，你先吃个馒头吧。”当李春玲抬头看到馒头的一瞬间，突然来了灵感，她一把抓起馒头钻到油箱内，用馒头去蘸油泥，效果很好。但馒头与箱壁摩擦后留下一些碎屑，仍然清理不彻底。她饭也顾不上吃，马上回到家中，和了面团，回来后用面团继续擦拭，效果立竿见影，很快就把油箱清理干净了。到晚上10点多，生产终于恢复了，李春玲才露出了欣慰的笑容。

第三个关键点，“困难面前有我们，我们面前无困难”、攻坚啃硬的工作作风。这是会战职工豪气与胆量的表现，也是大庆石油会战职工战胜一切困难的信心和勇气的豪言壮语。会战时期，余秋里提出“三股气”，即“对一个国家来讲，就要有民气；对于一个队伍来讲，就要有士气；对于一个人来讲，就要有志气”。民气，主要是指民族的自尊心和自强心。一个国家有了民气就能傲视和排除各种困难，不屈服于来自各方面的压力，自力更生、奋发图强，屹立于世界民族之林。士气，主要是指群体的斗志和信念。一个队伍有了士气就能在极其险恶的条件下完成艰巨任务，成为拖不烂、打不垮的坚强集体。志气，主要是指一个人的理想、意志和奋斗精神。一个人有了志气，就能发挥出极大的主动性、创造性，为国为民作出应有的贡献。这三股气，是大庆人艰苦创业的强大精神力量，也造就了“困难面前有我们，我们面前无困难”、攻坚啃硬的工作作风。

石油会战初期，困难重重，要把仗打上去，非常需要大无畏的英雄主义气概。在1960年4月29日召开的会战誓师大会上，康世恩提出，要树雄心、立大志，人人争当英雄好汉，并鼓励大家，英雄手下无困难，就看我们的志气高不高、气魄大不大。在誓师大会精神鼓舞下，会战队伍士气高涨，喊出了“困难面前有我们，我们面前无困难”的豪言壮语。1962年1月2日，康世恩在战区干部大会上的报告中说，一年多来能取得这样大的成绩，全体职工具有“石油工人面前无困难”的气概，是一个重要的原因。“困难面前有我们，我们面前无困难”具有鲜明的主体意识和革命英雄主义精神，成为大庆人不畏困难、勇敢拼搏的精神力量。

第四个关键点，“为石油负责一辈子”、勇于负责的工作作风。“为石油负责一辈子”是大庆人的一种工作态度，是大庆人社会责任感和求实精神的具体表现。这种工作态度，要求石油职工立足油田，着眼子孙后代。责任心讲“实”，技术讲“精”，第一性资料讲“准”和“全”，作风讲“严”和“细”。无论是集中会战，还是分散作业，都坚持“好字当头，质量第一”，做什么事情都要使人信得过，不马虎、不凑合。为了使“工作经得起子孙后代检查”，大庆职工在工作中坚持进行自我检查、相互检查和专项检查，坚持有错就改、有偏就纠，保证做出的事情过得硬。

1965年4月的一天，青年徒工姚希先来到水电指挥部变电站上夜班，按照要求，他认真地进行巡回检查。突然，他在电容器室的电缆沟里发现有点油迹，便立即跟踪查起来。姚希先检查着

大庆话语

把方便送下去，把麻烦揽上来：大庆对机关工作提出的要求。石油会战时期，会战工委要求，对基层任务的安排，每月一次统一部署，尽可能做到不追加任务，不打乱基层的部署；除了由会战指挥部统一审定的生产报表，会战政治部每月一张政治统计表以外，不准乱发报表；不准向基层要书面报告、总结。经验总结由领导部门派人下去搞，了解情况由领导往下跑，会议尽可能减少，能分头传达的、能现场解决的就不开会。供应部门送料到现场，财务部门送工资到手，职工调动人事部门“包办”手续，送人上门，技术部门送资料到现场，为生产当参谋助手。这些办法使基层工作组既有管生产的，又有管思想政治工作的；既有常年蹲点的，又有经常跑面的；既有抓中心工作的，又有抓经常

96个电容器，终于在检查的最后一个电容器的背面发现了一滴油。为了看清楚滴油的情形，他趴在地上仔细观察了1分钟，共有14滴油落到地上。他心想：一个电容器装的油本来就不多，要按这样的速度滴下去，时间一长，电容器里的油大大减少，就会发热，就可能发生爆炸，甚至要毁掉这个电站，给油田带来不可挽回的损失。想到这里，他再也不敢有半点迟疑，立刻报告领导，及时采取紧急措施，消除了隐患，保证了安全供电。这就是会战人"为石油负责一辈子"、勇于负责工作作风的生动体现。

第五个关键点，互帮互学、团结一致的工作作风。"我们要争的是党和国家的大红旗"，这是王进喜最常说的一句话。大会战刚开始的时候，各种设备材料短缺，有这样一句话形容当时的情况："有料就有进尺，料齐就有速度。"王进喜有先见之明，他在离开玉门之前就做了充分的准备，把各种配件材料都带足了。所以，他的井队打得又好又快。不但如此，其他钻井队有困难，他还慷慨支援。有的队钻杆断了，王进喜就立即把自己队的抬上；有的队转盘坏了，王进喜又把自己队的新转盘送去；有的队工人多、病号多、新转业军人多，技术力量薄弱，王进喜就派出一个班专门去帮助修机器、穿大绳，关键时刻他还

性工作的。这些工作组既方便了基层，又充分发挥了机关的作用。

亲自在现场讲经验，手把手地教技术。顾全大局、团结协作，充分体现了王进喜的共产主义风格。

任何人的成长进步都必然要经历一个过程，“铁人”也不例外。实事求是地讲，王进喜并不是一开始就有高尚风格的。当他在玉门油田担任贝乌五队司钻的时候，有时就表现得有些保守。由于担心别的队超过自己队，所以，当有人求他帮忙时，他总要留一手。比如，有一次别的队急需一个方钻杆向他借，他就把方钻杆藏在草堆里，两手一摊说：“你看，我们也没有呀!”还有一次，一个队的并车链条断了找他借，当时这种链条就在他手里拿着，可他急忙藏到背后，对人家说：“我们也正缺呢!”1956年，王进喜入了党，在党组织的教育和培养下，他明白了党员要想全党的事、国家的事、人民的事；当了队长后他又看到各队之间互相支援，看到后勤部门和辅助部门大力配合一线单位，懂得了打井不是一个队的事，更不是一个班的事。渐渐地，他树立了“大红旗意识”。以后，只要别人有困难，他都尽可能地提供帮助。材料上他帮，技术上他也帮；弱队他帮，强队他也帮；平时帮，激烈竞赛时他还帮。

会战时期，1205队被称为钢铁钻井队，1202队被誉为永不卷刃的尖刀。这两个队在竞赛中经常是你追我赶，不相上下。有一次，在一口井眼看要完钻的时刻，1202队的柴油机出了故障，1205队毫不犹豫地把自己的柴油机送去，保证了1202队按时交出一口优质井。还有一次，1202队在紧要关头水龙头坏了，全队急得团团转，1205队就把自己队里的新水龙头送去，而把旧的修好自己用。在王进喜及1205队高尚风格的鼓舞下，1202队一鼓作气，仅用275小时就打完了一口井，创造了当时全国快速优质井的最高纪录。在关键时刻，“铁人”帮助对手超过了自己。对队长的做法，工人们难免也有想不通的时候。但每到这个时候，急脾气的王进喜总是耐心和气地说：“我们是一个先进队，眼睛不要光盯着自己井架上那面小红旗，我们要争的是党和国家的大红旗。不仅要给玉门争冠军，还要让整个大庆得集体冠军。我们自己打得再好，一个队也开发不了大油田。只有所有井队都打上去，才能高速度、高水平地早日拿下大油田。”

第六个关键点，“头顶青天，脚踏荒原”、艰苦奋斗的工作作风。大庆会战职工秉承着“头顶青天，脚踏荒原”、艰苦奋斗的工作作风，这是他们不可改变的政治本色。“为石油事业艰苦奋斗一辈子”是铁人王进喜的一句名言，也是以他为代表的大庆石油职工的共同意愿。在大庆石油会战中，以铁人王进喜为代表的大庆石油职工，为了高速度、高水平拿下大油田，为国分忧、为民争气，以“有条件要上，没有条件创造条件也要上”的英雄气概，自力更生、艰苦奋斗，战胜了生产和生活上的重重困难，取得了石油大会战的胜利，为我国石油基本自给作出了卓越的贡献，受到了党和人民的高度评价。在这种情况下，大庆职工没有骄傲自满。1964年8月，大庆会战工委制订了领导干部“约法三章”，第一条就是

大庆话语

三三制：机关工作人员三分之一在机关办公，三分之一跑外面了解情况，三分之一在基层蹲点调查。“三三制”是大庆石油会战期间形成的企业领导机关为基层服务的工作制度。实行这样的工作制度，既有利于加强机关建设，又有利于加强基层建设。机关干部轮流下基层抓点，使机关干部更好地了解基层、增长才干，密切了干群关系，提高了工作效率，有助于转变机关作风，防止和克服官僚主义，推动和促进机关建设。机关干部到基层抓点，对加强基层、促进基层也有利。基层干部反映说：“机关干部下基层深入一步，基层工作就登高一层。”这种工作制度，对促进大庆工作的开展起了重要作用。

“坚持发扬党的艰苦奋斗的优良传统，保持艰苦朴素的生活作风，永不特殊化”。1965年7月，铁人王进喜在石油工业部政治工作会议上作了题为《为石油事业艰苦奋斗一辈子》的发言，他情真意切地说：“我们国家现在还穷，还没建设好，石油还没完全够用，我一定要艰苦奋斗一辈子。”“要让我们国家的石油按六亿五千万人口来算，一年一人合上半吨油。”他还说过：“今后我们要走的道路还长着哩，还一定会遇到很多困难，不管困难多大，我们决不低头，一定要挺着腰杆子干一辈子。”“现在我们少数人的吃苦，能换来多数人的幸福，换来子孙万代的幸福。”“艰苦奋斗是我们党的性质确定了的。为了实现共产主义，就要艰苦奋斗一辈子。”同年8月9日，《战报》全文刊登了铁人王进喜的发言。在各级领导干部的言传身教和铁人精神的感染下，经过石油大会战锻炼的广大石油职工进一步增强了为国家分担困难、为全国人民造福的奉献意识，决心为石油事业艰苦奋斗一辈子。老一代石油职工的崇高思想和模范行为，对新一代石油职工产生了重大的影响。“为石油事业艰苦奋斗一辈子”的思想是大庆人艰苦创业精神的重要组成部分，是大庆人长期艰苦奋斗的精神动力。

1965年2月，毛泽东在听取石油工业发展情况汇报时指出：“看来发展石油工业，还得革命加拼命。”大庆职工在油田开发建设中，遵照毛泽东的这一指示，发扬革命加拼命精神，为发展我国的石油工业作出了重大贡献。1977年3月22日，《解放军报》以《革命加拼命精神》为题发表文章，评价了大庆人的这种献身精神，充分体现了大庆人“头顶青天，脚踏荒原”、艰苦奋斗的工作作风。

第七个关键点，比学赶帮超、争当第一的工作作风。大庆石油会战时期提出要有“六个劲”，即要有干劲、闯劲、钻劲、巧劲、细劲、好劲，这是大庆石油会战中所倡导的一种积极进取的精神，也是比学赶帮超、争当第一的工作作风。在1961年召开的大庆石油大会战誓师大会上，石油工业部副部长康世恩作了题为《高举毛泽东思想红旗，向油田发起全面进攻》的报告，动员广大会战职工认真贯彻党的八届九中全会精神，坚决完成1961年大会战提出的各项任务，并指出，要完成大会战的各项任务，就要有干劲、闯劲、钻劲、巧劲、细劲、好劲。所谓干劲，就是要不怕困难，吃苦耐劳；所谓闯劲，就是要从实际情况出发，大胆地闯，敢于胜利；所谓钻劲，就是对工作要下苦功夫，钻进去，摸清情况，掌握规律；所谓巧劲，就是讲究巧干，努力改进操作方法和工作方法，提高劳动效率；所谓细劲，就是工作不能粗枝大叶，要精雕细琢；所谓好劲，就是工作要讲究质量，讲究水平，无论做哪项工作，都要搞出一个好的样子。会后，油田各单位广泛地开展了以比“六个劲”为中心的生产竞赛活动，使之逐步为广大职工所认同，成为大庆企业优良传统的重要内容。要有“六个劲”，实质上就是把高度的革命精神与严格的科学态度结合起来，不断地开拓进取，逐渐形成比学赶帮超、争当第一的工作作风。

第八个关键点，敢于较真、闻过则喜，批评与自我批评的工作作风。会战时期，“火线整风”是从整顿思想入手，解决石油会战中暴露出来的问题和矛盾的一项活动，充分体现了会战职工的自省自律意识。1960年6月25日召开的“五级三结合”会议决定，利用工作间隙，集中力量，进行火线整风，解决队伍思想和工作中带有普遍性的问题，以保证在实际工作中坚持党的领导，坚持走群众路线，坚持搞好思想政治教育。整风采取的方针是：提高思想，增强团结，鼓足干劲，实现高速度、高水平，保证会战获得全面胜利。整风大体经历了两个阶段：第一阶段，系统总结会战以来的工作，层层树立标兵，大力表扬好人好事，树立正气，鼓舞人心；第二阶段，发动群众查问题、查思想、查作风、查工程质量，揭发、批评队伍中的不良倾向和不良现象。火线整风历经12天，较好地克服了资产阶级个人主义和临时帮工思想，树立了典型，推广了经验，改进和推动了工作。

这些优良作风不仅使队伍风正气顺、能征善战，而且使各项工作出类拔萃、超凡脱俗；这些优良作风不仅富有哲学的深厚底蕴，而且富有大庆油田的鲜明特色。这正是大庆人在实践中经受锻炼、增长才干、积累经验而形成的具有丰富内涵的“大庆作风”。“大庆作风”作为党和人民积极在探索社会主义建设基本规律的实践中所积累出的宝贵经验和优良传统，是马克思主义中国化、时代化、大众化在社会主义建设时期的重要成果，是历史给予我们的礼物，无论是过去、现在还是将来，都有着不朽的价值和恒久的生命力。

“大庆作风”得到了党和国家领导人的高度赞扬和充分肯定。邓小平在谈到毛主席建党学说时，曾经说：“在延安中央党校，毛泽东同志亲笔题的四个大字，叫‘实事求是’。我看大庆讲“三老’，做老实人，说老实话，干老实事，就是实事求是。”[①]江泽民把“三老四严”当成一项重要内容，概括在大庆精神的内涵中：“为国争光、为民族争气的爱国主义精神，独立自主、自力更生的艰苦创业精神，讲求科学、‘三老四严’的求实精神，胸怀全局、为国分忧的奉献精神。”[②]胡锦涛在视察国外企业时指出，大庆“三老四严”的优良传统

① 《邓小平文选》第2卷，人民出版社1994年版，第45页。

② 中共中央文献研究室编：《江泽民思想年编（1998—2008）》，中央文献出版社2010年版，第23页。

不能丢，要严格要求、严格带队伍，把大庆传统继承好。习近平总书记也强调，大庆油田创造了“三老四严”“四个一样”等一整套科学管理制度和方法，并形成了优良传统，保证了油田开发建设的顺利实施，并且提出要大力弘扬以“苦干实干”“三老四严”为核心的石油精神。党和国家领导人对大庆作风的高度评价和殷切希望，充分肯定了大庆作风的历史地位和历史贡献，也是我们传承大庆作风的强大的精神动力。今后，我们要将“大庆作风”教导我们的世界观、方法论和实际工作结合起来，在新时代把这样的好传统好作风发扬光大。

第八章

难能可贵的“六个传家宝”

在大庆石油会战开发建设中，大庆人以“有条件要上，没有条件创造条件也要上”的英雄气概，不畏困难，艰苦奋斗，逐步形成了人拉肩扛精神、干打垒精神、五把铁锹闹革命精神、缝补厂精神、回收队精神、修旧利废精神。这些精神是大庆艰苦创业传统的重要内容，被大庆人称为艰苦创业的“六个传家宝”。伟大精神的形成，首先是这个精神的强大实践力量的成熟。这些传家宝式的优良传统，正是20世纪60年代石油工人们在困难的时候、困难的地方、困难的条件下，凭借坚定的信念和毅力，用鲜血和汗水在伟大的实践中一点一滴地积淀形成的，是大庆精神独立自主、自力更生艰苦创业精神的最真实写照。

遭遇风雨形成了“人拉肩扛”精神。会战初期，几万人一下子聚集到这个人烟稀少的荒原上，“头上青天一顶，脚下荒原一片”，没有大城市，没有工业发达区作为依托，各项物资供应和后勤保障暂时都跟不上，生产生活极端困难。当时一无房屋、二无床铺，连锅碗瓢盆等生活用具都不够，人们支起帐篷、搭起活动板房，有的干脆在废弃的牛棚、马厩里办公、住宿。生活上尚且如此，可想而知生产上的运输条件更是雪上加霜。生产运输需要重型卡车和工程车辆几千台、起重吊车几十台。可是，当时只有重型卡车几百台、吊车十来台。怎么办呢？铁人王进喜说：“没有吊车，咱们有‘宝贝’，照样干！”有人问：“啥宝贝？”王进喜说：“大活人！天大的困难也要上，退下来算个啥呀！”也有人说：“人是活的，抬也好，搬也好。总之要上，决不能让钻机在车站待着。”他们硬是靠着双手，展开了一次钢铁与力量的较量，仅用人拉、肩扛加滚杠的办法，把几万吨设备器材，从火车上卸下来，连五六十吨重的大钻机，也是用这种办法，拖到几公里外的井场上安装起来。这种“创造条件上”，靠意志、力量战胜困难、艰苦创业的精神即“人拉肩扛”精神。

一种困难克服了，另一种困难在等着你。天公不作美，1960年的萨尔图较早地进入了雨季。老天爷就好似一个调皮的老小孩：“哼！看你们有多大能耐，能奈我何？”又好像是故意要考验这些石油工人们挖油的信念和毅力，悄然地下起了雨，向他们下达了“战书”。

4月26日的第一场春雨，把刚化开表层的草原，弄得泥泞不堪。随后，连续几日，雨总是下个不停。根据安达地方志记载，1960年5月，为本地区有史以来同期降雨量高峰，达107毫米。比历史记载最高记录1919年5月的83.2毫米，高了23.8毫米。不难想象，这对没有公路、野外作业流动性极强的石油钻探队伍和其他露天作业队伍来说，无疑是一个比猛展寒威的冬季还要难以对付的春天。萨尔图的雨与江南梅雨季节不同，不是天色阴沉、毛毛细雨，不是温和，而是格外狂暴，草原上多的是阵雨和暴雨。雨水在狂风的带动下疯狂地从天而降，黑沉沉的天就像要崩塌下来。整个天地都处在雨水之中。会战队伍住的帐篷、板房、牛棚、马厩、地窨子、干打垒和其他简易住所，一天到晚都是屋外下大雨，屋内下小雨，屋外不下雨，屋内还是滴滴答答。工人夜宿的板铺下，积满了水，脸盆和不透气的鞋子就像小船一样，在屋里漂来漂去。衣服、被子和日常用品都被雨水泡湿了，拧也拧不干、晒也没处晒。弄得大家睡不能睡，坐不能坐，无处可以安生。更令人头痛的是，当时虽然进入了雨季，气温却很低，只有零上四五摄氏度，晚上会更低一些，有些水面还结着薄冰。野外施工的钻井队伍，吹着凛冽的寒风，汗水、雨水粘在身上，冷得浑身打战，湿淋淋、油腻腻的，比严冬更令人难受。

然而，雨季带来的更大困难在生产运输上。整个油田没有河流穿过，无法排除积水。千里草原，一直是嫩江、松花江的天然泄洪区，到处是积水洼塘。工地上和井场上，一般积水盈尺，深的齐腰没膝，器材和设备都泡在水里。原有的几条土路，经过车碾人踏，也变得泥泞不堪，人不能走，车不能行，即使是履带拖拉机，也时不时陷进深深的泥潭。会战领导小组成员，冒雨涉水到各施工现场，经过几天调查后，康世恩以会战总指挥的名义，向广大职工下达了决战雨季的命令：第一，不管雨多么大，哪怕天上下刀子，会战也不能停；第二，战区不分干部工人，不分你的我的，要一切为一线生产，哪怕人拉肩扛，也

大庆话语

艰苦创业的“六个传家宝”：在大庆石油会战以及后来的油田开发建设中，大庆人发扬爱国主义精神，以“有条件要上，没有条件创造条件也要上”的英雄气概，不畏重重困难，艰苦奋斗，逐步形成人拉肩扛精神、干打垒精神、五把铁锹闹革命精神、缝补厂精神、回收队精神、修旧利废精神。这些精神是大庆艰苦创业传统的重要内容，被大庆人称为艰苦创业的“六个传家宝”。

要把物资送到工地上去；第三，把所有车辆组织起来，由领导亲自带队，选好路线，保证运输畅通；第四，只要是哪个地段出现了陷车，住在附近的不管哪一家的队伍，都要有求必应，主动支援，视作自己的责任。

由于下雨和解冻，道路翻浆，交通中断，生产、生活物资送不到野外的井场、工地。为解决运输问题，会战领导小组成员张文彬，到运输战线总结群众经验，和运输工人一起提出了30多种行车防滑、防陷的方案，经过反复试验，终于搞成了“汽车防滑铁鞋”。载重汽车装上这种铁鞋，雨天可以深入到荒原深处，不怕泥泞地和翻浆路。随后，全体总动员，人不下班，车不熄火，日夜突击，用7天时间抢运了3000多吨物资，送到了荒原深处的40多个井场、工地，保证了前线的急需。

5月17日晚，钻井前线急需钢管，而火车运来的钢管又都淹在1米多深的积水中。是夜，三探区装卸一队30名复员战士，在风雨交加零上4摄氏度的气温下，在1米多深的水里，仅仅靠着双手一件件地搬，一根根地抬，从凌晨3点一直干到晚上6点，共取出250多吨钻杆和油管，每人搬运量达8吨多重，相当于五六台小轿车的重量。面对老天爷的挑战，这些石油工人没有退

大庆话语

三访四到：“三访”指的是职工思想遇到问题要走访，职工生活有了困难要走访，节假日对工伤和离退休职工要走访。“四到”是指职工或职工直系亲属患病要看望到，职工婚丧嫁娶要关心到，职工公出或外出疗养要关照到，职工修房搬家要到现场。“三访四到”是大庆对思想政治工作干部的工作要求。大庆油田党委要求各级组织和领导干部在做好员工在岗期间的思想政治工作的同时，还要进一步把工作向员工家庭延伸，从关注员工家中的大事小情做起，切实体现人文关怀。所涉及的虽都是一些日常的具体问题，却使广大员工切身感受到了组织、领导的体贴和关怀，密切了党组织同员工群众的联系，增进了干部群众的感情，增强了队伍的凝聚力和向心力。同时，也使各级领导干部在这一

缩，而是迎着风雨努力前行，用人拉肩扛的方式托起了千斤重担，被探区授予“钢铁装卸分队”的光荣称号。

过程中进一步强化了宗旨意识和群众观念，养成了密切联系群众、热情服务群众的好作风。

雨季给会战增加了施工难度和劳动强度，也锤炼了会战队伍的钢铁意志和坚持会战的决心，启发了人们的智慧。广大会战职工以顽强的斗志和高度的革命乐观主义精神，战胜了比严寒更不利于生产的雨季。周文龙曾说：“如果说这里有白天、黑夜、晚上、风雨、寒冷，但对于你们，这些已是不存在了。在倾盆大雨中，不论是干部或是工人，只是干。正因为你们有这种天不怕、地不怕的胆量，就会创造出无穷的奇迹，你们继承和发扬了当年红军的光荣传统，真不愧为毛泽东时代的好儿女。”①

遭遇严寒形成了干打垒精神。紧张的大会战，很快地战胜了雨季，取得了第一战役关键性的胜利。进入七八月，突出的问题是采取切实可行的措施，解决会战队伍几万人的过冬问题。油田大会战的主战场地处北纬46度，夏短冬长，全年无霜期只有142天左右。一进入10月，受北极大陆气团控制，又处于蒙古高压区，气温开始下降。至次年4月底为冰冻期，冻土厚达2米，最

① 中共大庆市委党史研究室编纂，杜显斌执笔：《大庆石油会战纪略》，黑龙江人民出版社1997年版，第111页。

冷时可达零下40摄氏度。会站初期，几千台设备在大草原上运转，连个修理设备的房子都没有；广大职工住在简陋的帐篷、木板房、牛棚里。在寒冬到来时，如果没有妥善的御寒手段，会冻伤人、冻坏设备，从而使经历千辛万苦夺来的会战成果遭受损失。会战开始后，曾在东北地区长期工作的王鹤寿、王新三、顾卓新等老同志曾对余秋里说，这里没有房子，过不了冬啊！若遇上零下40摄氏度的严寒和持续几天的“大烟炮”暴风雪，滴水成冰，钢铁都能冻裂，那就会迫使会战全面瘫痪。曾为人民解放军高级将领的余秋里部长也深知，古今中外战争史上，曾发生过许多这样的事例：因为孤军深入异域寒疆，面对冰天雪地，将士衣单被薄，后勤断绝，无生存保障，坦克大炮如同一堆废铁，冻得开不动、上不去。纵使法国赫赫有名的拿破仑的百胜之师，也惨遭冻馁而覆灭。

会战领导小组为此召开专门的紧急会议商议过冬问题。余秋里、康世恩经过深思熟虑、权衡再三，最终决定：想尽一切办法战胜严冬，坚持会战。如果冬季撤退，会战的有效工作时间，一年只有不到6个月，党中央批准的这场大会战，就会变成拉锯战或消耗战，势必延迟油田开发的时间，给国家带来更大的困难。余秋里最后斩钉截铁地表示：“这次会战，只许上，不许下，只许前进，不许后退！无论遇到什么困难，也要硬着头皮顶住。这个决心不能有丝毫动摇！”

坚持的决心已下，就开始研究过冬的措施。在当时的条件下，要想盖几十万平方米的房屋和其他防寒设施，让职工住进楼房、设备进暖库、蔬菜进窖，是完全没有可能的。一是没有足够的资金；二是缺乏建筑材料、施工技术队伍和施工设备；三是时间来不及。时任中共黑龙江省委第一书记欧阳钦这时建议搞东北老乡那种干打垒：一是可以就地取材；二是可以人人动手、来得快；三是可以节省木材；四是冬暖夏凉。东北老乡，祖祖辈辈相传下来，就靠它抗住了东北的严寒。

干打垒是一种较原始的民间建筑，除了门窗和房檩需要用少量木材外，几乎全部就地取土筑成，建起来比较容易。就地挖起黏土，处理好水分，往板槽里填，用木杵、铁杵或石杵，分层夯打；在顶上摆好自林区运来的等外木料（人称“困山材”或“清山材”）；再铺上本地大量生长的芦苇或羊草，铺上大泥，浇上防水原油；装上门窗，砌好火墙或火炕，接上电线就行了。当时到油田来的职工，都在夜间或工作空隙去盖干打垒。在没有加班费和吃不饱肚子的情况下大家挥锹、抱杵、喊号子，滚一身泥巴。油田领导很重视这项工作，认为“油田地质研究”和盖干打垒是当时决定油田大会战命运的两大任务，特别是康世恩、张文彬、焦力人等会战领导小组的领导和来油田抓干打垒

⊙ 盖干打垒的劳动场景

的孙敬文等部、局领导干部，都深入重点工地，亲自参加劳动和现场指挥。

7月初，会战领导小组对各级党组织进行了冬防保温工作的紧急动员。指出：以干打垒为中心的冬防保温工作是确保油田各项工作在严冬季节里仍然能正常运行的关键。这是一次严峻的考验，不是一个一般的生活和生产问题，而是一个政治问题，对此绝不容许稍有忽视。并要求各级领导，要狠抓过冬的准备工作，作为当前各级党的中心任务，分片包干，分工负责，由一把手挂帅，建立起必要的组织机构，制定出长远规划和每月、每旬、每日的计划，抽调专人负责这项工作，定期检查规划执行情况。

会战领导小组还果断地作出了一个《打一个过冬突击战的决定》（以下简称《决定》)。该《决定》强调：一是不管西伯利亚的寒流如何凶猛，不管冬天何等严寒，会战队伍一定要像解放军在战场上一样，坚守阵地。一个也不许撤走，一步也不准后退，钻井一刻也不能停，输油管线一寸也不能冻，人一个也不准冻伤。二是由油建指挥部迅速调查总结当地老百姓打干打垒的施工方法，油田设计院提出干打垒的标准设计，供应指挥部负责准备木材、木房架、苇席、油毛毡及少量砌火墙、炉灶的红砖供应。三是各级领导干部分工负责充分发动群众。在搞好当前生产的同时，抽出一切可能抽出的人员和时间，开展一个“人人打干打垒”的群众活动，和老天爷争时间，为国家原油自给争速度。

战区各级党组织纷纷响应会战工委关于以干打垒为中心的冬防保温工作的号召，迅速掀起了抢建干打垒的高潮。上班夺油闹会战，下班干打垒再会战，大会战套小会战，每天都得劳动十五六个小时以上。无论是现场的部长、司局长等领导干部，还是专家、教授、博士等高级知识分子，全都撸起袖子和裤脚，动手打夯、掘土、挑水，没有一人不动手的，和工人们一起流汗水，同样挨蚊子咬。整个油田，就是一个大工地，人人都参加了紧张的劳动，起早贪黑，挑灯夜战，各工地上灯光通明，歌声、号子声此起彼伏，彻夜人声鼎沸。有两首在现场流传的歌谣为证：“早起看测量，晌午正垒墙，隔了一夜看，平地起新房。”“钢筋水泥全不要，只向土草找材料。能工巧匠妙手高，千家万户盖起了！”[①]这就是当时的真实写照。

1960年10月，国庆节刚过，就飘起了雪花，冬季提前来临。雨雪过后，地面就开始结冰，参加会战的职工大部分仍还挤在简易的帐篷和活动板房内。10月7日，会战指挥部再次召开了干部大会，要求各单位突击盖干打垒。会上严词宣布：一些死规定要破釜沉舟，在此一搏，决定机关干部停止办公，除留一人值班外，一律上前线参加干打垒会战。钻井队暂停部分打井任务，连续24小时生产的采油队3人抽1人，即抽出1/3的采油工组成新的干打垒突击队。实在没有办法的，就用托土坯给帐篷和活动板房“穿衣服”过冬，即垒起四面土墙来防寒。这次突击，大约苦战了20个日日夜夜，全油田完成了干打垒30万平方米，实现了人进屋、菜进窖、机进房、车进库，使亘古荒原出现了繁星般的村落。人没冻伤，车没冻坏，设备保持完好，也保住了蔬菜。同时，干打垒的崛起，又为不断扩大的会战职工队伍及其以后的家属来油田安家，迅速有效地解决了住房问题。《人民日报》报道大庆油田时这样写道：看到了干打垒就像看到了当年的延安窑洞；来

① 李国昌：《老会战》，石油工业出版社2009年版，第135页。

到大庆，就像回到了战争年代的延安。

遭遇饥饿形成了“五把铁锹闹革命”精神。大庆石油会战在生活上遇到的困难，最大的莫过于饥饿和粮荒。由于全国性自然灾害，农业歉收，粮食减产。1960年10月，会战指挥部接到通知，黑龙江省的粮食储备已到极限以下，要和全国一样减少职工粮食定量。这就意味着，本来就不够的粮食定量还要减少。黑龙江省副省长陈剑飞特地从哈尔滨来到萨尔图，郑重地告诉康世恩，省里没粮了，粮食定量要减下来。不减也没粮，毫无办法。就这样，将钻井等重体力劳动者的粮食定量减至每月45斤，采油工人减至每月32斤，机关干部和其他轻体力劳动者减至每月27斤。副食品的供应一落千丈，肉、豆油等几乎停止供应。冬天来了，冰天雪地，职工还在野外会战，体力消耗比夏秋季节更大，导致身体消耗的能量与摄取的热量不平衡。

没多久，许多职工的体质开始明显下降。因为大家长时间吃粗粮，整天吃玉米面大饼子、窝窝头、菜团子、喝玉米面粥，缺乏营养，又骤然降低了粮食定量。本来经过艰苦会战的疲惫之师，在冰天雪地的严冬里，面临着极其险恶的境地。一时间，在会战职工中浮肿病迅速蔓延。开始是几百人，很快就上千人，以致2000、3000、4000……近1/10的职工体力不足，出现浮肿病。加上职工家属也一批批地从全国缺粮的地区投奔过来，又无法落下户粮关系，没有定量供应，更加重了职工吃粮的困难，于是出现了“五两保三餐”的艰难局面。

粮食紧缺、浮肿病、近万人家属投奔像三座大山一样，压得人喘不上气来。对此，会战领导小组就作出决定，号召家属组织起来，发扬南泥湾精神，自己动手开荒种地搞生产自救，变消费者为生产者。其实，家属在当时那种条件下开荒种地确实有困难。一是受传统思想影响，存在“嫁汉嫁汉、穿衣吃饭”“我买得起马，就配得起鞍，娶得起媳妇，就管得起饭”等旧思想。二是家家都有孩子和繁重的家务劳动。三是职工开荒种地尚无工具，她们手里除了锅碗瓢盆，没有开荒工具。但也不乏开荒生产积极性很高的思想先进者。钻井指挥部45岁的薛桂芳就是其中之一，她说：“咱拖儿带女地来到油田，就够给领导添麻烦的了。现在，会战的职工生活这么困难，因粮食不够吃，有的职工都得了浮肿病。我也不能在家吃闲饭。”就这样，在薛桂芳的带动下，王秀敏、杨学春、丛桂荣、吕玉莲也加入了劳动，她们扛着五把铁锹，提着一盏油灯，背着简单的行囊，领着3个不满4岁的孩子，建立了大庆油田第一支以农为主的家属生产队。

1962年4月16日，天很冷，西北风刮得呼呼响。上午9点，薛桂芳

⊙ 五把铁锹闹革命精神：1962年，钻井指挥部机关的职工家属王秀敏、杨学春、丛桂荣、吕玉莲，在薛桂芳带领下，扛着铁锹、背上行李，抱着孩子，到远离住地几十公里外的地方去开荒种地。她们用人拉犁在春耕前开出了32亩地，当年收获了黄豆1800多公斤

和四姐妹告别了家中半大的孩子，搭着便车就出发了。下车后，距离她们要去的开荒地——八一新村，还有6里路。由于再往前就是沼泽、碱滩，汽车无法行驶。薛桂芳她们只好下车，背着行李、粮食等，抱着孩子。4月的西北风，在大草原上肆虐地发狂，从碱滩上卷起铺天盖地的沙土，简直无法睁开眼睛。3个孩子像来到了荒漠世界，拼命在妈妈的怀里哭叫。姐妹5人一会儿走进没膝深的草塘，一会儿迈进坑坑洼洼布满塔头的沼泽，一不小心就被绊倒。就这样一个绊倒、两个人扶，大家相互搀扶着走，6里路给他们的感觉就好像是永远走不完的路……

走啊，走啊，直到下午1点多钟，总算到达了八一新村。只见一幢破旧的干打垒，房盖都不知被哪股龙卷风吹得无影无踪。没有房盖，吕玉莲和王秀敏、丛桂荣三姐妹跑到附近的副业队借来一块帆布，3个人拖的拖、拉的拉，硬是从3里远的副业队，把帆布拖了回来。没有床铺，她们就抱来些喂牛的草，厚厚地铺在地上，权当床铺睡。劳累了一天的5个姐妹和折腾累的3个孩子，就在一幢刚刚修完的四处透风的破房子里，紧紧地依偎在一起，发出了香甜的鼾声。突然，一声声嗥叫打破了这种宁静。是狼！是狼的嗥叫！吓得薛桂芳和杨学春赶紧敲铁桶、脸盆，其余3人每人手持一把铁锹，随时准备与野兽搏斗。一阵急骤的紧锣密鼓声，把寻觅在破屋门口的狼吓跑了。为了让姐妹们睡个安稳觉，薛桂芳用4把铁锹牢牢地顶住门，一把铁锹枕在头下，对大家说：“你们放心睡吧，我给你们放哨。我年龄最大，觉轻。”几十年后，薛桂芳回忆起当时的情景，仍感记忆犹新。她说：“因为我的年龄最大，大家都很尊重我和我的意见。我感到，我有责任多关心大家。”

第二天，天刚亮，带着孩子创业的娘子军就出发了。4月的荒原，白天化冻，夜晚结冰。由于是生地，土中草根盘结，一锹下去，划破一层地皮，不使足全身力气，挖不到深度。从早到晚苦干11多个小时，才挖了1亩地。铁锹越磨越薄，5个姐妹手上的血泡越磨越多，旧血泡刚刚磨破，流出鲜红的血，可没过两天新血泡又磨了起来，手也生出了厚厚的老茧，但她们没有一个人打退堂鼓。就这样，5个人，用5把铁锹挖了3天，开了5亩荒地。饿了，5个姐妹就啃上几口硬邦邦的苞米面饼子；渴了，就咕噜咕噜喝上一阵子凉水。到了5月，又进入雨季。天上下大雨，屋里下小雨，地铺的草又湿又潮，每天都要抱到外面晒。雨过之后，又要面临蚊虫的叮咬。只要被蚊子咬上一口，就是一个大包，一挠红一片，又痒又痛。

面临种种困难，5个姐妹没有退缩。她们以坚强的毅力，顽强的斗志，用5把铁锹征服了荒原，终于在八一新村站住了脚，扎下了根。在她们的带动下，紧接着第二批、第三批家属也上来，三批共计18人。为了能适时种地，她们改变了方式，用人拉犁杖翻地，赶在春耕前开荒了32亩荒地，全部种上了黄豆等农作物，当年收获了1800多公斤粮食，还有上万斤蔬菜。她们以实际行动支援了大会战，点燃了油田家属走出家门闹革命的第一把火。会战工委派人及时总结了这个典型事例，并在全战区大力宣传提倡这种精神。到了1963年，家属垦荒队伍扩大到了71人，种地92亩，收粮3万多斤。每人分粮食400多斤，菜600多斤，支援食堂蔬菜4000多斤。石油工业部奖给他们一面“发扬穷棒子精神，走自力更生道路”的锦旗，鼓励她们继续坚持发扬“五把铁锹闹革命”精神，不断前进。从此，“五把铁锹闹革命”的精神在大庆广为流传，后来这种精神成为大庆光荣传统之一。

遭遇了物资匮乏形成了缝补厂精神、回收队精神、修旧利废精神。石油会战初期，国家财力、物力比较紧张，职工的劳保用品一时供应不上，再加上会战上得很猛，工人们白天黑夜地苦干，衣服和手套坏得快。怎么办？办起自己的缝补厂，缝缝补补又三年！器材和设备消耗量大。怎么办？成立修旧队，物尽其用，“吃干榨净”！大庆人始终坚持艰苦奋斗、勤俭节约的方针，组建回收队，一颗螺丝钉、一块废钢铁都不放过。这些优良传统不仅为国家节约了大量物资，更成为大庆石油会战留给我们的传家宝。

缝补厂精神是捡破烂、打补丁的艰苦创业精神。早在1960年夏天，会战趁黄金季节苦干猛上的时候，就给康世恩带来一份隐忧：他在夜查时发现，工人披的棉工服是从原单位带来的，经过四五月份的会战，大部分已两面开花、油渍麻花、破烂不堪。工人说，还指望它过冬，可身边别无第二件。劳保用的手套，也有几个月没发新的了，库里没有货。已磨破的旧手套只要还有一点儿形状，就去捡回来再用。余秋里到钻井队检查工作，发现工人脚上穿的工鞋，有的掉了后跟，有的断了底，许多人用细铁丝拢着，凑合着穿。几乎没有一个人穿着一双完整的好鞋。

会战指挥部决定，必须未雨绸缪，做两手准备。一是马上派人去黑龙江省委、省政府有关部门、中国人民解放军总后勤部沈阳部队后勤部商业部等地方和部门去求援；二是走自力更生之路，搞个小缝补厂，以解燃眉之急。

鄢长松，缝补厂第一任厂长。起初他接到任务时，并不情愿。他3月从部队转业来大庆，就是为了要上前线，到钻井队去，像铁人王进喜那样，手握刹把、为国效力，却被分配到后勤单位，搞会战物资供应。和战友们比起来，他感到失望和委屈。可当他看到：前线职工为了会战，日夜拼搏，衣服破了没人补，脏了衣服没人洗，手套磨得露出5个手指还要照样去摸钢抓铁，弄得伤痕累累……前线职工对劳保用品的迫切需要，使鄢长松的委屈、失望变成了一种使命感和责任感。他决心白手起家办缝补厂，为前线会战职工做好后勤保障工作。

⊙ 大庆缝补厂紧张工作的一个场景

第二天，鄢长松带领3名转业军人和5名家属，在两栋破牛棚里，办起了缝补组，开始了新的创业生涯。他们以铁人为榜样，积极创造条件开展工作。没有设备，就找来两口大锅，一口烧热水，一口煮油工服；没有洗衣盆，就用喂牛的木槽子代替；没有针线剪刀，就从家里拿；缺少补丁布，就背着麻袋去捡破烂……寒冬腊月，鄢长松就和几个小伙子跑遍了东至安达，西至泰康，南面、北面的小镇和牧场，做好的布手套舍不得戴，一个个光着手，刨开冰雪，翻倒垃圾堆，手指头被冻得像玻璃碴子般的冰块，一割便出现了一道道血口子。回来后，把捡回来的破烂泡在碱水锅里，一块块洗干净，除干。那双满是伤口的手，泡在碱水里，真是钻心地痛。到了晚上，还要用这双麻木的手，和家属们一道飞针走线，给工衣打补丁。可是没有一个人叫苦叫累，就是凭借这股子干劲儿，第一年就拆洗缝补了一万多件劳保用品。

就在这针针线线、布头布脑、浆浆洗洗、缝缝补补中，小小的不起眼的缝补厂，备受人们的关注和喜爱，逐渐成长壮大。厂房扩大了，缝纫机也由一两台渐渐增至50多台，人员增加至200来人。随着缝补厂生产能力的提高，他们面对的挑战也更加艰难了。1961年，职工人数新增近2万人。经过两年的艰苦会战，职工的劳保服，不但需求量大增，棉工服的破损也更加严重，限量供应的布票棉花，不增反减，这无疑是对缝补厂的巨大考验。为了节约用料，缝补厂采用“两旧一新”的办法，把实在不能穿的棉工服收回来，拆洗干净，用拆下来的旧布拼里子，把旧的棉花弹松软絮上。照这个办法，原来只能做一套棉工服的材料，现在能够做差不多两套。这样，就能解决冬天给职工发棉工服的燃眉之急。

拆1件油渍斑斑、又脏又破的棉工服，比做10件新的还难。有人用秤称过，一套新工服，发的时候重达7斤，等工人穿过回收回来时，重达21斤，一摸一手油，一抖一层灰。加上油田上的工作服，一般绗了48道杠，被油浸透以后，变得硬邦邦、死巴巴的，拆起来特别费劲，极容易把布撕破。为此，拆旧组的家属工用小钢丝磨成锥，一针一针地把线挑开，然后再细心地把棉花和布分开，生怕扯破了。没有工作台，大家只能坐在地上，一点一点地拆。一拆下来，满屋都是汽油味十足的油腻的灰尘。戴上双层口罩，两个鼻孔依然是黑黑的，吐出来的唾沫也是黑乎乎的，呛得嗓子发干发痛。大家却毫无怨言。到1963年，即白手起家3年左右，他们实现了年加工“两旧一新”棉工服3万多套，翻新皮衣3000件，翻修或修补皮帽胶鞋和大头鞋等多种前线急需的劳保用品6万多件，累计总产值近100万元。3年内节约棉布12万尺，节约棉花16多万斤，为国家节约近18多万元。

此外，缝补厂开拓创新，制作了适合职工户外作业的轻便御寒皮大衣，缝制了膝盖处加缝了皮子的棉裤和肘部加了皮子的棉袄等新产品。这种真情服务深深地温暖了职工们的心，诗歌就是见证：“特大跃进十月天，天气变化微微寒。工委派来缝补团，换了被里又添棉。缝补工人真正好，深情厚谊记心间。”①

一枚纽扣、一寸布、一片棉，缝补厂就是这样克勤克俭、勤俭持家，被石油工业部誉为“勤俭办厂模范”。1966年5月4日，周总理来缝补厂视察，拿起一件用160多块旧布拼成里子的棉工服，看了又看，摸了又摸，感慨地说：“你们这样做很好，要永远艰苦奋斗！”②后来厂房扩大了，设备增加了，财富创造多了，但缝补厂仍然坚持勤俭办厂，努力为国家节约一寸布、一两棉花、一枚纽扣。一件棉袄里子，一般要用40多块碎布拼成。拆100套旧工服，最多时能拼出90套工服里子，实在不能拼用的布条，也攒起来送给工人用来擦机器。这一缝补厂精神，是大庆艰苦创业传统的重要内容，它所体现的勤俭节约精神，在新的历史时期仍需发扬光大。

回收队精神是一颗螺丝钉都不放过的勤俭节约精神。从石油会战

①　李国昌：《老会战》，石油工业出版社2009年版，第163页。

②　田润普主编：《大庆石油会战》，中国文史出版社1990年版，第256页。

开始，广大职工就坚持艰苦奋斗、勤俭建国的方针，利用业余时间回收散失在油田各处的废旧物资。“文化大革命”初，废旧物资回收工作一度停止。1969年，铁人王进喜提议并组织起油田第一个废旧物资回收队——钻井指挥部“铁人回收队”。王进喜带领回收队职工到各个施工场地回收废旧器材，连一颗螺丝钉、一块废钢铁都不放过，足迹遍油田。有些人对此不理解，说“搞回收没出息，不光彩”。王进喜对大家说：“艰苦奋斗的传统不能丢，把散失的材料捡回来，重新用来建设社会主义，意义大得很！”在“铁人回收队”的带动下，油田许多单位相继建立起回收队，开展废旧物资回收利用活动。

1961—1983年，油田平均每年回收废旧物资550吨。仅“铁人回收队”10年就回收上缴钢铁1.73万吨、管材19多万米。用回收来的旧料装配大型钻机井架5部，自制和修复了大量的设备和零部件。仅水龙头组装机一项，就提高工效几十倍，一年可修复水龙带300根，价值达150万元。

回收队不仅为国家节约了大量的物资，而且解决了生产建设中的急需，并且一直沿用至今。回收修旧成为油田物资管理工作的一项重要任务。

修旧利废精神是物尽其用、“吃干榨净”的办

大庆话语

工人身上有多少泥，干部身上也有多少泥：反映基层干部参加劳动、与群众同甘共苦、保持劳动人民本色的一种艰苦奋斗精神。会战一开始，几万人涌到荒原上，工作、生活条件都非常艰苦。工人们反映说：“领导同志比我们还辛苦，工人身上有多少泥，干部身上也有多少泥。”1963年，总结出干部参加劳动的七种形式，制定了干部上岗参加劳动的制度。1964年以后，又实行了以“三定一顶”为主要内容的五种劳动形式：（1）半日工作，半日劳动，完成一定劳动定额。（2）替班劳动，固定时间，顶工人定员。（3）跟班劳动，不固定岗位。（4）组成劳动小组，包油井、包机组劳动。（5）研究、设计单位的领导干部，结合工作，住到现场，蹲点劳动。另外，机关干部除了参加劳动

外，还参加临时突击性劳动，蹲点时跟班劳动。

企业精神。大庆会战一开始，各种机械设备包括汽车、吊车、拖拉机、水泥车和其他特种车辆，因为数量少，出勤率就很高，一台要顶两台甚至三台用，有的一天24小时不停歇。加上道路、环境、气候等因素，使这些设备“造”坏不少。而修理用的零件十分短缺，有的设备只坏了一两个小零件难以修复，就只得趴窝。主管一线生产的宋振明非常着急，他召集机修系统的领导开会，提出要学习缝补厂精神，解决设备修理的难题。油建机修厂派人到缝补厂学习取经，从翻旧为新上受到启发。

1963年，供应指挥部率先成立了修旧队。全队人员共同努力，发挥聪明才智，利用废旧材料搭建起一个简易厂棚，将长期使用而破损的台钳、手钳、焊机等工具进行及时修复，同时，还承揽修复了那些生产急需而供应又短缺的物料，满足生产建设的需求。修旧队对废旧器材视同宝贝，经过他们的巧手，这些废旧器材完全恢复了使用功能，又可以在钻井作业中“冲锋陷阵”了。

1970年以后，修旧利废车间、修旧小组等已在油田各生产单位遍地开花。各个单位大搞清仓查库、修旧利废，力求做到小材大用、短材长用、优材精用、缺材代用、一物多用，“吃干榨净”。当时汽车修理厂的“修旧大院”，就是从一个修复组逐步发展壮大起来的。在这里，修旧队自制各种土设备20多台，建立了以焊、补、喷、镀、铆、镶、配、改、校、粘为主体的修复作业线，担负起各种汽车配件修复工作，修好了一大批趴窝的设备，被誉为“工业上的缝补厂”。仅1970—1976年，就修复汽车配件94种、23万多件，节约价值520万元，其中修复包括汽缸体、水箱、工字梁、方向盘、瓦片等20多种配件，实现了10年不领新料，照样满足生产需要，为国家节约了大量物资。

“六个传家宝”形成于大庆石油会战时期。时代发生了变化，但是精神的本质没有变，这就是自力更生、艰苦奋斗、勤俭建国、厉行节约。

“六个传家宝”是一种强烈的为国分忧的爱国主义精神。1960年，国家正处于严重的经济困难时期：一方面，国家石油资源严重短缺，工业、农业、交通运输和国防用油处于危机的边缘；另一方面，建设资金短缺，物资匮乏，人民生活困难，加上油田又处在寒带的冻土地带，一年之中有半年需要取暖，当时荒原上又毫无生活依托。在这种主客观条件下，大庆会战全体职工体察国情为国分忧，共克时艰，不但选择坚持会战，还站稳脚跟，发展会战。

“六个传家宝”是一种顽强的战胜困难的斗争精神。因为国家对石油的急迫需要，大庆石油会战不可能用一两年时间先搞好生活设施、先建好生活基地，以后再上队伍开展会战，而是直接把队伍开进毫无依托的荒原。没有运输设备，就靠人拉肩扛；没有住房和厂房，就搞干打垒；没有粮食，就开荒种地；衣服破了，缝缝补补；设备坏了，修旧利废；什么都没有，就走南闯北回收捡破烂……大庆会战职工从未退缩、从未放弃，一直以顽强的斗争精神，战胜了种种困难。如果没有当年排除万难的勇气，没有实事求是、千方百计、在生活上不惜简陋、务求实效地解决和克服困难的精神，今日的大庆将是空中楼阁。

“六个传家宝”是一种高尚的我将无我的奉献精神。1964年，长篇通讯《大庆精神大庆人》中写道：大庆人“深深懂得发扬艰苦奋斗、自力更生革命传统的伟大意义，心甘情愿地吃大苦，耐大劳，临危不惧，必要时甚至不惜牺牲个人的一切，而能把这些看作是光荣，是幸福”！这就是我将无我的奉献精神。在会战时期，无论领导干部和工人，在工作面前没有人讲条件、谈报酬，也没有人怕辛苦、怕困难，一心只为国家早日甩掉贫油帽子，为油田事业奉献一生，为党、为国家、为人民鞠躬尽瘁。人人都以奉献为荣光，以奉献为高尚，以奉献为常态，奉献成为大庆人的主流风尚，成为大庆精神的本质性内涵。

“六个传家宝”是大庆精神生动、具体、形象的体现，无论是过去、现在还是将来，永远是激励人民不忘初心、奋发进取的宝贵精神财富。

下篇

大庆精神（铁人精神）在与时俱进中升华

——大庆精神（铁人精神）认识的理论逻辑

对大庆精神理论逻辑的研究，就是对大庆精神认识过程的研究。大庆精神不仅是实践的“生成物”，也是认识的“生成物”。“大庆精神”作为一个红色文化符号，在人们的不断解读中成长着自己。

第九章

毛泽东：要去那里考察研究请教一番

党和国家几代领导人的充分肯定，伴随了大庆精神从孕育到诞生的全过程。这些领导人在大庆这片神奇的土地上留下了脚印，更留下了掷地有声的话语。这些脚印和话语，是他们对大庆的关怀，更是对大庆精神的赞誉。

这一切，要从毛主席的一份党内指示说起。

1963年12月13日，毛主席为中共中央起草了名为《加强相互学习，克服固步自封、骄傲自满》的党内指示，提出："中央有几十个部，明明有几个工作成绩工作作风较好的部，例如石油部，别的部却视若无睹，永远不去那里考察研究请教一番。"[①]意在让那些有固步自封、骄傲自满倾向的同志虚心向做得好的单位或部门学习，而且点明石油工业部就是一个学习的榜样。石油工业部当时的工作重心正是大庆。

大庆石油会战之初，党政军主要负责人陆续前来大庆视察。1961年6月25日，全国人大常委会副委员长李维汉、陈叔通来到大庆，在

① 《毛泽东文集》第8卷，人民出版社1999年版，第348页。

视察了北2–23井、东油库、地宫、1203钻井队等之后，在会战指挥部“二号院”亲切接见了油田总工程师、地质师等干部代表。两位副委员长还题词赋诗赞誉、勉励大庆。李维汉题词：“精神饱满，意气风发。大家都说很好，很大的胜利、更大的胜利还在前面。既要鼓足干劲，又要劳逸结合，争取长期的、不断的胜利。”给大庆石油人以希望和信心、关怀和鼓舞。陈叔通题词赋诗：“埋头苦干，自力更生。”“钻探生产一年余，速度惊人信不虚，克拉玛依名久著，规模视此竟何如。”[①]这既是大庆石油会战的生动写照，又极大地肯定了大庆油田的贡献和地位。

邓小平曾三次视察大庆，其中两次视察是在大庆石油会战期间。1961年7月23日，中共中央总书记邓小平第一次视察大庆油田，黑龙江省委书记李剑白等人随同前来。邓小平先后视察了1203钻井队、北1–58井、北1–2转油站、干打垒房子、3–1注水站和正在建设的西油库等。在与工人师傅的交流中，邓小平了解了油田生产的一些相关数字，在行车途中他一边计算着一边说：“一口井一天生产70吨，一年就是2.5万吨；一天生产80吨，一年就是2.8万吨，这是高

① 傅广诚主编：《大庆企业文化辞典》，上海人民出版社1990年版，第645页。

大庆话语

领导心里装着工人，工人心里装着企业：企业领导时刻不忘全心全意依靠工人阶级，充分发挥职工群众的积极性和创造性，职工群众就会增强主人翁责任感和使命感，把自己的利益和企业的效益紧密联系在一起，自觉为实现企业目标努力拼搏。会战时期，大庆各级领导坚持依靠工人阶级办企业，保证职工群众在企业中的主人翁地位。具体做法是：（1）突出宣传工人阶级的形象。工人是生产的主角，也是大庆广播、报纸和舞台上的主角。（2）坚持实行政治民主、生产技术民主、经济民主“三大民主”。（3）充分发挥广大职工在企业管理中的作用。坚持职工民主评议企业领导干部制度，基层职工定期检查机关工作制度。（4）注意发挥工会

产量的井，是好井！”说完他就露出了满意的笑容。很快他收起笑容问道：“炼油厂跟得上吗？”听完康世恩的汇报，邓小平眉头微皱，严肃地说：“要抓紧啰！有啥子困难就说嘛！争取明年搞成！”邓小平还指示说：“气，你们要搞快一点，找到气，能解决大问题。”看到工人们正在盖的干打垒房子，邓小平问：“去年盖了多少？今年又搞多少？”康世恩回答说：“去年搞了30万平方米，今年只能盖20万平方米。”邓小平对这个数字也很满意，他点点头说：“30万加上20万就是50万，每人平均10平方米。”邓小平还详细询问了油田职工的伙食费、冬季服装、食堂、日用品以及职工家属的情况。视察途中，看到油井旁边一片又一片的庄稼地时，高兴地说：“这个地方靠着铁路，有火车站，草原很平，汽车到处可以跑，土地肥，到处能种地，这个地方太好了！青海、玉门、新疆都没有这个条件，四川也没有。”“你们也办个农场，养乳牛、菜牛和羊……井边要多种树。”看到基层单位养的猪，邓小平激动地说：“要好好养猪，要好好种地。成立专业队，实行单独核算形式，开头两年要补贴点，以后可以自给自足。农副业队生产的东西，也要实行等价交换。专业队是集体所有制，不要和企业混在

和职代会的作用。（5）积极在工人，特别是一线工人中发展党员，注意从工人中选拔干部。（6）确保工人群众的经济利益。（7）牢固树立依靠工人阶级的观念。（8）启迪工人群众的阶级觉悟，不断提高职工的主人翁意识。（9）建立全员培训网。（10）注意做好职工思想政治工作。这样做的结果，极大地调动了职工群众的主动性、积极性和创造性，职工把企业看成自己的家，与企业休戚与共，全身心投入到企业的生产建设和各项工作之中。

一起。你们要争取做到蔬菜、副食品自给。”第一次视察大庆油田，邓小平就从生产到生活、从内容到形式对油田的方方面面给出了中肯、详尽的指导，为当时的油田建设指明了方向。①

1964年7月16日，邓小平第二次视察大庆，国务院副总理李富春、薄一波、中共中央书记处书记杨尚昆等人一同前来。在中共中央东北局书记宋任穷、石油工业部副部长徐今强等人的陪同下，邓小平一行首先来到铁人王进喜带领的1205钻井队看望钻井工人，又来到中3转油站、中2注水站、李天照井组、西油库等进行实地考察。在“二号院”，邓小平认真听取了油田有关领导的汇报，并作出了指示：希望大庆这面红旗树起来，就要树得住；希望大家戒骄戒躁，夺取更大的成绩。是啊，红旗树起来在于一时，树得住则在一世。树起来难，树得住更难。要想红旗树得住，就不能骄傲自满，要时刻保持清醒的头脑、坚定的意志，以昂扬的干劲、踏实的奋斗让大庆红旗永远在中华大地上飘扬。第二天上午，邓小平一行视察了大庆炼油厂，此时的炼油厂正在进行二期工程施工。炼油厂能顺利建设，正是因为邓小平。1962年初，石油工业部决定加速在大庆建设炼油厂，但根据年初“七千人大会”精神，国民经济要进一步调整，大批基本建设项目要停建或缓建。彼时的大庆炼油厂正在筹建，还差5000多万元资金。邓小平在看到石油工业部《关于建设炼油厂一期工程急需增加投资的报告》时说，全国在下马，该下的硬是要下，石油工程很有来头，化纤塑料，该上的硬是要上，5000万就5000万吧！邓小平的英明决策，不但确保了大庆炼油厂在1963年11月如期建成投产，当年加工原油10.67万吨，上缴利

① 参见铁人学院主编：《大庆精神铁人精神学习读本》，中国工人出版社2020年版。

税256万元，更为大庆油田的综合发展奠定了坚实的基础。

1978年9月14日，邓小平第三次视察大庆，随同前来的有中共中央政治局委员李德生、彭冲，以及邓小平的夫人卓琳、黑龙江省委书记李力安等。在大庆党委书记陈烈民等人的陪同下，邓小平一行视察了地宫、喇2联合站、大庆展览馆、中6-17井、大庆机关、萨尔图仓库、图强管理站、大庆化肥厂、乙烯工程会战指挥部等。看到大庆的发展变化，邓小平高兴地说："十多年没来了，变化很大。"邓小平对大庆油田高产稳产十分关心，当听说大庆油田年产5000万吨，并可以稳产到1985年时，他非常高兴，特别是了解到中区西部试验区开发18年继续保持高产稳产时，他连连称赞说："好，好，很好。"邓小平也非常关心大庆职工的居住和生活条件，他详细询问了大庆还有多少人住干打垒，以及蔬菜和肉食供应等情况，并对大庆组织家属参加农业生产劳动、解决职工两地生活、增加生产和家庭收入等方面给予了充分肯定。邓小平指示说："大庆贡献大，房子要盖得好一点，要盖楼房。"听说大庆职工标准工资平均是44.6元时，他说："太低了，应该高。"当邓小平了解到大庆有着完备的教育体系，有15万学生就学，有15万职工被组织起来学习文化科学技术时，赞扬说："这个好。"临行前，邓小平还留下一句指示："要把大庆油田建设成美丽的油田。"正是因为这一指示，大庆的面貌发生了翻天覆地的变化，楼群在各个矿区拔地而起，大大改善了大庆职工的生活，更推动了大庆城市的诞生。①

1961年8月7日，刘少奇视察大庆，石油工业部和黑龙江省委有关领导随同前来。在列车上，刘少奇听取了康世恩的汇报，讨论了油

① 参见傅广诚主编：《大庆企业文化辞典》，上海人民出版社1990年版。

⊙ 大庆油田获得国家自然科学奖1次、国家科技进步特等奖3次

田建设长远规划的问题。视察的第一站是西油库，看到竣工的工程质量优良，整个工地井然有序，刘少奇高兴地说："油库建设得蛮像个样子嘛！"在前往中1转油站途中，刘少奇乘坐的吉普车陷进淤泥，怎么都开不出来，附近的十几名工人赶到这里，硬是用一双双手把车子给抬了出来。站在泥中的刘少奇连声向工人们道谢，面对主席的致谢，工人们报以激动而热烈的掌声。在中1注水站，了解到大庆油田为了确保地下油层有足够的压力，采取先注水后采油的方针时，刘少奇高兴地连连称赞："好！先注水，后采油，保持压力开采，这个办法好！"在北1区3–52井，看到喷涌而出的原油，刘少奇高兴地一边鼓掌一边说："这个油田很有希望！"在1202钻井队，听到他们正在赶超苏联功勋钻井队时，刘少奇兴奋地说："祝你们胜利，祝你们成功！"在有会战工委和会战指挥部负责同志参加的座谈会上，刘少奇关切地说："工作和生活条件越艰苦，越要搞好职工生活，越要注意劳逸结合。在暂时困难时期，更要关心职工和家属的生活和福利。"关于大庆的发展远景，刘少奇指示："大庆这个地方最近几年要增加到几十万人，怎么建设，要很好地规划。几十万人，不能长期没有家呀！暂时没有可以，长期没有不行，所以要盖房子。职工宿舍、家属住宅，要

分散地搞，不要集中在一起，炼油厂、化工厂、电厂可以集中一点。”关于职工家属的问题，刘少奇也作了具体的指示：“家属要很好地组织。多少户可以组成一个合作社或者生产队？又盖房子、又开荒、又种菜。否则，这么多人吃菜全部靠从外地调入问题很大。我看就是十来户为一个单位，公家先用拖拉机把地开好，交给他们去种，每10户贷给两头牲畜，贷给一些锄头、犁耙等，再贷点款，好好种地。在工业发展的时候，就要把农业组织起来，这样工业和农业结合起来，事情就好办了。”这些具体、明确的指示为大庆在当时和长远的发展提供了遵循，有力地解决了大庆职工和家属面对的现实困难。[①]

1963年8月25日，国务院副总理邓子恢视察大庆，随同前来的有石油工业部副部长李人俊等。邓子恢在康世恩等人的陪同下，视察了北2–3–61井、1202钻井队、中6–14井、中3转油站、中2注水站、中2变电所、西油库等。邓子恢在采油前线召开的职工大会上，勉励大庆职工“继续发扬老红军优良传统，多产石油，支援国家建设”。

1964年8月1日，董必武视察大庆。董必武勉励大庆：“你们是个工业上的标兵，你们也要做一个将来建设共产主义的标兵。”1964年初，毛主席号召“工业学大庆”，大庆就是全国工业的标兵。工业是当时国家发展的重中之重，大庆这个工业标兵也担负着国家和人民更深切的期望。董必武指示：“你们已经创造出一条道路，沿着这条道路，根据中央精神，继续前进，就会创造出一条更广阔的道路。”大庆创造出的道路，就是在大庆精神引领下成功进行了石油会战，独立自主开发大油田基本解决了我国的石油问题之路。高举大庆精神这面红旗，在党中央的

① 参见铁人学院主编：《大庆精神铁人精神学习读本》，中国工人出版社2020年版；傅广诚主编：《大庆企业文化辞典》，上海人民出版社1990年版。

坚强领导下脚踏实地地去奋斗，大庆还会实现一个又一个目标，创造一个又一个奇迹！[①]

值得关注的是，在中国的十大开国元帅中，有6位视察过大庆，足见开国元帅对大庆油田的热爱、对石油事业的关注。

1962年8月22日，叶剑英视察大庆。视察期间，叶剑英元帅为大庆油田亲笔题诗："大地沉沉睡万年，人民科学变油田。一场会战十三路，预祝高歌唱凯旋。"赞颂了大庆石油会战，表达了对大庆的美好祝愿。1963年6月19日，陈毅副总理与周恩来总理一同视察了大庆。1964年7月28日，刘伯承视察大庆。在徐今强的陪同下，刘伯承视察了地宫、西油库、中3转油站、松基6井、中6–17井等，在"二号院"接见了总部处级以上领导干部，并与大家合影留念。

1964年8月1日，朱德与董必武一同视察大庆。在康世恩等人的陪同下，朱德一行视察了大庆炼油厂、松基6井、中6–17井、中3转油站、西油库等。在大庆炼油厂，朱德了解到干部职工艰苦创业的过程，鼓励大家说："大庆油田是搞出了一个建设社会主义企业的道路来了，你们要继续前进。"听说1952年转业的"石油师"已经

① 参见傅广诚主编：《大庆企业文化辞典》，上海人民出版社1990年版。

大庆话语

三大民主：政治民主、生产技术民主、经济民主。政治民主主要是保证每个职工有向一切违反党和国家政策、法令的现象作斗争的权利，保证每个职工在一定的会议上有批评干部的权利。生产技术民主主要是广泛地吸收工人参加生产技术管理，把群众管理和专业管理结合起来。经济民主主要指工人参加经济核算的活动。"三大民主"是会战工委坚持走党的群众路线的写照，体现了工委始终把相信群众、依靠群众，从群众中来、到群众中去，靠广大职工的革命行动、创造精神办好企业作为一条根本路线。在坚持充分发扬政治民主、生产技术民主和经济民主的基础上，坚持破除"束缚群众手脚、束缚生产力发展的那些死规章、死制度"，必须"打倒机关的衙门作风，机关必须为生产

成为石油战线的骨干力量时，朱德非常高兴，称赞道："部队转业也有两种情况，一种是把革命传统坚持下来了，另一种是跟着人家走。1952年转业40多个师到各个部门搞建设，你们石油部门把革命传统坚持下来了，新疆建设兵团也把革命传统坚持下来了。"关于大庆组织家属搞农业生产的情况，康世恩也作了汇报，并提到家属生产队有政治指导员，各单位设有政治部。朱德肯定了这一做法："全国各方面都要设政治部，我们解放军就是靠政治工作建设起来的，大家要学习解放军！"看到职工和家属盖的干打垒，他感动地说："你们是树立了一个艰苦朴素的样板，要坚持下去，把家属组织起来搞农业副业生产，还可以搞点放牧。人人都劳动，给国家创造的财富就多了。我们这么大的国家，人口这么多，只有一部分人劳动，我们就富不起来。"朱德还亲笔题词："大庆是革命精神和科学态度相结合的新型社会主义企业的标兵，戒骄、戒躁，永远前进。"大庆之所以能成为新型社会主义企业的标兵，正是因为有着后来提炼为大庆精神的革命精神和科学态度，朱德的一句话，道出了大庆成为标兵的动力之源、发力之点、致力之基。他还挥笔题诗："八一参观大庆田，采油部队建功全。围攻四载荒丘灭，创造百年企业坚。政治恰符群

服务、为基层服务、为群众服务"，领导干部和机关必须接受群众的监督。通过充分发扬政治民主、生产技术民主和经济民主，调动了企业职工的积极性，增强了职工队伍的组织性、纪律性，使企业指挥高度集中。

众意，指挥亦并士兵肩。大军十万开天地，结合工农典范编。”朱德元帅用诗的语言描绘了大庆艰苦创业的景象和成果，提出了大庆创造百年企业的美好愿景，这与大庆在后来的发展中提出的“创建百年油田”不谋而合，充分印证了朱德的远见卓识。①

1965年8月2日，贺龙视察大庆，随同前来的有成都军区、沈阳军区、黑龙江省军区司令员等。贺龙一行在康世恩、徐今强等人的陪同下，视察了油田生产流程、地质资料室、油建红卫星生活基地、西油库、中6-17井、大庆缝补厂、大庆炼油厂等。在地质资料室，贺龙元帅对职工说：“你们很重视科学研究，把油田研究工作搞得很细。”在油建红卫星生活基地，看到大庆把家属组织起来参加劳动，贺龙对这种做法给予了充分肯定，称赞道：“把家属组织起来，参加劳动，这是个重大的革命行动，你们搞得好。”在缝补厂，贺龙看到家属正把破旧碎布一点一点地缝补起来，很受感动，他说：“这一点你们就是革命，你们是饿着肚子打上去的，靠艰苦奋斗、‘两论’起家的，这一点一定要坚持下去。”视察期间，贺龙对大庆打破洋框框走自己的路、学习运用“两分法”、领导干部一线二线工作制等做法给予了很高的评价，殷切希望大庆要继续努力把工作做得好上加好。1972年5月24日，中共中央军委副主席、全国人大常委会副委员长徐向前陪同柬埔寨国家元首诺罗敦·西哈努克亲王一同参观了大庆。②

久经沙场、战功赫赫的元帅们为何对大庆如此重视？因为大庆不仅是新中国重要的工业基地，更有着保障能源安全的重要国防意义。

---

① 参见铁人学院主编：《大庆精神铁人精神学习读本》，中国工人出版社2020年版；傅广诚主编：《大庆企业文化辞典》，上海人民出版社1990年版。

② 参见傅广诚主编：《大庆企业文化辞典》，上海人民出版社1990年版。

大庆以会战的形式组织石油开采，有成建制的部队官兵和大批退伍兵参加，把这片渺无人烟的荒原变成了热火朝天的战场。这片战场还催生了让战士们能打仗、打胜仗的大庆精神。

1959年底，周恩来在哈尔滨主持召开东北三省经济协作区会议，当他了解到大庆即将开展石油会战时，就英明地指出："这场会战是一场大仗、硬仗，将会遇到种种风浪、重重困难。大会战的指导思想就是用毛泽东思想作指导，用辩证唯物主义的立场、观点、方法，分析和解决石油大会战中可能遇到的各种问题。"①在接下来的几年中，周总理三次视察大庆油田，给我们留下了一个又一个温暖的瞬间。

1962年6月21日，周恩来首次视察大庆，随同视察的有邓颖超和童小鹏。周总理一下火车，便与迎接他的会战指挥部领导和群众亲切握手，深情地说："同志们辛苦了，你们工作做得很好！"在余秋里、康世恩的陪同下，首先来到了1202和1203钻井队，总理不顾现场溅出的泥浆，登上钻台看望工人，与他们亲切握手、问候、攀谈。当班工人见自己手上满是油污和泥浆，不好意思地在衣服上猛擦，总理主动上前紧握钻工的手，和蔼地说："没关系，我也当过工人。"接着他又亲切地和围在身边的同志拉家常："多大年纪了？""当了几年钻井工人？""老家在哪里？""冬天野外钻井冷不冷，穿的工服暖不暖，爱人接来没有……"他一面细心询问，一面耐心倾听大家的回答，不时深情地点头，发出爽朗的笑声。快要离开井队时，总理愉快地与钻工们合影留念，时至今日钻工们的笑脸依然能让我们感受到那份骄傲和幸福。在北2注水站，总理对化验员说："你们的工作很重要啊！"

---

①　参见铁人学院主编：《大庆精神铁人精神学习读本》，中国工人出版社2020年版。

这个站的职工时时把总理的话记在心里，坚守岗位，一丝不苟，至今没发生过任何事故。从泵房出来，陪同人员示意总理时间不短了。总理说："来一次不容易，多看看高兴啊！"说完又来到职工食堂，伸手打开饭锅盖，用勺子搅了搅正在煮着的红高粱米粥，又亲口尝了尝另一个锅里的菜汤，深情而又体贴地对炊事员陈玉珍说："你们很艰苦啊！"陈玉珍急忙回答："不艰苦。"总理感慨地说："艰苦是一个事实，说不艰苦是假的，人家卡我们脖子要债，又遇上自然灾害，现在确实存在困难。但我们只要坚持艰苦奋斗，自力更生，将来一定会好起来的！"从食堂出来，总理一回身发现200米外一位家属从地窝子里出来倒垃圾，就朝地窝子走过去。地窝子又矮又暗，随行人员都劝总理不要下去，总理却说："你们能住，我就能进。"说着俯身走进地窝子。看到土炕上刚刚满月的孩子，总理深情地说："同志们现在生活确实很艰苦，但将来一定会好起来！"总理的关怀和体贴，让在场的人非常感动。总理对大庆的信心，更让人们深受鼓舞、充满干劲！关于大庆的矿区建设，总理作出了指示：像大庆这样的矿区，不搞集中大城市，分散建设居民点，把家属组织起来参加农副业生产，可以做到工农结合、城乡结合，对生产、生活都有好处。后来总理把他概括为"工农结合，城乡结合，有利生产，方便生活"的十六字方针，这一方针一直指导着大庆矿区建设和发展。①

1963年6月19日，周恩来、陈毅以及随同前来的黑龙江省委第一书记欧阳钦、省长李范五，陪同朝鲜民主主义人民共和国最高人民会议常任委员会委员长崔庸健等贵宾来到大庆，这是周总理第二次视察

① 参见铁人学院主编：《大庆精神铁人精神学习读本》，中国工人出版社2020年版

大庆。此时大庆的原油产量达到430多万吨，为实现我国石油基本自给作出了贡献。与上次一样，在哈尔滨驶往大庆的列车上，周总理就向前来迎接的会战工委副书记张文彬详细询问了大庆一年来的变化情况。上午11点，总理一下火车，立即改乘大客车直奔1203钻井队的井场。到达井场后，总理第一个下车，热情地与钻井工人们握手。在人群中，总理一眼认出了一年前见过面的小李，便大步走过去，紧紧握着小李的手说："你是李……""我叫李清明"，小李回答说。总理高兴地大声说："李清明同志你好！"日理万机、宵衣旰食的周总理，竟然还记得只有一面之缘的普通钻井工人，在场的工人们激动得热泪盈眶。在总理惊人记忆力的背后，是他对大庆油田的牵挂、对石油工人的惦念。总理又健步登上高高的钻台，跟当班的工人一一握手。总理还询问钻井进尺多少，指标多少。当工人们回答说要用3年的时间进尺10万米时，总理高兴地鼓励说："好！要有雄心壮志，要敢于创指标！"当总理来到大庆最大的油库——西油库时，环顾四周的油罐群，遥望远处的装油栈桥和长长的油龙，他语重心长地说："这地方很重要，一定要搞好安全生产。"总理还踏着扶梯，登上了4米多高的装油栈桥。值班工人做了罐车装油的表演，总理见栈桥上没有一点油污，满意地点点头，并关切地问当班工人："冬天和雨天怎么办？"工人回答说："坏天气和好天气一个样，坚守岗位，一丝不苟。"总理听了赞叹说："这是你们大庆人自己创造的严细作风，'四个一样'好，我要向全国宣传！"当总理听说身边的一位工人是湖南人时，亲切地问："湖南人都吃大米，在东北要吃粗粮，你能习惯吗？"那位工人回答说："总理，粗粮细粮我都能吃，只要为国家多产油，吃什么都行！"总理听了带头为他鼓掌。总理所到之处，与工人们都像久别重逢的老朋友一样亲切交谈，详细地询问他们生产、生活方面的情况。尤其是职工的生活，总理问得最多最细。[①]

1966年5月3日，周恩来、李富春、宋任穷等陪同阿尔巴尼亚部长会议主席谢胡一行来到大庆，这是周总理第三次视察大庆。总理不顾旅途疲劳，下车后便急于听汇报。陪同的同志见总理一身风尘，请总理先盥洗一下。于是总理一边听汇报，一边打开用旧了的牙具袋，拿出掉了瓷的牙缸、已经脱绒的小毛巾、市场上到处可见的白玉牙膏和刷毛已经倒伏的牙刷。在总理洗脸时，陪同的同志发现总理的衬衣上打着补丁，领口袖头都已经磨破，再看看他那磨得露出底纹的制服和那双很旧的皮鞋，感动不已。总理年事已高、日夜操劳，陪同的同志想，虽然我们的条件很差，但一定要想办法让总理吃得好一点。可是总理却指示：顿顿要有粗粮，餐餐不上酒，菜要吃大庆自产的。这天，午饭是高粱米芸豆饭、大碴粥、用搪瓷盆装的有白菜、土豆、萝卜、粉条的大盆烩菜。总理吃了一碗后，高兴地说："我最爱吃你们这种高粱米饭，请再给来一碗。"同志们看到总理和大家吃一样的粗茶淡饭，也吃得如此香甜，不禁感动得流下了泪水。在视察1202、1205钻井队时，总理听说两个钻井队各要年进尺10万米，高兴地说："上10万米，国务院要鼓励他们。""要告诉我，给我发电报。"随后，总理又登上正在打井的钻台，看钻井大队长铁人王进喜的操作表演。总理关心钻井工人，钻井工人也没有辜负总理的殷切期望，到年底，1202和1205钻井队双双登上10万米高峰。这一天，总理从钻台到油井、从工厂到车间，一刻也没有休息。晚上9点30分，总理召开座谈

① 参见铁人学院主编：《大庆精神铁人精神学习读本》，中国工人出版社2020年版。

会，听取大庆全面工作汇报，并作了重要指示。汇报结束时已是第二天凌晨1点30分，可总理又到生产会议室看了生产模型、技术革新和油田建设图表。当康世恩等人一再请总理休息时，总理说：“你们怎么老是让我休息呀，我快70岁的人了，让我多做点工作不好吗？”大家听了既感动，又心疼。这一夜，周总理只睡了两个多小时。5月4日上午，总理一行视察油田建设工地后，在前往丰收村的路上看见十几名家属正在田间播种，总理马上停下车，快步走过去和家属们握手并询问农业生产情况。离开丰收村，总理又来到大庆缝补厂，拿起一件用160多块旧布拼成里子的棉工服，看了又看、摸了又摸，感慨地说：“好，好，你们要永远保持这种艰苦奋斗的精神。”中午时分，总理在出席欢迎外宾的大会上看到13000多人的会场秩序井然，高兴地说：“工人也要有严格的纪律。”视察结束前，总理还谆谆告诫陪同的同志：“大庆是成功的，你们自己可不要忘了一分为二呀！”①

周总理三次亲临大庆，共视察了29个基层单位，同数万名工人、干部和家属直接见面，同许多人亲切握手谈话。一次又一次地说：向大庆工人学习！周总理对大庆的重视、关怀、鼓励，一直激励着大庆人艰苦奋斗，不断前进。

由于大庆在社会主义建设中作出的突出贡献，许多国外领导人也对大庆这片土地刮目相看并亲自到访。

如前所述，朝鲜崔庸健委员长在1963年来过大庆。1964年9月19日，朝鲜民主主义人民共和国首相金日成也来到大庆进行了参观访问，陪同前来的有徐今强、宋任穷、中共中央委员伍修权和黑龙江省党政

① 参见傅广诚主编：《大庆企业文化辞典》，上海人民出版社1990年版。

主要负责人。金日成一行参观了大庆炼油厂、松基6井、中6-17井、中3转油站、中2注水站、西油库、地宫等。参观过程中，金日成说："你们的经验很值得学习。""建设社会主义就是要有艰苦奋斗的精神。你们的做法很对，先搞生产建设，后搞生活建设，我们现在也是这样搞法。"他高度评价说，大庆"这个油田很伟大，你们很伟大"。他还说："在我们的大后方有这样一个大油田，我们的腰杆子就硬了。""这个油田对增强社会主义阵营力量和世界人民革命力量是很大的贡献。"金日成充分肯定了大庆的贡献和地位，事实上大庆就相当于革命时期的延安，延安是革命圣地，大庆是建设圣地。大庆对社会主义建设的基本规律进行了成功的探索，不仅为我国的工业发展，也为全世界社会主义国家的工业发展树立了榜样，提供了遵循。[①]

1964年10月5日，以部长会议主席杨·格·毛雷尔为首的罗马尼亚人民共和国党政代表团参观访问大庆，李先念副总理等陪同前来。康世恩、徐今强陪同毛雷尔一行参观了松基6井、中6-17井、中3转油站、中2注水站、西油库、大庆炼油厂等。在参观过程中，毛雷尔对大庆油田打破洋框框、发扬独立自主自力更生的革命精神、高速度拿下大油田表示赞赏，对大庆油田建设、管理、领导作风和工人的严明纪律表示钦佩。

1966年5月3日，由阿尔巴尼亚劳动党中央政治局委员、部长会议主席穆罕默德·谢胡率领的阿尔巴尼亚党政代表团参观访问大庆，陪同前来的有周恩来总理、李富春副总理等。在钻井队，谢胡主席拿出一面阿尔巴尼亚的三角形国旗，高高举过头顶，献给大庆的钻井工

① 参见傅广诚主编：《大庆企业文化辞典》，上海人民出版社1990年版。

⊙ 与国外同类油田相比，美国拿下东德克萨斯油田用了9年，苏联拿下罗马什金油田用了3年，大庆油田从第一口油井喷油到探明长垣面积只用了1年零3个月，到基本实现自给，“石油大会战”仅仅用了3年多时间，就超越了美国和苏联，真正为国争了光，为民族争了气

人，深表祝愿，全场响起了热烈的掌声。在参观过程中召开的一次座谈会上，谢胡感慨地说，在大庆短暂的时间里，上了一次大学，一次马列主义的大学，大庆人具有的一套哲学不是那种学究式的哲学，而是人民的哲学。他高度评价大庆工人阶级具有很纯洁的觉悟，有钢铁般的意志、有模范的成绩、有光辉的前程，是中国工人阶级的旗帜，是国际工人阶级的旗帜。不仅整个中国工业要学习大庆，而且所有建设社会主义的人都应该学习大庆。谢胡对大庆人先生产后生活的艰苦创业精神表示赞赏，称赞大庆的胜利是马列主义、毛泽东思想的胜利。谢胡之所以给予大庆如此之高的评价，是因为他真正看到了大庆取得成就的原因——大庆人的大庆精神。谢胡把大庆精神理解为人民

的哲学，这种哲学来源于人民，是自觉的哲学，人民易于理解和接受，能实际运用到工作生活中，最重要的是非常有效。大庆精神激励大庆人艰苦创业，创业的成功作为一种正向的反馈促使大庆人继续发扬大庆精神，形成良性循环，使大庆不仅成为中国工人阶级的旗帜，也成为了国际工人阶级的典范。

1972年5月24日，柬埔寨国家元首、柬埔寨民族统一阵线主席诺罗敦·西哈努克亲王参观访问大庆，陪同前来的有中共中央军委副主席、全国人大常委会副委员长徐向前等。西哈努克一行先后参观了铁人事迹陈列馆、铁人井、井下作业现场、西油库、大庆炼油厂、大庆缝补厂、红卫星家属基地等。西哈努克在参观过程中感谢大庆和黑龙江省对柬埔寨人民多种形式的支援，高度评价以铁人王进喜为代表的英雄的大庆人是不可战胜的。大庆开发建设所取得的巨大成就，是毛泽东思想的胜利，赞誉大庆是中国社会主义建设的榜样，是第三世界各国人民在独立自主的基础上发展自己经济的榜样。

1974年3月28日，坦桑尼亚联合共和国总统朱利叶斯·克·尼雷尔参观访问大庆，陪同前来的有全国人大常委会副委员长阿沛·阿旺晋美等中央和黑龙江省的领导。尼雷尔一行先后参观

大庆话语

五级三结合：由小队、中队、大队、指挥部、会战指挥部五级，干部、技术人员、工人三结合的一种会议制度。1959年底，余秋里召开了技术座谈会，研究油田的富集区在哪里。这时，从四川局设计院出差到大庆收集资料的青年技术员王毓俊根据自己在长垣北部了解到的萨尔图地质资料，发现越往北油层越厚，由此判断大庆长垣的油气富集区在北部萨尔图。可是，自己只是个技术员，怎么样才能反映到会战指挥部呢？想到国家缺油，想到会战领导急迫的心情，他顾不得等级、程序，鼓足勇气直接找到余秋里，汇报情况。余秋里高度重视他的意见，十分欣赏他敢想、敢说的胆识。余秋里认识到，在包括技术在内的油田各项重大决策上，要广泛吸收各级人员

了地宫、1205钻井队、喇2联转油站工地、西油库、中6-17井、大庆缝补厂等。尼雷尔在参观过程中指出，中国向我们说明如何自力更生，而且帮助我们达到自力更生。

在那激情燃烧的岁月，为什么那么多重要人物给大庆以高度评价？是因为大庆在社会主义建设史上的崇高地位，是因为大庆精神使大庆在社会主义建设史上拥有了崇高地位！要大力宣传大庆精神，使更多的人看到、感受到大庆精神，更好地弘扬大庆精神。

在大庆精神的宣传上，影视剧发挥了重要作用。1965年，孙维世和金山以大庆家属模范标兵薛桂芳为原型创作了话剧《初升的太阳》，展现了大庆职工家属“五把铁锹闹革命”的创业精神。值得关注的是，剧中全部演员都是大庆职工和家属。1966年初，《初升的太阳》晋京汇报演出，“先后为中央直属各部、北京市各部门、首都各大院校、解放军各总部、在京的外国友人和北京市广大群众演出，场场爆满，引起了轰动……再一次向首都人民展示了大庆职工和家属演出队的风采”。[①]刘少奇给演职人员以热情鼓励，周恩来与演职人员亲切交谈并和大家一起

的意见，这样才能确保工作部署的正确性。由此，形成了由小队、中队、大队、指挥部、会战指挥部五级，干部、技术人员、工人三结合的一种会议制度。它是企业民主制度的一种形式。

① 赵明勋：《情缘不老》上卷，作家出版社2009年版，第7—8页。

唱起了《我们走在大路上》等歌曲，叶剑英亲切接见全体演职人员并与大家合影留念。为了满足广大观众的要求，又成立了《初升的太阳》演出二队。1966年上半年，两个演出队在京和赴外地演出共310场，观众达35万人次。有时候戏演完了，观众还不退场，要演员出来介绍大庆的革命精神和经验；有些观众自发地开起了座谈会，畅谈从戏里感受到的教育；还有些观众找演员们去汇报思想、争取帮助……

1965年2月，上海电影局局长、著名导演兼编剧张骏祥带领一批电影人来到大庆，次年9月完成了艺术性纪录片《大庆战歌》的拍摄。由于“文化大革命”的影响，影片一直未能上映。直到1976年“四人帮”被粉碎，《大庆战歌》才得以重新整理和上映。1977年1月6日，《光明日报》发表文章《社会主义的壮丽诗篇——盛赞大型艺术纪录片〈大庆战歌〉》，同月28日，《人民日报》也发表了称赞《大庆战歌》的短评。两篇文章都指出，这部电影真实地反映了大庆石油工人为了早日拿下我国第一个大油田，战天斗地的光辉历程，歌颂了中国工人阶级大无畏的英雄气概和顽强的革命精神，是学习大庆精神、学习铁人精神的好教材。1974年，由长春电影制片厂拍摄的电影《创业》在全国公映，再现了大庆创业时期的艰难和油田的风貌，反映出艰难多舛而又轰轰烈烈的创业史。正当《创业》备受好评准备向全国发行时，“四人帮”下了三条禁令将影片打入冷宫。经过邓小平的积极工作，《创业》引起了毛主席的关注，他调看了《创业》片子，还感动地落了泪。7月25日，毛主席就电影《创业》作出了批示：“此片无大错，建议通过发行，不要求全责备，而且罪名有十条之多，太过分了，不利于调整党内文艺政策。”[①]毛主席的批示使《创业》重见天日，大庆精神大庆人再一次感动了国人。另外，王驰涛在20世纪八九十年代导演的赞颂大庆精神的电视剧《铁人》和《家族的荣誉》，播出后都备受好评，屡获大奖，激发了人民群众在改革开放新时期为实现社会主义现代化而顽强拼搏的巨大力量。

大庆精神的壮美也激荡着诗人和作家的心灵，他们把对大庆精神的歌颂倾注到文学作品中，以文字的方式抒发着对大庆精神的赞美和热爱。20世纪60年代，有“石油诗人”之称的李季几次来大庆，和石油工人同甘共苦，创作了《钻井队长》《石油大哥》《致以石油工人的敬礼》《石油歌》等脍炙人口的作品。1976年元旦，大庆诗人赵明勋创作的《登钻台》与毛主席的两首诗词同期刊登在《诗刊》复刊号上。作家周立波和赵树理在来大庆慰问的时候写下了赞颂大庆精神的诗篇。1977年6月5日，《人民日报》刊登了著名作家魏钢焰的散文《忆铁人》，这篇文章和他的另一篇散文《这，就叫大庆》，都是魏钢焰1973年在大庆深入生活时采写的，直到“四人帮”被粉碎之后才得以发表，两篇散文饱含着作者对铁人的怀念和对大庆这片热土的深情。1984年7月，《人民日报》刊发了魏钢焰的散文《大庆的心》，文中列举了大庆会战时期层出不穷的英雄壮举，大庆这面工业战线上的红旗再次为世人瞩目。1995年，魏钢焰因病逝世，按照他的遗愿，大庆人陪同他的儿子将其骨灰埋在“铁人一口井”的松柏丛中，魏钢焰对大庆的深情厚谊，大庆人将永远铭记。

1965年元旦，中央人民广播电台早6：30开始的“新闻和报纸摘

---

① 马英林、宋玉玲、刘晓华主编：《大庆精神读本》，新华出版社2013年版，第190页。

要”节目开头播出了两首歌曲，一首是《我为祖国献石油》，另一首是《采油姑娘采油忙》。播音员表示，这两首歌曲献给全国的石油职工，并向他们拜年！当时，“工业学大庆”势头正劲，这两首歌曲在全国迅速传播开来，让全国人民在歌声中感受到石油工人的风采和大庆精神的豪迈。《我为祖国献石油》这首歌到现在已经有超过半个世纪的历史了，曾在1999年荣获“新中国成立50周年金唱片奖”，至今依然传唱不衰，彰显了大庆精神的独特魅力。赞颂大庆精神的文艺作品不只有歌曲，还有多种多样的曲艺形式。比如，1964年初，关学增在大庆创作的北京琴书《洗油澡》，以朴实流畅、风趣幽默的风格，生动地再现了石油工人苦中作乐的工作日常。通过他的巡演和电台广播，大庆石油工人的形象在国人的心中更加鲜活、更加可爱了。与关学增一同来大庆慰问演出的，还有著名相声演员马季和搭档于世猷，二位相声演员在演出之余继续深入生活，以大庆石油工人的工作生活为素材，创作了《岗位责任制》和《报捷会》两个相声段子。另外，还有快板书长段子《油海长虹》、评弹《英雄儿女》、评话《铁人的故事》、东北民歌《大庆子儿》、山东快书《熔炉炼瓦》等。众多优秀的文艺作品把大庆精神传播到祖国各地，以群众喜闻乐见的形式使大庆精神在人们心中生根开花。

第十章

大庆精神（铁人精神）也有自己的前世今生

大庆精神来自大庆石油会战，从最初的一个企业精神、一种行业精神、一个地域精神，最终成为中国共产党的伟大精神，一路艰辛、曲折漫长。知晓这一历程，方能深入理解大庆精神，才不致落入碎片化、概念化和刻板化的窠臼。大庆精神演变发展数十载，相关人物事件数不胜数，该如何理清头绪？删繁就简、提纲挈领、抓住关键节点，大概是最好的办法。

1963年12月初，二届全国人大四次会议新闻公报宣告：由于大庆油田的发现和建成，我国石油已经实现基本自给。消息一传出，举国欢腾。而此时，党中央则深谋远虑，希望从大庆石油会战的胜利中找出可复制的经验，推向全国，以加速社会主义建设进程。于是，要求石油工业部：抓紧时间，认真总结大庆工作经验；既要实

大庆话语

宁要一个过得硬，不要九十九个过得去：会战时期油建十一中队提出的职工行为准则，是大庆人严细认真的具体体现。石油会战初期，油建十一中队举行了一次"技术大比武"，管工李天路一心想要拿第一，到达比武现场后，他才发现忘记带最重要的测量工具——拐尺。情急之下，他拿起一根焊条撅成90度当作拐尺使用。时任十一中队队长李德武发现后，随手折了一根草棍儿，递给李天路说："你既然能够拿

事求是，又要克服保守；可先上报提纲，待获批准后再形成详细报告。将军部长领导的石油工业部，一向雷厉风行、工作扎实、勤于总结，大庆石油会战中的优秀经验和先进事迹积累甚多，很快便提交了提纲。党中央同意石油工业部照此提纲形成详细报告并由该部领导在专题报告会上交流经验。石油工业部立即着手对提纲进行了丰富，增加了大量数据，关键之处引入具体事例，介绍了很多会战中的先进单位和模范个人。这样，一篇有血有肉、生动鲜活的长篇报告就成形了。当月下旬，部长余秋里与副部长康世恩先后向北京市领导干部、中央机关十七级以上干部作了现场报告。会后，石油工业部向党中央正式提交了报告文字稿，即《石油工业部关于大庆石油会战情况的报告》(以下简称《报告》)。

该《报告》分两大部分。第一部分分别从速度、质量、产能、技术突破、经济效益、队伍建设六个方面，总结了大庆石油会战三年多来取得的“战果”。讲成绩前，简要阐述了会战胜利的意义：“对我国石油产品做到基本自给起了决定性的作用”，“结束了我国依靠‘洋油’过活的日子，开辟了我国石油产品自给自足的新时期”[①]，

① 大庆油田有限责任公司编：《大庆油田五十年文史资料汇编》第1卷，石油工业出版社2009年版，第651页。

焊条当尺子，是不是草棍儿也可以对付啊？”在第二天的班前会上，他当着全班组职工的面，对李天路进行了批评教育。李天路在检讨时说：“过去的比赛名次再高，拿出去也不是响当当，宁要一个过得硬，也不要九十九个过得去。”坚持自觉从严，好字当头，油建十一中队培养出过硬的队伍作风，工程质量享誉大庆油田。

干工作经得起子孙万代检查：铁人王进喜同志的一句名言，成为大庆人的一种工作态度，是大庆人社会责任感和求实精神的具体表现。会战工委要求石油职工立足油田，着眼子孙万代，责任心讲“实”，技术讲“精”，第一手资料讲“准”和“全”，作风讲“严”和“细”。无论是集中会战，还是分散作业，都坚持“好字当头，质量第

给封锁我国、在石油问题上卡我国脖子的国际势力以有力的回击。第一部分篇幅较短，只是铺垫。铺垫完成，重头戏上演。第二部分全面系统总结了“大庆会战的基本经验”，归纳为九条：第一，社会主义的现代化企业，必须革命化；第二，高度的革命精神与严格的科学精神相结合；第三，现代化企业要认真搞群众运动；第四，认真做好基础工作，狠抓基层建设；第五，领导干部亲临前线，一切为了生产；第六，积极培养和大胆提拔年轻干部；第七，培养一个好作风；第八，全面关心职工生活；第九，认真地学习人民解放军的政治工作。

紧随这些经验的，不是大快人心的结束语，而是大庆油田工作的“缺点错误”。从组织领导、生产管理、科技攻关、人员培训一直讲到职工生活，共五个方面。重点内容，一律展开。尤其在生产管理方面，承认“管理上出过很多问题，曾经发生过一些严重事故”[①]。井喷事故、钻机被埋，管理不善、泵站火灾，一五一十，和盘托出。推行岗位责任制是大庆油田最值得称道的做法之一。讲到这项制度，石油工业部照样有正视问题的自觉和刀刃向内的勇气，承

一”，做什么事情都要使人信得过，不马虎、不凑合。为了使“工作经得起子孙万代检查”，大庆职工在工作中坚持进行自我检查、相互检查和专项检查，坚持有错就改、有偏就纠，保证做出的事情过得硬。

① 大庆油田有限责任公司编：《大庆油田五十年文史资料汇编》第1卷，石油工业出版社2009年版，第681页。

认“基层岗位责任制度虽已普遍建立，但有些单位执行得还时好时差，有40%的单位还没有做到‘四个一样’。大队以上干部的岗位责任制，还不具体”[①]。检视问题，态度诚恳，既不避重就轻，也无各种“套路”。

《报告》体量庞大，内容丰富，覆盖了石油会战的各个方面，经验总结得全面又系统。在不同年代、不同社会环境下，人们认识和评价大庆经验、大庆精神的角度不尽相同，但依据的基本史料则是相对确定的，这篇《报告》便是其中时间最早、分量最重者之一，它为后来的大庆精神宣传和研究提供了蓝本，奠定了基础。今天能见到的几乎所有关于大庆精神的理论成果和文艺成果，追根溯源，都不曾脱离过这份半个多世纪前的文献。

1964年2月5日，中共中央发出《关于传达〈石油工业部关于大庆石油会战情况的报告〉的通知》，（以下简称《通知》）。《通知》一开篇，肯定了石油工业部现场报告会的效果：“报告很好。中央一般机关和北京市的干部以及一些工厂企业的职工同志们听了这个报告以后，反映很好、很强烈，极大地推动了各方面的工作。”[②]因此，党中央决定在全国工交、财贸、文教系统和各级机关、团体、部队中普遍传达，直至基层。继而，《通知》肯定了大庆经验，认为大庆会战职工“贯彻执行了党的社会主义建设总路线，坚持政治挂帅，坚持群众路线，系统地学习和运用解放军政治工作经验，把政治思想、革命干劲和科

① 大庆油田有限责任公司编：《大庆油田五十年文史资料汇编》第1卷，石油工业出版社2009年版，第681页。

② 大庆油田有限责任公司编：《大庆油田五十年文史资料汇编》第1卷，石油工业出版社2009年版，第650页。

学管理紧密结合起来，把工作做活了，把事情做活了”[①]。

《通知》有一点很值得注意。石油工业部报告中“大庆会战的基本经验”，在党中央的《通知》里悄然变身为“大庆油田的经验”。乍看上去，差别不大。稍作推敲，便知深意。第一，“大庆会战”变成“大庆油田”。这表明，党中央认为大庆创造的一系列好经验不仅能在会战中发挥积极作用，而且会战结束后，在油田的日常生产管理中依然会卓有成效，故应长期坚持。第二，“基本经验”被简化成“经验”。石油工业部在经验前冠以“基本”，是斟酌过的，大致出于两种考虑。一是大庆油田开发建设千头万绪，各种经验林林总总，交流汇报只能择要。加上“基本”，旨在区分主次，表明并非穷尽所有。二是这些经验在特定条件下形成，难免具有特殊性。在大庆油田确实成效显著，但能否适用其他地区行业，实难一概而论。“基本”反映出石油工业部居功不傲、谦虚谨慎的态度。《通知》中，标志谦虚的“基本”二字被去除，表明党中央对这些经验十分认可，认为其适用范围并不局限于大庆油田，而是可以更广。正如《通知》所说，“大庆油田的经验虽然有其特殊性，但是具有普遍意义”[②]，“一些主要经验，不仅在工业部门中适用，在工交、财贸、文教各部门，在党、政、军、群众团体的各级机关中也都适用，或者可做参考”[③]。党中央隆重举行专题报告会，固然有表彰先进、鼓舞士气之意，但更希望“大庆油田

① 大庆油田有限责任公司编：《大庆油田五十年文史资料汇编》第1卷，石油工业出版社2009年版，第650页。

② 大庆油田有限责任公司编：《大庆油田五十年文史资料汇编》第1卷，石油工业出版社2009年版，第650页。

③ 大庆油田有限责任公司编：《大庆油田五十年文史资料汇编》第1卷，石油工业出版社2009年版，第650页。

的经验”能推至全国。这正是党中央高瞻远瞩之处，当初布置任务时特地交代石油工业部“不要保守”，意即在此。

为更好地向党内外干部传达、方便一般工作人员和全体职工学习，除下发纸质文件外，党中央还将现场报告会的录音拷贝一并下发。此等情形，当年实不多见。另外还要求，工厂企业基层单位要结合实际学习讨论，及时收集反馈，择要上报党中央。《通知》的主要贡献在于：第一次以党中央文件的形式，充分肯定了大庆经验的价值及其普遍意义，在时间和空间上拓展了大庆经验的适用范围，促进了大庆经验的广泛传播。

大庆经验和大庆精神能蜚声全国，离不开轰轰烈烈、旷日持久的工业学大庆运动，更离不开运动的倡导者——开国领袖毛泽东。当家更知柴米贵。作为党和国家最高领导人，毛泽东深知石油的重大战略意义。新中国成立之初，石油生产的落后状况令他深感焦虑。为能早日旧貌换新颜，他要求“发展石油工业还得革命加拼命”[①]。须知，当年在陕北延安，抗战尚在进行时，他对石油人最大的期望也不过是“埋头苦干”而已。

大庆话语

三要十不：甩掉我国石油落后的帽子，要高速度、高水平地拿下大油田，要赶超世界先进水平，为国争光；不怕苦，不怕死，不为名，不为利，不讲工作条件好坏，不讲工作时间长短，不讲报酬多少，不分职务高低，不分分内分外，不分前线后方，一心为会战的胜利。这是大庆企业的优良传统，是1960年在大庆第一次政工会议上石油工业部机关党委（大庆会战初期党的临时办事机构）对会战职工队伍精神风貌的概括。它体现了大庆石油会战职工为国争光的爱国主义精神和勇攀高峰的进取意识，反映了他们无私奉献的崇高品格和艰苦奋斗的创业精神，是夺取会战胜利的强大精神动力。

① 《余秋里回忆录》，解放军出版社1996年版，第509页。

而今，“三座大山”已被推翻，党在全国执政，还是对石油人，他却要求“革命加拼命”。两相对比，形势严峻，自不待言。

得知松辽发现大油田，毛泽东甚是欣慰。为早日完成开发，他亲自批准了大会战报告[①]。会战开始后，关注“战况”进展，时常鼓劲加油。当胜利在望时，开始在不同场合表扬石油工业部，肯定其“打歼灭战”的做法，对全石油系统学习解放军经验更是赞赏有加。1963年，中央工作会议上，他说：苏联有个斯大林格勒大会战，现在石油部又有个大会战。[②]人民领袖由衷希望，大庆石油会战能像当年的斯大林格勒战役那样，成为整个战局的转折点，化险为夷、扭转乾坤。1963年10月，在《关于加强十项政治工作的批示》中，他提出：要工业学大庆，学解放军。会战胜利后，他称赞道：“石油部作出了伟大的成绩，它既振起了人们的革命精神，又搞出了六百万吨石油，还有一百万吨的炼油厂，质量是很高的，是国际水平的。只有这样，才能说服

大庆话语

要有“三股气”：对一个国家来讲，就要有民气；对于一个队伍来讲，就要有士气；对于一个人来讲，就要有志气。这句话出自中发1964（78）号文件所批转的《石油工业部关于大庆石油会战情况的报告》。民气，主要是指民族的自尊心和自强心。一个国家有了民气就能傲视和排除各种困难，不屈服于来自各方面的压力，自力更生，奋发图强，屹立于世界民族之林。士气，主要是指群体的斗志和信念。一个队伍有了士气就能在极其险恶的条件下完成艰巨任务，成为拖不烂、打不垮的坚强集体。志气，主要是指一个人的理想、意志和奋斗精神。一个人有了志气，就能发挥出极大的主动性、创造性，为国为民作出应有的贡献。这三股气，是大庆人艰苦创业的强大精神力量。

---

① 即1960年2月20日获批的《关于东北松辽地区石油勘探情况和今后工作部署问题的报告》。参见《余秋里回忆录》，解放军出版社1996年版。

② 参见康世恩：《毛主席指引石油工业发展的航程》，《缅怀毛泽东》上，中央文献出版社1993年版。

人嘛！”[①]1963年12月13日，他以批评的口吻建议：“中央有几十个部，明明有几个工作成绩工作作风较好的部，例如石油部，别的部却视若无睹，永远不去那里考察研究请教一番。”[②]三天后，又在《关于工业部门学解放军的信》中批示，“从解放军调几批好的干部去工业部门那里去做政治工作（分几年完成，一年调一批人），如同石油部那样”。[③]还表示：“这个问题我考虑了几年了，现在因为工业部门主动提出学解放军，并有石油部的伟大成绩可以说服人，这就到了普遍实行的时候了。”[④]1964年初，在全国工业交通情况汇报会上，他表扬了石油部经验和铁人王进喜，并指示：报纸要写点新鲜事物，报道学习解放军、学习石油部。1964年1月25日，在中南海听取余秋里汇报后，他说：“我看这个工业，就要这个搞法，向你们学习嘛！要学大庆嘛！”[⑤]

伟大领袖缘何对石油工业部和大庆油田倍加推崇，三令五申要求“工业学大庆”呢？国家危难之际，石油工业部和大庆油田提供了所需原油，这点毋庸置疑。此外，还有三点值得深入分析，这或许才是“工业学大庆”的深层原因。第一，他们将毛泽东思想特别是毛泽东军事思想成功用于经济建设。大庆石油会战靠“两论”起家。会战职工普遍学习毛泽东思想并自觉运用，解决了生产、技术和生活难题，实现了油田开发的突破。在开发的战略战术上，毛泽东军事

① 《毛泽东年谱1949—1976》第5卷，中央文献出版社2013年版，第329页。
② 《毛泽东文集》第8卷，人民出版社1999年版，第348页。
③ 《毛泽东年谱1949—1976》第5卷，中央文献出版社2013年版，第294页。
④ 《毛泽东年谱1949—1976》第5卷，中央文献出版社2013年版，第294页。
⑤ 接长军：《工业学大庆：中国工业化道路的探索实践》，《大庆油田报》2014年1月26日。

思想发挥了重要的指导作用。无论“会战”全局还是局部重要“战役”，都“学习毛主席关于集中优势兵力打歼灭战的教导，集中力量确保重点，一个仗一个仗地打，取得一个又一个胜利”①。20世纪30年代初，中央革命根据地进行反“围剿”斗争，当时敌强我弱、力量悬殊，毛泽东提出了歼灭战的战术思想。可以说，大庆石油会战是毛泽东军事思想在新中国经济建设中的创造性运用，是党的革命智慧在建设条件下的创新性实践。其胜利雄辩地证明：毛泽东思想不仅能指导革命，也能指导建设。第二，他们系统地学习和运用解放军政治工作经验，把政治思想、革命干劲和科学管理紧密结合起来，灵活运用。20世纪60年代，毛泽东向全国人民发出“向解放军学习”的号召。学习解放军，该怎么学？稍加模仿、流于表面，或许不难；学深悟透、有所创造，绝非易事。但困难的事情，石油工业部和大庆油田硬是做到了，而且还做得格外出色。他们结合石油工业特点，狠抓六个方面、坚持“四个为主”、树立“三个观点”，形成了一整套完整的思想政治工作方法，创造性地形成了总结评功、大树标兵、“五好”竞赛、“三大民主”等经验，且行之有效。毛泽东非常满意，十分希望全国各行各业都能像石油工业部和大庆油田一样，把解放军的政治工作经验学深学透并活学活用。第三，他们为探索中国工业化道路积累了宝贵经验。1956年至1966年，是我国社会主义建设全面展开和艰辛探索的10年。由于缺乏经验，我国一度照搬苏联社会主义建设模式，“一五”计划实施中，苏联模式弊端显露。1956年4月，毛泽东开始明确提出中国要走一条自己的建设道路。这条道路

① 大庆油田有限责任公司编：《大庆油田五十年文史资料汇编》第1卷，石油工业出版社2009年版，第659页。

该怎么走，能否克服苏联弊端、少走弯路，有无更快更好的方法？没有成功的案例。1958年6月，他又提出：“自力更生为主，争取外援为辅，破除迷信，独立自主地干工业、干农业，干技术革命和文化革命，打倒奴隶思想，埋葬教条主义，认真学习外国的好经验，也一定研究外国的坏经验——引以为戒，这就是我们的路线。”[①]认识虽又进了一步，但仍属宏观原则。中苏关系恶化后，探索愿望越发强烈迫切。重要关头，石油工业部和大庆油田大获成功，其做法又完全符合“自力更生、独立自主、技术革命、打破教条”等要求，从而极好地证明：中国依靠自己力量办好大型现代化的工业企业完全可能，走出一条自己的工业化道路大有希望。这样，大庆经验就获得了普遍意义。

毛主席发出“工业学大庆”的伟大号召，对大庆经验的传播、对大庆精神的发展产生了重大而深远的影响。有了伟大号召，大庆油田成为社会主义工业企业的代表，成为全国工业战线的一面光辉旗帜，成为举国瞩目、万众景仰的“圣地”；有了伟大号召，全国上下齐动员，迅速掀起宣传、学习大庆的热潮，涌现了大批“大庆式企业”；有了伟大号召，大庆才能以相对较小的代价度过动荡年代，让红旗屹立不倒；甚至因为有了伟大号召，数十年后，提到大庆精神时，人们还会情不自禁地流露出多一分的敬意和亲切。

领袖号召，中央发文，工业学大庆运动迅速兴起。为促进运动开展，1964年1月，中宣部组建新闻采访团，专门到大庆采访石油会战中的先进事迹。经过实地采访调查，采访团决定首先发表一篇长篇通

① 《中华人民共和国第四届全国人民代表大会第一次会议文件》，人民出版社1975年版，第36页。

讯，全面报道大庆情况，通过具体人物和事迹的描写展现大庆经验和大庆人的精神风貌。负责采写任务的是两位新闻干将：新华社记者袁木和《人民日报》评论员范荣康。他们坚信：只有自己先弄懂，读者才能看明白；只有自己受感动，读者才能受教育。本着这一思想，为弄懂生产细节、寻找更多感动，他们白天下基层搞采访，晚上看笔记选素材，一连多日。又精心构思、理清线索，确定素材、分组归类。然后再下基层，逐事逐人，深入采访。一切就绪，方才动笔。写了改，改了写，如是多日，终于完成稿件。

内容满意了，还缺少一个有冲击力的标题。为此，两人推敲再三。起初，定为《来到大庆，像回到延安》。人们一目了然——大庆职

人民日報

REN MIN RI BAO

1964年4月

20

学习大庆经验，把革命干劲和科学精神结合起来

延安革命精神发扬光大

大庆精神　大庆人

为了全国人民的远大理想

崇高的榜样

⊙ 1964年4月20日，《人民日报》刊发长篇通讯《大庆精神 大庆人》，第一次在全国媒体上公开宣传报道大庆油田，第一次提出“大庆精神”这一概念

工在石油会战中继承发扬了延安精神，也有冲击力，但没能突出大庆。又一番推敲揣摩后，想出了《大庆人 大庆精神》，感觉题目新颖又与文章内容吻合。可就在发稿前的最后时刻，极具工匠精神的两位作者忽然灵感闪现，最终将标题确定为《大庆精神 大庆人》。实际上，最后两个标题差别已经极小了，只是，后者节奏感更好、读起来更上口，便于人们记忆和传播。历经半个多世纪，岁月也证实了这一点。

1964年4月19日晚，长篇通讯《大庆精神 大庆人》通过中央人民广播电台播发。次日，《人民日报》等全国各大报纸均在头版刊登了这篇通讯。大庆人的革命精神和创业事迹迅速传遍了祖国大地，传向五洲四海。尽管通讯稿采用白描手法，但仍然气势磅礴。蔡升顶风冒雪“万里测温”、谭学陵不辞辛劳“万点调查”、方永华锲而不舍“捞取岩心”……一个个人物形象、一幕幕工作场景活灵活现，生动感人。一时间，街头巷尾，争相传颂。《大庆精神 大庆人》成了中国新闻史上的名篇，但作者袁木却一直“耿耿于怀”，甚至“抱憾终身”。30多年后，当这篇通讯重刊时，他仍无限感慨：“无论从当时还是现在来看，与实际情况相比，文章并未能表达出大庆人当年那种英雄气概之万一。”[①]

长篇通讯《大庆精神 大庆人》有三个重要贡献。第一，它通过国家主流媒体，第一次向世界宣布：中国有了属于自己的特大油田——大庆油田，第一次公开报道了大庆石油会战并将大庆人的先进事迹传遍全国。第二，它第一次正式提出了“大庆精神”这一红色文化概念，并呈现在文章标题当中。“精神”是中国共产党人从自己辉煌

① 袁木：《重刊〈大庆精神 大庆人〉有感》，《党史文汇》1997年第3期。

历程中抽象出来的文化符号，用以标识行进轨迹，破解党带领人民不断走向成功的密码，提醒人们不忘初心、牢记使命。井冈山精神、长征精神、延安精神等，莫不如此。“大庆精神”概念的提出，对确立大庆石油会战在党史、国史及社会主义建设史上的地位，起到了重要的促进作用。第三，它对大庆精神进行了明确定位。尽管并未阐述内涵，但通讯指出：大庆精神就是大庆石油会战的精神，是红色的精神，是历史唯物主义的精神，是人民群众创造历史的精神。“红色的精神”、“历史唯物主义的精神”和“人民群众创造历史的精神”，分别从“红色身份”、“哲学品格”和“实践根源”上给予大庆精神高度评价。[①]《大庆精神 大庆人》在大庆精神发展史、宣传教育史及学术研究史上均占据重要地位，为后来大庆精神的宣传和研究奠定了理论基础，开辟了新的领地。

有党中央的大力倡导，有毛主席的伟大号召，加上新闻工作者的热情宣传，工业学大庆进行得如火如荼。大庆，不仅是工业战线的一面旗帜，更是全国各个行业的标杆和榜样，大小场合，频受赞誉。1964年底到1965年初，三届全国人大一次会议召开。在《政府工作报告》中，周恩来总理表扬了大庆油田：“这个油田的建设，是学习毛泽东思想的典范……这个油田的建设，也是大学解放军、具体运用解放军政治工作经验的典范。这个油田的建设自始至终坚持了集中领导同群众运动相结合的原则，坚持了高度革命精神同严格科学态度相结合的原则，坚持了技术革命和勤俭建国相结合的原则，全面体现了社会主义建设总路线的多快好省的要求。”[②]

① 参见马英林：《谈谈长篇通讯〈大庆精神 大庆人〉的历史贡献》，《大庆社会科学》2021年第2期。

② 大庆油田有限责任公司编：《大庆油田五十年文史资料汇编》第1卷，石油工业出版社2009年版，第648页。

这是党和国家第一次直接对大庆经验进行系统总结。这次总结有两个特点。第一，在价值层面上提升高度，肯定大庆油田为典范。典范一词，蕴涵“最”的成分。足见，党和国家认为：大庆油田在学习毛泽东思想方面、在学习运用解放军政治工作方面的表现，堪称全国之最——最正规、最合乎规范、最值得效仿。第二，在实践层面上精简内容，增强大庆经验的可复制性。大庆经验，内容浩繁；各行各业，情况迥异。学大庆怎么学，切入点从哪儿找，短时间内，很多企业难以准确把握。而此次总结切中要害，指出了学大庆的关键，即坚持“三个（相结合）原则”。如果各个企业都能结合实际，精准发力，那么大庆经验的普及势必会大大加快。

“两个典范”和“三个（相结合）原则”，总结较为客观，在当时

⊙ 1966年3月至6月，反映大庆职工家属自力更生，发扬“五把铁锹闹革命”精神的大型话剧《初升的太阳》在北京公开演出133场。职工家属演员们受到周恩来总理接见

也颇有现实意义。坚持集中领导同群众运动相结合的原则，有助于克服脱离实际瞎指挥的官僚主义；坚持高度革命精神同严格科学态度相结合的原则，有助于克服不讲科学的盲目主义和蛮干作风；坚持技术革命和勤俭建国相结合的原则，有助于发挥各种资源的最大效用、减少浪费。总之，该总结便于各行业各单位在学大庆时找准着力点，促进工业学大庆运动走深走实。同时，它也为文学艺术工作者指明了方向，繁荣了以大庆石油会战为题材的文艺创作。这一时期，众多文艺工作者奔赴大庆，体验生活，开展创作。话剧《初升的太阳》(1965)、歌曲《大庆家属闹革命》(1965)、电影《大庆战歌》(1966)等精品力作，讴歌了大庆人在社会主义建设中的创造性劳动，促进了大庆经验和大庆精神的传播。

时光来到了1966年。元旦刚过，1月2日的《人民日报》就发表了一篇社论——《中国工业化的正确道路》。社论指出，大庆油田的建设，自始至终“坚持了集中领导同群众运动相结合的原则，坚持了高度革命精神同严格科学态度相结合的原则，坚持了技术革命的原则，坚持了勤俭建国的原则”，“为中国的工业化开辟了一条正确的道路”。

社论篇幅不长，却有两个亮点。第一，“三个（相结合）原则”被发展为“四个原则”。一年前，周总理赞扬大庆油田始终坚持“三个（相结合）原则”。社论保留了其中前两条，同时将第三条拆分为并列的两条，即“坚持了技术革命的原则，坚持了勤俭建国的原则”。第二，明确了大庆油田的“开路先锋”身份。中国要走一条自己的建设道路，是毛泽东倡导的，但具体该怎么走，一直在探索中。大庆油田的开发建设，为这种探索积累了宝贵经验。毛泽东提出的原则性要求，如自力更生、破除迷信、独立自主地干技术革命，大庆人做到了；如埋葬教条主义、认真学习外国好经验同时研究外国坏经验并引以为戒，大庆人也做到了。大庆油田“为中国的工业化开辟了一条正确的道路”，这个评价意义非同寻常。它意味着：大庆经验具有广泛的价值，大庆开辟的道路上将会有源源不断的后来者，而工业学大庆运动也应当更加坚定自信、大张旗鼓地开展下去。随后数日，《人民日报》陆续发表文章，介绍大庆人建设石油基地的经验，为全国工交企业提供具体做法。工业学大庆运动，由此掀起高潮。

全国工矿企业积极贯彻党中央精神，纷纷结合自身实际学大庆，全力以赴实现增产节约目标。然而好景不长，1966年5月，“文化大革命”开始了。大庆经验受到错误批判，大庆油田生产遭到严重干扰，工业学大庆运动基本停滞。1970年3月，刚当选为中央委员和大庆革委会副主任不久的王进喜，进京向石油工业部军管会和国务院汇报大庆油田情况。了解到真实情况，周总理批示“大庆要恢复‘两论’起家基本功”，并责成石油工业部派员到大庆解决问题。此后，情况有所改观。1971年，毛泽东到国内多地视察工作。途中，他反复强调要“工业学大庆，农业学大寨，全国人民学习解放军，解放军学习全国人民”。《人民日报》、《解放军报》、《红旗》杂志立即响应，迅速传达最高指示。于是，工业学大庆又被重提。

1971年6月20日，《人民日报》发表了周总理亲自审定的社论稿《工业学大庆》。社论指出：“大庆，是伟大领袖毛主席提倡的一面红旗，工业学大庆是毛主席向全国人民发出的伟大号召。”学大庆该学什么？社论指出：“学大庆，就要像大庆那样，坚持集中领导同群众运动相结合的原则，坚持高度革命精神同严格科学态度相结合的原则，坚持技术革命和勤俭建国的原则。”强调坚持“四个原则”，这与1966

年初的《中国工业化的正确道路》基本一致。大庆道路，该怎样走？社论明确指出：要用毛泽东思想解决生产、管理等问题；要大学解放军，实行政治建厂，大兴“三八”作风，开展“四好”运动；要坚持“四个原则”；要把工业建设成为有利生产、方便生活的社会主义新型工矿区。

“文化大革命”中，各地生产多遭破坏，而大庆油田却能排除干扰，使原油产量逐年大幅提升，有力地支撑了内乱中的国民经济。原因何在？非常时期，大庆经验仍能得到公正客观的评价，至关重要。它对稳定油田生产秩序、保护干部职工的生产热情，对工业学大庆运动的健康开展，都产生了积极的促进作用。

1976年10月，“文化大革命”结束，“四个不准”[①]随之破除。1977年四五月，党中央酝酿已久的全国工业学大庆会议终于召开。大会开得隆重热烈，把工业学大庆运动推向了高潮，对推广大庆经验、普及大庆式企业、弘扬大庆精神起了重大作用，产生了深远影响。

1978年，新中国历史迎来了伟大转折。真理标准问题大讨论，把人们从迷信僵化状态下解脱了出来。党的十一届三中全会确立了解放思想、实事求是的思想路线，果断停止“以阶级斗争为纲”，把工作重心转移到经济建设上来。身处历史节点的人们，本就极易困惑，加之长期受极左思想影响，对一些问题见解不一，在所难免。在如何认识大庆经验、大庆道路、大庆精神以及工业学大庆运动上，便是如此。分歧争论很正常，但若久争无果，则不利于“团结一致向前

---

①　即不准开工业学大庆的会、不准宣传大庆的经验、不准登大庆的文章、不准演《创业》电影。参见黑龙江省冶金地质勘探公司理论组：《排除“四人帮”干扰 坚定不移学大庆》，《地质与勘探》1977年第2期。

看”。1980年9月，中共黑龙江省委书记李力安曾给主持党中央工作的领导同志写信，建议党中央对工业学大庆问题“要有一个明确的说法”。而国家经委党组也认为，为调动工业交通战线企业和职工积极性、坚持发展我国创造的企业管理好经验好传统、继续正确地开展学先进活动，就应当按照党的十一届三中全会精神实事求是地评价大庆经验，认真总结学大庆中的经验教训。1981年9月24日，国家经委党组向中共中央书记处提交了《关于工业学大庆问题的报告》(以下简称《报告》)。

《报告》在认真调查研究的基础上，提出三点意见，有理有据。第一，应当肯定大庆基本经验。大庆油田在思想政治工作、职工队伍建设、企业民主管理、改善职工生活等诸多方面，为我国工业生产建设提供了丰富经验。这些经验不仅在过去起了好的作用，而且在改革开放后对加强政治思想领导、振奋革命精神、搞好企业整顿、提高企业管理水平仍然具有重要意义。因而，应当加以肯定。同时指出，大庆油田也应自觉坚持“两分法”前进原则，按照党的十一届六中全会决议精神，修正“错误的东西”，在新形势下探索新经验。第二，应当肯定工业学大庆运动主流是好的、作用是积极的。工业学大庆运动，在“文化大革命”前，极大振奋了全国人民自力更生、奋发图强的精神，推进了社会主义建设事业；在“文化大革命”后，对解决全国工交企业中普遍存在的问题、对迅速恢复和发展生产起了积极作用。因此，对运动中产生的大庆式企业作出的贡献、获得的荣誉称号也应充分肯定。第三，应当继续学习宣传大庆的先进典型，这是搞好经济调整和体制改革的需要。

《报告》中有两处格外引人注意。第一，认为大庆经验中最可贵的是“在实际斗争中培育出来的大庆精神”[①]，并第一次阐释了大庆精神内涵。即：“面对苏联霸权主义的封锁，那种发愤图强、自力更生、以实际行动为中国人民争气的爱国主义精神和民族自豪感；在严重困难面前，那种无所畏惧、勇挑重担、靠自己双手艰苦创业的革命精神；在生产建设中，那种一丝不苟、认真负责、讲究科学、‘三老四严’、踏踏实实做好本职工作的求实精神；在处理国家和个人关系上，那种胸怀全局、忘我劳动、为国家分担困难、不计较个人得失的献身精神。”[②]第二，指出了工业学大庆运动中存在的问题，明确了责任不在大庆。在工业学大庆、普及大庆式企业运动中，在指导思想和具体组织上，存在一些问题。其主要是：将一些经验模式化、绝对化，用一个模式去指导各行各业工作，提出不切实际的要求；要求过急、降低标准和搞形式主义；脱离实际、生搬硬套等。“出现这些情况，问题不在大庆，主要责任在我们国家经委党组。这方面的经验教训应当认真吸取。”[③]

《报告》得到了党中央的认可：“对大庆的基本经验、工业学大庆运动、大庆式企业的分析和看法，是符合党的十一届六中全会精神的；对工交战线今后宣传和学习先进典型的意见，是切实可行的。”[④]1981年12月18日，中央以文件形式下发《中共中央转发国家经委党组

---

① 大庆油田有限责任公司编：《大庆油田五十年文史资料汇编》第2卷，石油工业出版社2009年版，第273页。

② 大庆油田有限责任公司编：《大庆油田五十年文史资料汇编》第2卷，石油工业出版社2009年版，第273页。

③ 大庆油田有限责任公司编：《大庆油田五十年文史资料汇编》第2卷，石油工业出版社2009年版，第275页。

④ 大庆油田有限责任公司编：《大庆油田五十年文史资料汇编》第2卷，石油工业出版社2009年版，第271页。

〈关于工业学大庆问题的报告〉的通知》(以下简称《通知》)。

《通知》与作为文件附件的《报告》，结构相似。首先，也是充分肯定和高度评价："大庆不愧为我国工交战线的先进典型，大庆职工不愧为我国工人阶级的先进部分。"①紧接着，也讲到了"问题"和责任："应该指出，过去在长期'左'的思想影响下，把大庆的一切经验几乎都和阶级斗争、路线斗争联系起来，去总结，去拔高，总结一次，拔高一次，直至把有些经验绝对化、模式化，在宣传和推广中出现了这样或那样的问题，这是在特定的历史条件下造成的，主要责任在当时的党中央，在有关的上级领导。"②这段文字立场鲜明、文风朴实、入情入理、令人信服，展现了两次中央重要全会后政治生活的新气象，让人耳目一新。再接着，也是肯定大庆经验及其现实意义，希望大庆坚持"两分法"前进，继承优良传统，发扬革命精神。

《通知》还指出："大庆石油职工所以能够创造出那样的英雄业绩，为国家作出那样大的贡献，最重要的就在于他们继承和发扬了我国工人阶级的革命传统和优良品质，就在于他们有强烈的爱国主义精神和民族自豪感，有不怕困难、勇挑重担的革命英雄主义气概，有高度的国家主人翁责任感。""他们的这种革命精神，充分体现了我国工人阶级的本色，在社会主义现代化建设的新时期，应该进一步发扬光大。"③他们的这种革命精神，完全可以用《报告》中的"大

---

① 大庆油田有限责任公司编：《大庆油田五十年文史资料汇编》第2卷，石油工业出版社2009年版，第271页。

② 大庆油田有限责任公司编：《大庆油田五十年文史资料汇编》第2卷，石油工业出版社2009年版，第271页。

③ 大庆油田有限责任公司编：《大庆油田五十年文史资料汇编》第2卷，石油工业出版社2009年版，第271—272、272页。

庆精神”来指代。换言之，《报告》对大庆精神内涵的概括，《通知》是认可的。

在大庆精神的发展历程中，《通知》的意义十分突出。第一，它在改革开放后及时肯定了大庆油田不同时期对国家发展的重大贡献，肯定了大庆经验在新形势下仍有重要价值。第二，它区分了工业学大庆运动的主流和支流，承认主流是好的，明确运动中错误的责任不在大庆，便于大庆轻装前进，续写辉煌。第三，它澄清了各种错误思想，消弭了分歧，达成了共识，为推进改革开放凝聚了人心、汇聚了力量。第四，它认可了国家经委党组《报告》对大庆精神内涵的概括，为科学准确地传播弘扬大庆精神奠定了理论基础。第五，它成为一座分水岭，自其下发后，大庆道路、大庆式企业等昔日里的高频词汇渐渐式微，而作为文化概念的“大庆精神”则后来居上，声誉日隆。

20世纪80年代末，国际政治风云变幻，世界格局深刻变化。苏联和东欧社会主义国家政局动荡持续加剧，西方政要扬言资本主义对社会主义将“不战而胜”。在国内，改革开放中积累的矛盾问题凸显，社会主义现代化建设遇到困扰。改革开放究竟姓“社”姓“资”的质疑诘难，不绝于耳。1989年春夏之交，发生了政治风波。西方大国纠集力量，借机制裁封锁，社会主义中国走到了一个重要历史关头，党和人民面临新的严峻考验。6月下旬，党的十三届四中全会召开，新的党中央领导集体形成。全会强调，继续坚决执行党的十一届三中全会以来的路线、方针、政策，继续坚决执行党的十三大确定的基本路线。11月，召开党的十三届五中全会，通过了《中共中央关于进一步治理整顿和深化改革的决定》。围绕该《决定》的贯彻执行，江泽民强调了四个问题：牢固树立国民经济持续稳定协调发展的指导思想；坚持群众路线，改进领导作风；加强民主集中制，提高党的战斗力；加强理论学习，提高党的工作的科学性。

大庆油田作为大型国有企业，发挥着国民经济稳定器和国家能源安全压舱石的巨大作用。与此同时，也在加强党的建设、坚持群众路线、改进领导作风、加强理论学习方面，积累创造了十分丰富的经验。1990年2月，担任中共中央总书记仅半年多的江泽民来到大庆油田视察。他首先看望了铁人王进喜的家属，勉励铁人的子女们继承和发扬铁人精神，做铁人的好后代。随即又接连视察了一些生产、科研单位。视察当中，兴之所至，他感慨道：大庆到处洋溢着体现中国工人阶级风貌的大庆精神，这就是“为国争光、为民族争气的爱国主义精神；独立自主、自力更生的艰苦创业精神；讲究科学、‘三老四严’的求实精神；胸怀全局、为国分忧的奉献精神”[①]。这是新的历史时期对大庆精神内涵作出的新概括，也是大庆石油会战打响将近30年、大庆精神概念出现20多年后，党的最高领导人对大庆精神的第一次阐释。他还为大庆题词：“发扬大庆精神，自力更生，艰苦奋斗，为建设有中国特色的社会主义而努力！”[②]

此次概括，距离前次即1981年国家经委党组对大庆精神内涵的概括，相隔不足10年。总体上看，两次概括的完整表述都包含四个要点，而对应的简要表述都是四个关键词。1981年概括为爱国、革命、求实、献身，1990年概括为爱国、创业、求实、奉献，其内容高

① 时永发主编：《大庆年鉴》，中国展望出版社1991年版，第2页。

② 时永发主编：《大庆年鉴》，中国展望出版社1991年版，第2页。

度一致、形式完全相同。那么，新概括的必要性又何在呢？仔细对比会发现：新概括语言更加精练、内容更为准确、更富有张力、更具时代感、更着眼未来。第一，新概括隐去了特殊的历史背景——“面对苏联霸权主义的封锁”。如此处理，原因有二：一是经过20多年的宣传学习，相关背景早已为人们熟知；二是大庆人的爱国主义精神一以贯之，在各个历史阶段的表现均可圈可点。第二，新概括用“创业精神”替换掉了“革命精神”。原概括中，“革命精神”表现为在严重困难面前“无所畏惧、勇挑重担、靠自己双手艰苦创业”。可见，艰苦创业才是“革命精神”最直接、最具体、最有力的表现。新概括直接将“艰苦创业精神”作为中心词，而以“独立自主、自力更生”作为定语。实际上，“革命精神”和“创业精神”强调的都是艰苦创业，本质上一致。但新概括去掉了“革命精神”，更能反映时代主题的转换以及党和国家工作重心的转移，更能适应未来。同时，表意更准确，语言更精练。第三，也是最耐人寻味的，就是新概括把原概括中“献身精神”修改为“奉献精神”。“献身精神”的表现是“胸怀全局、忘我劳动、为国家分担困难、不计较个人得失”，而“奉献精神”表现为“胸怀全局、为国分忧”。同样强调大局意识、强调对

大庆话语

有第一就争，见红旗就扛：石油工业部和大庆会战工委命名的标杆单位——1202钻井队的优良传统。1202钻井队是1953年3月以中国人民解放军十九军五十七师的一个排为基础，组建于玉门油矿。建队以来，1202钻井队继承和发扬人民解放军的优良传统，不怕疲劳，连续作战，先后经历10次大调动。转战玉门油田、克拉玛依油田、四川油田、辽河油田、华北油田等7个油田，为发展祖国石油工业屡建功勋。在20世纪50年代，实现钻井进尺月上千（米）年上万（米），创立“天山标杆”。20世纪60年代，怀着甩掉祖国石油落后的帽子，为国分忧、为民族争气的雄心壮志，创出年进尺10万米的世界纪录，先后超过了苏联格林尼亚功勋钻井队和美国王牌钻井队。

国家的付出，但献身和奉献还是有些区别的。献身，强调把自己的全部精力和生命献给国家、人民或者事业；而奉献概念外延更广，付出的可以是力量和精力，也可以是技能和智慧，当然还可以是生命。另外，奉献尤指默默付出，心甘情愿、不求回报。同献身相比，奉献或许少了几分壮烈激昂，但在新的历史条件下，党和国家更注重以人为本，人民群众的健康意识、安全意识也普遍提升，显然“奉献”更能适应以经济建设为中心的新环境，更能体现对劳动者的尊重，更能凸显复杂劳动的价值及“科学技术是第一生产力”，也更符合大庆油田作为生产企业的实际。

结合国际国内环境及我国面临的改革发展任务，对大庆精神内涵进行与时俱进的概括，作出更加符合时代发展要求的阐释，必要及时、意义重大。尽管政界、学界后来也多有此类尝试，但截至目前，江泽民的概括仍是传播范围最广、接受程度最高、沿用时间最长、影响最为深远的。这一概括，为大庆精神宣传和研究提供了更加统一和规范的语境。

进入21世纪，黑龙江省、大庆市、大庆油田都肩负起了科学发展、高质量发展的重任。新形势下，如何认识大庆精神的价值、怎样更好发挥大庆精神的作用，成为新的课题。2009年，正值大庆油田发现50周年。当年3月，“为深入贯彻落实科学发展观，激励全省进一步统一思想、凝聚力量，解放思想、转变观念，振奋精神、增强信心，推动全省经济社会又好又快、更好更快发展”，[①]中共黑龙江省委作出了《关于新时期深入学习和弘扬大庆精神的决定》（以下简称《决

① 《中共黑龙江省委关于新时期深入学习和弘扬大庆精神的决定》，《黑龙江日报》2009年3月31日。

定》)。该《决定》指出：在改革开放和建设中国特色社会主义的伟大实践中，在“爱国、创业、求实、奉献”的丰富内涵基础上，“大庆精神不断发展丰富，充分体现出科学发展、改革创新、勇创新业、科学理性、以人为本等时代精神内涵”。[①]

2011年，为迎接中国共产党建党90周年，总结过往、开辟新局，《人民日报》理论版推出“寻根——中国共产党的伟大精神”系列专版。5月30日，专版的大庆精神篇《取之不尽的精神宝藏》刊出。至此，对大庆精神的评价和定位达到了全新高度，大庆精神成为党的精神谱系的重要成员。党的精神谱系是党奋斗历史的精神结晶，是党走过历程的独特标志，是精神形态的党史。大庆精神进入这个谱系，并与井冈山精神、长征精神、延安精神、“两弹一星”精神、雷锋精神以及改革开放精神相继排列，表明它同样是“彰显政党性质、反映民族精神、体现时代要求、凝聚各方力量的伟大精神”，同样是“中国共产党人科学思想理论、崇高理想信念、高尚道德追求、优秀政治品格、优良工作作风、积极精神风貌的结晶”，同样是“全党全国各族人民团结奋斗、推进中国特色社会主义事业的强大精神动力”。[②]文章明确了大庆精神的基本内容（为国争光、为民族争气的爱国主义精神，独立自主、自力更生的艰苦创业精神，讲求科学、“三老四严”的求实精神，胸怀全局、为国分忧的奉献精神）、核心（我为祖国献石油）和精髓（艰苦奋斗），并作出一系列高度评价。如：展现了“中国石油

① 《中共黑龙江省委关于新时期深入学习和弘扬大庆精神的决定》，《黑龙江日报》2009年3月31日。

② 任理轩：《论中国共产党的伟大精神——写在中国共产党成立90周年之际》，《人民日报》2011年6月16日。

职工的核心价值观”“是石油人的传家宝”“是大庆石油人取之不尽、用之不竭的精神宝藏”“是中华民族伟大精神的重要组成部分”等。还指出，大庆精神随着时代和实践的发展而不断发展，具有恒久的价值。新世纪新阶段，大庆油田围绕“永续辉煌”的奋斗目标，不断赋予大庆精神新内涵，形成了“超越权威、超越前人、超越自我”的“三超”精神。

中国特色社会主义进入新时代，大庆市积极发挥大庆精神的标杆旗帜作用。为推动全市上下提高政治站位、提升工作标准、提振发展信心，2018年11月，中共大庆市委九届三次全会通过了《关于深入挖掘和践行大庆精神铁人精神新的时代内涵的决定》（以下简称《决定》）。该《决定》提出，坚持在继承中创新、在创新中发展，在既定语境之下赋予大庆精神主要内涵更具时代感，更有针对性，更能凝聚共识、产生共鸣、提振干事创业精气神的新表现新形式，更好地凝心聚力，构筑起新时期大庆人团结奋进的共有精神家园。具体来说，就是对大庆精神在爱国、创业、求实、奉献四个语境进行解读。即，在“爱国”语境下提升“政治坚定、对党忠诚”的格局站位，强化“高扬旗帜、引领振兴”的鞭策鼓舞；在“创业”语境下提升“全面系统、开放包容”的思维理念，强化“改革创新、攻坚啃硬”的气魄担当；在“求实”语境下提升“尊重规律、崇尚实干”的作风导向，强化“严谨精细、术业专攻”的能力本领；在“奉献”语境下提升“勤勉敬业、真挚为民”的境界情怀，强化“淡泊名利、清正廉洁”的品德操守。

回首当年，石油大会战气壮山河，工业学大庆声震全国。光阴荏苒，油田甲子，党史百年。人心是最大的政治，共识是奋进的动力。

往日如此，今时亦然。只要心中还有“梦想”，只要“事业”尚在继续，就需要广泛凝聚共识，就需要不断增进团结，就需要汇聚全民族的智慧和力量。作为一面团结奋进的旗帜，在新时代以至未来，大庆精神的这面旗帜将依然迎风招展、鲜艳夺目。

第十一章

“两个定位”——大庆精神（铁人精神）解读的思想制高点

大庆精神的解读是一个充满艰辛的认识过程。习近平总书记关于大庆贡献“两个定位”的论述，为我们解读大庆精神打造了思想制高点，我们把握住了这个思想制高点，就能更好地坚持历史唯物主义的学术研究思想。习近平曾在2009年9月22日召开的大庆油田发现50周年庆祝大会上指出：大庆的成长和辉煌，见证了中华人民共和国的成长和辉煌；大庆的探索和成功，体现了党领导人民进行社会主义建设、进行改革开放的探索和成功；大庆的成绩和贡献，已经镌刻在伟大祖国的历史丰碑上，党和人民永远不会忘记。习近平在这段讲话中用了“一个见证”和“一个体现”，这是对大庆贡献作出的明确的“两个定位”，这就把大庆的成长和辉煌与共和国的成长和辉煌联系起来，把大庆的探索和成功与党领导的社会主义建设和改革开放的成功联系起来。“两个定位”的论述肯定了大庆的成功和探索在社会主义发展建设史上的崇高地位。[①]

习近平总书记关于大庆贡献“两个定位”的论述，对大庆人是极

① 参见马立权、马英林：《习近平关于大庆贡献“两个定位”思想与大庆精神研究》,《大庆社会科学》2020年第6期。

大的鼓舞和鞭策。一方面，习近平总书记的论述肯定了大庆石油会战在社会主义建设史上的崇高地位；另一方面，对我们研究大庆石油会战史和大庆精神也有极大的启示，使我们对研究的思想制高点更加清晰，对研究的具体方向更加明确。

习近平总书记关于大庆贡献“两个定位”的论述启示我们要开阔眼界，要把大庆精神放在社会主义建设探索史中去研究，放在社会主义发展建设基本规律的总结中去研究。

大庆石油会战对社会主义建设的基本规律进行了积极的探索，主要有以下五个重要的成果，可以概括为五个优势。

第一个优势：党的领导与群众运动相结合的政治优势。这个优势是大庆石油会战对社会主义建设基本规律探索的核心内容，是五个优势中起着决定作用的一条。党的领导和群众运动相结合的政治优势是在大庆石油会战的艰苦实践中一点一点地打磨出来的。主要是靠两个打磨点打造出来的。

打磨点一：在党的领导下走群众路线。大庆石油会战本身就是党领导下的群众运动。党的领导的群众路线化的核心问题是“关键少数”，即领导干部的问题。而对于这些人最重要的问题是如何牢固树立密切联系群众的良好作风。大庆石油会战中形成的密切联系群众的良好作风，是靠领导干部严于律己、以身作则的好作风带出来的，更是靠一整套规章制度约束出来的。有什么样的干部就能带出什么样的队伍，有什么样的制度约束，就能培养出什么样的作风。从“关键少数”做起，从制度约束做起，是大庆石油会战进行党的领导的群众路线制度化建设的基本经验。大庆石油会战一开始，余秋里就对个别人和个别事上表现出来的领导干部特殊化的问题十分警觉，他清楚地知道，一个脱离人民群众的干部队伍是不可能领导大庆石油会战取得胜利的。他及时制定了能够约束住“关键少数”的“铁律三条”，即：不准买卧车，指挥机关不准摆沙发、地毯之类的高档用品，不准为领导干部单独建宿舍。余秋里制定的“铁律三条”是大庆干部群众路线制度化的开篇之作。正是这个开篇之作明确了党的领导的群众路线化的根本方向。接着又出台了领导干部不搞特殊化，不脱离群众的“约法三章”，即：坚持发扬党的艰苦奋斗的优良传统，保持艰苦朴素的生活作风，永不搞特殊化；坚决克服官僚主义，不能做官当老爷；坚持“三老四严”的作风，谦虚谨慎，兢兢业业，永不骄傲，永不说假话。后来又出台了领导干部的“五同”，即领导干部同职工群众同吃、同住、同劳动、同解决生产问题、同娱乐。在“约法三章”和干部“五同”的框架基础上，又逐步制定了领导干部、领导班子的“四个公开”制度，即：思想公开，有问题摆到桌面上来，不隐瞒自己的观点，不搞背后议论；缺点公开，严于剖析自己，不护短，不怕丑，积极开展批评和自我批评；工作公开，及时向党委汇报工作，经常互通情况，有事共同商量，加强集体领导；生活公开，严格要求自己，不搞特殊化，不干见不得群众的事等。正是在这些成形和配套的规章制度的约束下大庆石油会战中的党的领导的群众路线化才逐步地成形。

打磨点二：在石油会战中，一切依靠群众。党领导下的大庆石油会战的群众运动是别开生面的群众运动，是最具有人民群众主动创造历史的历史唯物主义的群众运动。余秋里说：“大庆石油会战本身就是大规模发动群众运动。”[①]群众运动的彻底化是群众运动的普遍化、深

---

① 《余秋里回忆录》，人民出版社2011年版，第734页。

入化和自觉化，是高度融合了爱国主义和英雄主义思想、彻底地征服了广大职工灵魂、充分地表现出他们的主动创造历史的情怀的群众运动。

大庆石油会战中学“两论”的活动是群众运动彻底化的逻辑起点。毛泽东的哲学思想是容易交给广大人民群众的哲学思想，是在实际工作中最管用的哲学思想，是人民群众能够学懂又愿意学的哲学思想。通过发动职工群众共同学习“两论”，使大家的思想得到解放，对“高速度、高水平”拿下大庆油田，起到了重要的思想动员作用。1960年4月10日，会战领导小组以石油工业部机关党委的名义，作出了《关于学习毛泽东同志所著〈实践论〉和〈矛盾论〉的决定》，并刊登在4月13日《战报》创刊号上。学习“两论”的决定，得到了广大职工的拥护，就这样掀起了人人读、人人学的热潮，职工们都把“两论”带在身边，随时学习。晚上没有电，就点起篝火学习；老

⊙ 围坐篝火学“两论”

工人不识字，就请文化高的同志帮助学；干部不仅自己学，还经常给基层的职工辅导。学习“两论”成为一场巨大的群众运动，对大庆后来的发展产生了深远的影响。会战职工深切地感受到“我们是靠‘两论’起家的！”

接着开展的“五好运动”是群众运动彻底化的一个卓有成效的重要举措。这个运动是1961年至1965年大庆油田开展的比、学、赶、帮、超劳动竞赛的一种基本形式，是充分动员群众的重要方法，是大庆企业的基础工作，也是企业经常性的思想政治工作的基本内容。大庆石油会战初期，党的临时办事机构——石油工业部机关党委，在学习五面红旗、开展百面红旗竞赛活动的基础上，于1961年2月作出了《关于开展五好支部活动的决定》。1961年3月，石油工业部机关团委作出了《关于开展五好团员活动的决定》，五好团员的条件是：听党的话，学习毛主席著作，执行政策好；干劲高，完成任务又快又好；克服困难，团结友爱，模范带头作用好；尊师爱徒，学习技术好；爱护国家财产，维护集体利益好。1961年6月，石油工业部机关党委作出了《关于在全战区开展五好红旗单位和五好红旗手运动的决定》，五好红旗手的条件是：思想好，生产好，学习好，纪律好，风格好。1962年会战工委提出“加强基层工作、开展五好红旗队运动、大力改进作风、全面管好生产”的全年工作方针，不仅在职工队伍中开展了五好活动，而且在职工家属中也开展了五好活动。1963年3月，会战工委又作出了《关于五好单位和五好工人的标准的决定》，五好工人的标准是：政治思想好，劳动生产好，作风好，技术学习好，团结互助好。以五好为目标，以先进为榜样的比、学、赶、帮、超劳动竞赛，臻于完善。大庆的五好活动，以五好单位为中心，通过五好单位，落实到五好个人，落实到油井、设备、生产、工程和执行岗位责任制上。大庆的五好活动，对于加强基层建设，发挥广大职工的积极性和创造性，培育大庆精神，夺取石油大会战的胜利起了重要作用。

接着开展的“评比选树”活动是大庆石油会战群众运动彻底化的又一个具有里程碑意义的活动。“评比选树”即评思想、比贡献、选模范、树标兵，是大庆石油会战时期总结评功的继续和发展，也是进行会战传统和大庆精神教育，激励职工奋进的有效方法。评思想是评比选树的核心；比贡献是评思想的深化和发展，也是选模范、树标兵的前提；选模范、树标兵是评思想、比贡献的结果。党的十一届三中全会以来，大庆每年都进行“评比选树”。围绕党的中心任务和大庆新时期的奋斗目标，结合生产、科研、管理及各项事业的工作特点进行。比如，1981年度的“评比选树”活动，围绕贯彻党的十一届六中全会精神，按照党中央关于大庆“务必谦虚谨慎，坚持‘两分法’前进”的指示，总结经验教训，在对待大庆成绩、大庆经验和先进人物等方面统一了思想认识，找出了差距，肃清了“左”的影响。全油田掀起了贯彻党的路线，继承优良传统，发扬大庆精神，找差距订措施，学铁人立新功，夺取10年稳产，再作新贡献的热潮。通过“评比选树”，提高了职工的思想觉悟，树立了群体的学习榜样，弘扬了队伍的浩然正气。

第二个优势：马克思主义科学的世界观方法论的指导优势。这一优势是打赢大庆石油会战的重要保证。这一优势主要在党的思想路线和群众路线的紧密结合中体现出来，即思想路线与群众路线的“两线并行”。“两线并行”就是在思想路线的坚持中，展开群众路线；在群众路线的坚持中，展开思想路线。

一方面，是在思想路线的坚持中，展开群众路线。我们的群众路线是贯彻和坚持实事求是的群众路线，是用实事求是的思想把握住的群众路线。在油田的开发建设中，我们在实行群众路线的过程中，一直把实事求是作为科学的世界观、方法论来教育群众，主要体现在三个方面，我们可以称之为哲学上的“三点定乾坤”。

第一点“定乾坤”是号召广大职工学习“两论”。通过学习毛泽东的《实践论》《矛盾论》，让人们懂得了什么是实事求是，如何运用实事求是的思想路线去认识世界、改造世界。毛主席指出，“认识有待于深化”，“一个正确的认识，往往需要经过由物质到精神，由精神到物质，即由实践到认识，由认识到实践这样多次的反复，才能够完成”。通过学习毛主席的光辉哲学思想，会战职工找到了科学地认识世界、能动地改造世界的方向。广大职工认识到：只有在勘探开发实践中，经过由实践到认识，再由认识到实践这样多次的反复，才能对地下情况有个比较全面、比较正确的认识。只有经过多次反复，才能使认识不断深化，逐步达到主观与客观一致，达到我们预想的结果。

第二点“定乾坤”是开好中国石油勘探开发史上的“遵义会议”，即油田第一次技术座谈会。1960年4月9日至11日，大庆油田在安达县召开第一次“五级三结合”技术座谈会，这次座谈会确定的内容明确了油田勘探、开发的对象和根本任务，在油田的开发建设中具有重要意义。余秋里在这次会上明确提出：石油工作者要做一个自觉的唯物主义者，不要做一个盲目的乐观主义者。石油工作者的岗位在地下，工作对象是油层。通过这次会议制定了以取全取准20项资料、72个数据为基本内容的石油开发法则。同时还提出了不仅要读懂印在纸上的书，即我们所说的“两论”；还要读懂印在石头上的书，即举办全民办地宫、游地宫。通过这样一系列的做法，目的就是让石油有灵魂，让哲学把握群众。

第三点“定乾坤”是提出“一切经过试验”的要求。余秋里在大庆油田开发建设的初期就强调我们在实践当中要“力求不犯错误，要犯错误也要犯可以改正的错误，决不能犯不可改正的错误”。一切经过试验就是让我们避免犯“不可改正的错误”，就是要求广大干部职工在油田的开发建设中要坚持实事求是，让科学走进群众。我们这样的大规模的会战，是没有现成经验可得的，所以只能“摸着石头过河”，通过不断的实践探索、总结经验、提高认识，再应用到生产中去。一切经过试验，在油田开发实践中就体现为要进行生产试验。1960年5月，大庆石油会战领导小组决定，将萨尔图油田面积为22平方公里的中部中区作为油田开发建设的第一个生产试验区；7月，为了加强对试验区的领导工作，成立了生产试验区指挥所，组织六路主攻队伍、三路辅助队伍，向试验区猛攻；8月，会战领导小组决定开辟中部西区试验区；1960年底，试验区内钻成注水井121口，生产井101口，面积扩大到60平方公里。生产试验区的成功取得了开采的一些数据，探索了开采的有效方法，为以后大规模的开发建设打下了基础。“糖葫芦封隔器”的研制也是不断经过科学试验的成果。1962年，为研制出适合大庆油田多油层、非均质的地质特点，能对不同性质油层进行控制注水的同井分层注水技术的封隔器，康世恩提出了自己的构想方案，要求相关技术人员用最快的速度解决这一技术难题。当时的试验设备只有一台手压泵和两把管钳，没有试验井，就用人推磨的办法打出一口13米深的试验井；没有提升设备，就利用上下班前后集中全室人员用人拉的方式进行。为争取时间加快攻关进度，科研人员坚持每天从哈尔滨外协单位背回封隔器试验橡胶筒。就这样，在400

多个日日夜夜里，经过1018次地面试验和133次井下试验，于1963年7月终于研制成功了我国第一代水力压差式封隔器——“糖葫芦封隔器”，并相继完成了相关配水器和配套技术攻关，为解决油田开发过程中所暴露出的层间矛盾、平面矛盾和层内矛盾创造了条件。这一工艺，在国内外都属首创。1965年，大庆水力式封隔器技术荣获国家科学技术发明一等奖。在“一切经过试验”原则的指导下，通过攻坚克难，大庆油田在采油工艺技术方面，登上了一个新的高峰。

另一方面，是在群众路线的坚持中，展开思想路线。我们实事求是的思想路线不是只有少数人坚持的思想路线，而是能深入一线生产当中，让千百万会战职工能够得心应手地运用到生产中，能够解决实际问题的思想路线。我们思想路线的主体是人民群众，我们的实事求是是让群众能够正确把握认识世界、改造世界的马克思主义的世界观和方法论。无数的会战职工在油田开发建设的过程中坚持实事求是的思想路线，在自己的工作实践中体现了这一点。

会战初期，大庆油田生产的原油是靠铁路用油槽车往外运送的。由于大庆是高寒地区，原油凝固点高，要把原油运出去就得在油库给原油加温。如果加热温度不够，原油在中途就会凝固，冻结在罐里；如果加热温度太高，又会造成很大的浪费。为了弄清大庆原油在长途运输中的油温和沿途风速以及气温的变化，给原油加温提供更科学的设计数据，大庆油田设计院助理技术员蔡升和实习员张孔法两人每天带着风速仪、十几个温度计和少量干粮，爬上简陋的列车，在严寒风雪中连续奔波了3个多月，往返大庆与大连之间5次，行程1万多公里，掌握了大量的第一性资料。在3个多月里，他们曾在寒冷的深夜，摸黑步行两个多小时，测到了打开输油阀门后的第一个数据；他们住

⊙ 蔡升“万里测温”（蜡像），拍摄于大庆油田历史陈列馆

在没有座位、没有暖气的油槽列车上，饿了啃口苞米饼子，渴了喝几口凉水，迎着寒风义无反顾地坚持测试工作；他们改装简陋的测温设备，“革新”出许多新设备，实现了多组数据同时测量。他们每隔一小时，一手握住车厢把手，一手紧握风速仪或温度计，探身于急驰的车厢外，在狂风暴雪中，在天寒地冻中，从有生命危险的测量中夺得2800多个油温、气温、风速等科学数据，实地掌握了运输中油温的变化规律，获得了科学设计的依据，为国家节约了大量的资金和钢材。他们“万里测温”的奋斗精神，在《战报》上得到大力宣传，成为会战职工学习的榜样。

在原油凝固点高的情况下，为了把原油从油井输送到泵站、油库，需要制订出“大庆特色”的集输流程，而要拿出这样的流程，必须确定一个关键技术数据，即土壤传热系数，又称K值。油田设计院工程师谭学陵大胆提出要确定大庆地区K值，并主动请缨，参加了这场战斗。1960年7月，他带领5名同志开始工作。在广阔的荒原现场，他们不管天气好坏，无论炎夏寒冬，始终连续作战。有时，他们冒着零下40摄氏度的严寒，蜷伏在冰冷的大地上，每隔两分钟测一次温度；有时，他们忍着饥饿与劳累坚持测温。10个月时间，谭学陵小组跑了600多公里的路，观察测定了1600个点，取得了5万多个数据，进行了1100多次分析对比，终于测出大庆地区的土壤传热系数为3，为油田集输流程设计提供了科学的依据。根据这个K值，为设计适合油田开发的既经济又快捷的加热保温集输方案提供了科学依据，保证了高速优质开发大油田。后来，他们不辞辛苦，克服重重困难的观察测定工作，被称为“万点调查”，也成为大庆油田科技工作者学习的榜样。

1963年10月，钻井指挥部3249钻井队，肩负着钻井取心的重要任务。为了抢进度，这个队的4个班展开了硬碰硬的竞赛。第一个回合，大家不分胜负。10月20日，比赛轮到方永华班钻井取心了，这可是关键的一仗，大家都憋着一股劲儿，挑钻头、选砂样粒，样样干得精心，起完钻倒出岩心来一看，才取出岩心4.85米，而实际取心进尺是6.16米，那剩下的1.31米岩心掉在井里了吗？这种成果怎么能比得过别的班呢？顿时，钻台上的气氛紧张起来，每个人的心情都很沉重。“下钻捞！”班长方永华大喊一声，人们便也都投入到了各自的岗位。为了把岩心一分不差地捞上来，全班按照分工，精心进行投砂、调泵和起下钻，过了饭点，没人感到饥饿和疲劳。岩心筒快起到井口了，钻台上的目光都集中在钻盘上，恨不得用手把岩心抠上来。结果，等岩心倒出来一量，新打进尺1.03米，取心1.26米，总共还差

1.08米。班长方永华又大喊一声：“继续捞！”此时，已是晚上8点钟了，全班从凌晨3点开始上井，已经干了整整17个小时了。指导员桂林把馒头送到井场，大伙都不去吃，说：“岩心取不上来，吃也吃不香。”后来，队领导作出决定，叫他们先休息一会儿，由下一班换个钻头，划过眼后，再由他们班第三次打捞。休息后，他们又冲上钻台接着干，21日下午2时，他们看到了胜利的战果，所有掉在井下的岩心，被他们全部捞了上来。钻工们沾满泥浆的脸终于露出灿烂的笑容。

“万里测温”的蔡升、“万点调查”的5位同志和捞岩心的钻工们都是普通的会战职工，在党的教育培养下，在会战组织和领导的带领下，他们坚持了实事求是的思想路线，掌握了科学的世界观方法论，并应用于自己的工作实践当中，为油田的开发建设作出了贡献，这充分体现了我们的思想路线，是在群众路线坚持下展开的思想路线。

第三个优势：在“两改贯通”中体现的人的革命化优势。“两改贯通”指的是客观世界的改造与人的主观世界的改造的相互贯通。毛泽东指出：“无产阶级和革命人民改造世界的斗争，包括实现下述任务：改造客观世界，也改造自己的主观世界——改造自己的认识能力，改造主观世界同客观世界的关系。”在毛泽东看来，在人们的实践中，两个改造的任务是同时出现并且相互贯通的，人们只有自觉地改造自己的主观世界，才能有效地改造客观世界；人们也只有在能动地改造客观世界的同时，才能更好地改造自己的主观世界。

大庆是靠“两论”起家的，“两改贯通”的哲学思想在大庆石油会战中得到了具体生动的运用，创造了“抓生产从思想入手，抓思想从生产出发”的“两抓两从”的思想政治工作模式。“两抓两从”既是打赢大庆石油会战的世界观，也是打赢大庆石油会战的方法论，是

《实践论》中“两改贯通”哲学思想与大庆石油会战实际紧密结合的产物。

“两抓两从”是大庆人在毛泽东思想的指导下，在基层的工作经验中不断概括提炼出来的大庆人自己的哲学。1961年1月，在战区党支部书记会议上，采油二矿场二队党支部书记杨洪儒介绍经验时提出：“领导好生产必须从思想入手，思想工作必须从生产实际出发”。油建二大队二中队张国钧介绍经验时说：“我们运用抓生产从思想着手，抓思想从生产出发的方法，树立了以搞油为业，以油田为家的长远会战思想。”1964年，石油工业部在《关于加强基层建设，健全经常性政治工作的12条基本经验》中，又将其概括为“抓生产从思想入手，抓思想从生产出发”。

抓生产从思想入手，就是针对职工队伍在生产建设中存在的思想问题，运用普遍性教育与特殊的人和事的思想工作结合的方法，把思想政治工作融入生产建设的每一个环节中去，真正使思想政治工作和生产建设任务密切结合，使主客观互相促进，同步发展。大庆油田形成的“爱国、创业、求实、奉献”精神和传统，是“抓生产从思想入手，抓思想从生产出发”得出的两个结果。会战以后，大庆坚持把这种传统当作法宝继承下来，并结合建设发展时期不同阶段生产实

大庆话语

困难面前有我们，我们手下无困难：表达大庆石油会战职工战胜一切困难信心和勇气的豪言壮语。石油会战初期，困难重重，要把会战打上去，非常需要大无畏的英雄气概。在1960年4月29日召开的会战誓师大会上，石油工业部副部长、大庆石油会战领导小组组长康世恩提出，要树雄心，立大志，人人争当英雄好汉，并鼓励大家，英雄手下有无困难，就是看我们志气高不高，气魄大不大。在誓师大会精神鼓舞下，会战队伍士气高涨，喊出了“困难面前有我们，我们手下无困难”的豪言壮语。1962年1月2日，康世恩在战区干部大会上的报告中说，一年多来能取得这样大的成绩，全体职工具有“石油工人面前无困难”的气概，是一个重要的原因。“困难面前有我们，我们

际注入新的内容加以发扬光大，通过一代代老职工对新职工的传帮带，把艰苦奋斗、“三老四严”等传统作风代代相传，并赋予新的时代特色。这种教育同时代进程和谐，与生产实际贴切，像春天的细雨润物，于无声处感染人、打动人、教育人，促进了人的思想的革命化。

手下无困难”具有鲜明的主体意识，内含革命英雄主义精神，成为大庆人不畏困难、勇敢拼搏的精神力量。

抓思想从生产出发，就是要把对人的主观世界的改造放到改造客观世界的过程中去，要把生产建设工作当作思想政治工作的服务对象。哪里有生产建设任务，哪里就有思想政治工作。把思想政治工作做到参与生产建设工作的每一个人，因时、因地、因事结合生产实际，做好思想政治工作。

抓生产从思想入手，抓思想从生产出发，是企业生产建设目标由可能到现实整个转化过程中，互为条件、互相促进的辩证统一。思想政治工作保证企业的社会主义性质和方向，为生产建设提供精神动力。生产建设为思想政治工作提供环境、条件和对象，生产建设取得的成果也是思想政治工作成果的具体化表现。“两抓两从”作为一个科学的世界观和方法论在大庆石油会战中得到普遍的坚持和运用，是主客观“两改贯通”的鲜活体现，促进了人的革命化，从而更好地为改造客观世界服务。

第四个优势：在良好的精神生态建设中体现的红色文化自信优势。大庆石油会战是良好的精神生态建设的样本。有以下五条逻辑主线。

第一条逻辑主线——会战的话语体系。大庆石油会战的话语体系是大庆良好的精神生态建设的生动载体。语言和文字是文化的灵魂和内核，它构成了一个民族独特的标志和符号。不同的人群拥有不同的话语体系、风格和内涵，从而形成其不同的文化特征。大庆油田人创造了自己的语言，形成了自己的话语体系。在这个话语体系中，“两论”起家、“两分法”前进是大庆人哲学思想与智慧的表达；“三老四严”“四个一样”“严、细、准、狠、快”“严细成风”“宁要一个过得硬，不要九十九个过得去”“干工作经得起子孙万代检查”“三条要求、五个原则”等，是优良传统与作风的表达；“好作风是领导干部带出来的”“三个面向”“五到现场”“三三制”“九热一冷”“指挥靠前”“现场办公”“工人身上有多少泥，干部身上就有多少泥”等，是领导与机关作风上的表达；“抓生产从思想入手，抓思想从生产出发”“四个为主”“三访四到”“四勤四看”“一把钥匙开一把锁”等，是在思想政治工作上的表达。大庆人自己的话语体系，表达和彰显了自己独特的文化性格，体现了大庆风格与大庆智慧。

第二条逻辑主线——会战的典范人物。典范有着直接、现实、形象的说服力和吸引力，是人们行动的参照系，会战中的典范人物在群众中起着带头作用、骨干作用和桥梁作用。会战时困难多、思想繁重，又赶上全国困难时期，生活更加困苦，会战队伍中产生了思想波动，这对会战队伍冲击很大，在极端困难又要采取非常规办法的大会战中，需要一个带头往上冲的排头兵来带动人们，引导人们不怕苦、不怕困难、不怕牺牲。从玉门油田到大庆参加会战的钻井队队长王进喜表现出了大无畏的英雄气概，他从玉门来到大庆，下了火车一不问吃，二不问住，先问钻机到了没有、井位在哪里、这里的最高纪录是多少，表现出一个战士渴盼打硬仗的急切心情。王进喜是大会战中涌现出来的先进典范，当时的大会战最需要的就是这种不怕艰难困苦、顽强奋斗的革命精神。石油工业部决定要发挥榜样作用，在全战区宣传他的事迹，号召大家向王进喜学习。石油工业部部长余秋里说道：“从眼前的经验和参加革命斗争的经历使我认识到，生产斗争和军事斗争，都是人民群众的事业。人民群众中蕴藏巨大的积极性和创造力。只要有了正确的政治方向，正确的理论指导，有鲜明的、活生生的榜样，并与一定的物质技术力量相结合，这种积极性和创造力可以发挥出来，能够战胜一切困难，创造出丰功伟业。”在1960年4月召开的大庆第一次技术座谈会上提出，要学习铁人王进喜，人人做铁人。从此，人人学铁人、人人做铁人的运动一浪高过一浪。铁人王进喜继续一马当先。他把革命干劲儿和科学态度结合起来，在设备上、工艺技术上进行了不少革新，使钻井效率不断提高；他虚心向别的钻井队学习，同时，以高尚的共产主义风格，支持帮助兄弟钻井队赶上和超过自己。一个铁人前面走，大批铁人跟上来，学铁人运动深入人心，很快出现了更多的铁人，选树了“王、马、段、薛、朱”五面红旗。1960年7月28日，石油工业部机关党委作出了《关于开展学习王、马、段、薛、朱运动的决定》（以下简称《决定》），该《决定》指出，经过大会战的第一战役，不仅在勘探、生产、建设方面取得了空前的胜利，而且锻造了一套符合高速度、高质量、高水平要求的队伍和作风，先进事迹层出不穷。王、马、段、薛、朱他们一直是石油工业战线上的排头兵，在大会战中，坚持思想领先、勤学苦练、不怕困难，表现了高度的共产主义事业心和集体荣誉感。他们是石油队伍中的铁人、铁军，是全战区的五面红旗，是全体职工学习的榜样。学铁人运动的广泛深入开展，在会战职工中激发起伟大的革命英雄主义和集体主义精神。在学铁人、学“五面红旗”运动中，学、比、赶、帮、超，力争上游的精神被发扬光大，广大会战职工苦干实干，敢赶敢超，水平不断提高。铁人是中国工人阶级的优秀代表，是石油会战的光辉榜样，是艰难创业的典范。这些人物标识是大庆石油会战的旗帜、方向，是几万会战人普遍的心理认同，是形象具体的价值观念的整合。以铁人为代表的会战的典范人物的光辉形象的树立，给当时思想动摇的会战职工们以鼓舞，许多职工受到这样榜样事迹的激励后，改变了过去怕苦怕累的思想，坚定了将大油田拿下的决心，切实达到了“一旗高举万旗红”的示范效果。

第三条逻辑主线——会战的作风定型。“三老四严”“四个一样”是会战作风定型的具体表现。“三老四严”，就是对待革命事业，要当老实人、说老实话、办老实事；对待工作，要有严格的要求、严密的组织、严肃的态度、严明的纪律。这一提法最早出现于 1962 年，1963 年形成了完整的表述。对于这一作风，1978 年 4 月 22 日，邓小平在《全国教育工作会议上的讲话》中提出：“要极大地提高科学文化水平，没有‘三老四严’的作风，没有从难从严的要求，没有严格的训练，也不能达到目的。”“四个一样”就是对待革命工作要做到：黑天和白天一个样，坏天气和好天气一个样，领导不在场和领导在场一个样，没人检查和有人检查一个样。“四个一样”是老一辈石油人把党的优良作风和解放军的“三大纪律八项注意”同石油会战具体实践结合起来的产物。这一优良作风建立在广大石油人的主人翁思想基础之上，其实质是一种高度的自律精神。“三老四严”和“四个一样”构成了大庆石油会战优良作风的基本框架。“三老四严”和“四个一样”的过硬作风来自实践，在实际工作的磨炼下逐渐在职工队伍中形成。这个优良作风是大庆石油人高度的主人翁责任感和科学求实精神的具体表现，它增强了石油队伍的组织性和纪律性、生产中的主动性和科学性、执行制度的自觉性和严肃性，是石油人管理大油田的重要保证。一个队伍有了过硬的作风，各项工作任务均能过得硬，即便是一个小队、一个班组、一个人也能信得过，做出过硬的事情。在今日，“三老四严”和“四个一样”的优良作风，仍是我们取得各项事业胜利的重要保证。

第四条逻辑主线——会战的制度定型。为了打赢大庆石油会战，在会战的过程中逐步形成了独具特色的会战制度规范体系，包括岗位责任制的综合性制度以及一系列企业民主制度。

岗位责任制就是把全部生产任务和管理工作，具体落实到每个岗位和每个人身上，做到事事有人管，人人有专责，办事有标准，工作有检查，保证广大职工的积极性和创造性得到充分发

大庆话语

高度的革命精神与严格的科学态度相结合：大庆油田开发建设获得成功的基本经验之一，也是大庆人的行为准则。大庆石油会战一开始，大庆人就坚持把高度的革命精神与严格的科学态度相结合，狠抓第一性地质资料，把弄清油层情况作为勘探时期的首要任务。正是由于大庆人坚持把革命精神与科学态度结合起来，保证了石油会战的胜利。1964年8月，朱德同志为大庆题词，赞誉“大庆是革命精神和科学态度相结合的新型社会主义企业的标兵”。

挥。它是大庆油田最基本的生产管理制度。大庆的岗位责任制，是大庆职工从油田生产与管理的实际出发，认真总结正反两方面的经验，逐步建立和完善起来的。油田开发初期，生产和建设规模迅速扩大，管理工作一时跟不上去，矛盾越来越尖锐。1962年5月8日，中1注水站因管理不善，发生了一场火灾。会战工委立即抓住这起事件不放，发动群众围绕"一把火烧出的问题"展开大讨论。在开展讨论中，北2注水站发动职工对照中1注水站事故，查找自己的问题，从查物点数做起，把全站每样东西、每件事情，由谁管、怎么管、负什么责任，都落实到岗位和每个人身上，做到了事事有人管、人人有专责，办事有标准、工作有检查。会战工委及时总结和推广了这个站的实践经验，在全油田建立了岗位专责制、巡回检查制、交接班制、设备维修保养制、质量负责制、班组经济核算制六大制度。后来，随着生产的发展，又增建了岗位练兵制和安全生产制，成为以岗位责任制为核心的八大制度。大庆的岗位责任制，是一项综合性的制度。其内容包括岗位的专责（即职责），完成专责必备的权限，必须进行的工作和基本方法，以及应当达到的基本要求。其中，岗位专责制是核心。由于岗位不同，工作不同，工人岗位责任制、基层干部岗位责任制、领导干部和机关干部岗位责任制的具体内容也不同。大庆的岗位责任制，不仅适应油田社会化大生产的客观要求，也符合社会主义生产关系的基本要求，保障了企业职工当家作主的权利，是企业内部人与人之间，特别是领导与群众之间平等的、同志式的分工协作关系的反映。它在大庆的各种管理制度中，处于中心地位。

大庆在实践中还逐步探索和积累了职工参与企业管理的一系列做法而形成的一套民主制度。主要有职工代表大会制度、"五级三结合会议”（包括技术座谈会）制度、“三大民主”制度、“三参一管”制度、基层思想政治工作制度、厂长联系人制度等。执行这些制度，使职工在企业中享有充分的民主权利，明确自身应承担的责任和义务，保证了职工在企业中当家作主的地位，激发了主人翁责任感，调动了广大职工管好企业、发展生产、为国家多作贡献的主动性和积极性。

第五条逻辑主线——会战的文化养成。大庆石油会战是一场夺油的大战，也是一场石油战线红色文化养成的“会战”。在大庆石油会战期间，全国文学艺术界先后有近百人奔赴大庆，深入一线体验生活，创作了许多作品。大庆石油会战的历史既是中国石油事业发展的历史，也是国家红色文化养成的历史。会战的文化养成主要体现在会战诗歌、会战歌曲、会战影视剧以及相关学术研究等方面。

大庆会战诗歌是会战文化养成的第一道风景线。大庆石油会战诗歌的创作，是以1960年4月29日召开的大庆石油会战万人誓师大会宣布大庆石油会战正式开始为起点，以1963年12月3日，周恩来总理在第二届全国人民代表大会第四次会议上宣布“中国需要的石油现在已经可以基本自给”为终点。大庆石油会战诗歌，特别是铁人

大庆话语

石油工作者岗位在地下，斗争对象是油层：在会战初期，会战领导小组向全体职工提出的一项基本工作原则。在1960年6月21—25日召开的油田“五级三结合”技术座谈会的闭幕式上，石油工业部副部长康世恩在总结报告中提出：“我们搞石油的工作岗位是在地下，一切工作都需要做到1000公尺以下，都是为了解决油层的问题，这是我们大会战的根本任务。”会后，经过凝练和提高，这句话演变成了“石油工作者岗位在地下，斗争对象是油层”。这一原则体现了辩证唯物主义观点，对实现科学开发油田起了重要作用。

王进喜的诗歌，不是一般文学意义上的诗歌，它同长征组歌、黄河大合唱一样具有史诗般的意义，具有政治价值、精神价值和国家价值。大庆石油会战诗歌是大庆石油会战的宝贵文化遗产，多为一线石油战士、职工创作，也有来自五湖四海的文人佳作。会战诗歌经过口耳相传得以存留，记录了会战时期战士们的艰苦，奋战无悔付出以及内心真实的感触。许多平凡却铿锵有力的诗句，不仅抒发了工作和生活中的内心情感，也为我们还原了真实的历史图景。大庆精神和会战诗歌一脉相承，是会战诗歌的创作源泉和动力；会战诗歌是大庆精神的诗意表达和精神重塑，是大庆精神的文化基因。

大庆会战歌曲是会战文化养成的第二道风景线。《我为祖国献石油》《踏着铁人脚步走》《石油工人硬骨头》《荒原男子汉》等是大庆会战歌曲的代表作。这些歌曲记录着这场艰难的石油大会战，也展现了石油工人天不怕地不怕的豪迈气概。除了这些专业文艺创作者，石油工人也是会战歌曲的重要创作群体，他们既是被歌颂者，也是创作者。石油歌曲从编创到传唱，具有广泛的群众基础，大家积极参与石油歌曲的编唱活动，从而形成了一股声势浩大的宣传洪流。这一时期，找创作素材就到工地，当时工地上有黑板，黑板上是工人们随性写下的“歌词”，不一定合辙押韵，但却是工人们的心声。创作这些石油歌曲时众人在一起讨论，最后经过群众中艺术骨干的加工润色，或者由专业文艺工作者进行帮助指导和修改，最终形成并流传这些石油歌曲。作为专业团体的战区文工团搞创作也是一样。当时团里年轻人多，说话比较随便。每当谁创作了什么作品，都要在大家面前“抒发”一番，紧接着，你一言我一语，评头论足，如果大家一齐说“行行行”“过了”，这个作品才算通过，许多作品都是集体智慧的结晶。

大庆会战影视剧是会战文化养成的第三道风景线。国家曾指令文化部等部门，历经多年，拍摄了几十部实录大庆油田发现、开发、建设史的纪录片。《松辽油田》拍摄时间较早，是1961年长春电影制片厂根据中央领导指示在大庆拍摄的一部长达50分钟的纪录片，但此片不是公开发行放映的，只供高层领导内部观看，并要求严格保密。《敢想敢干的大庆人》拍摄于1965年，由中央新闻纪录电影制片厂拍摄，主要纪录以王进喜为代表的大庆石油人为油拼搏奉献的主要事迹。《大庆战歌》是1964年根据周恩来指示拍摄的，1966年由上海电影制片厂拍摄完成，此片因故没有公开上映，直到1976年才在全国公开放映。《大庆展览》拍摄于1966年，此部影片纪录了在北京中国历史博物馆举行的大庆展览的全过程，此次展览全面反映了大庆靠“两论”起家，艰苦创业走中国自己石油工业发展道路的基本经验。除了纪录片之外，还有很多反映大庆会战的电影广为流传，其中《创业》可以说是最有政治意义的一部影片。1974年拍摄完成的《创业》，是一部描写、歌颂石油工人自力更生、艰苦创业的好影片。但是，“四人帮”却对它大加指责，并指使文化部于1975年3月10日提出报告，给《创业》罗织了“在政治上、艺术上都有严重错误”

大庆话语

一切经过试验：在不同类型的客观事物中选择不同的典型进行试验，从而总结概括出该类事物中带有一般规律性的东西，借以指导面上工作的一种方法。大庆石油会战初期，为了检验早期内部注水、保持压力开采这一方法是否正确，在油田中部开辟了30平方公里的生产试验区，还进行了依靠天然能量开采，晚期注水、分层注水等十大试验项目。经过实践对比证明，早期内部注水、保持压力开采的方法具有优越性，因而在全油田的开发设计中采用。为了研究油田开发的全过程，及早考虑油田开发中后期的产量变化情况和总采收率情况，大庆油田专门钻了14口井，进行小井距试验，把需要几十年才能看到的油田开发全过程，缩短至半年到一年的时间，并且得以正确认识和掌握产量的变的所谓十大罪状。后来毛主席看后批示："此片无大错，建议通过发行，不要求全责备"。此批示后大庆人奔走相告，全国人民热血沸腾。《创业》电影从此家喻户晓，人人皆知。

第五个优势：全国一盘棋集中力量办大事的制度优势。大庆石油会战创造出"集中兵力打歼灭战"的会战模式，充分发挥了社会主义制度能够集中力量办大事的优势。这种会战模式，在石油系统内部，是调集精兵强将，高速度、高水平拿下大油田；在全国，则是在党中央和国务院领导下，举全国之力，从各个方面支援石油职工打赢这场大会战，尽快改变我国石油工业落后面貌，促进我国石油工业进入快速发展时期。这种一军突进、八方支援的战略格局，充分体现了大庆石油会战不仅仅是大庆的会战，也是一场"举国之战"，在这场会战中充分体现了我们在社会主义建设中坚持全国"一盘棋"、集中力量办大事的社会主义制度优势。

1960年2月13日，石油工业部党组向党中央上报了《关于东北松辽地区石油勘探情况和今后工作部署问题的报告》（以下简称《报告》），该《报告》上报仅仅7天，党中央就于2月20日批转给上海局、东北三省、西部甘青川新疆4省（区）党委和国家计委、经委、建委党组以及冶金、铁

化规律。另外，岗位责任制的建立、承包经营责任制的完善，以及年终的"评比选树"活动等，都是经过试点取得了经验以后再逐步全面展开的。实践证明，坚持"一切经过试验"，是制定和实施正确决策的前提，它有助于克服官僚主义，有效地解决问题，提高领导水平，不断开创新的工作局面。

道、外贸、水电等部的党组，向他们指出，“积极地、加快地进行松辽地区的石油勘探和开发，对于迅速改变我国石油工业落后状况，有着重大的作用”，要求他们予以支持、协助和支援这场大会战。中央批准以后，很快解决了几个急需解决的紧迫问题。一是解决了资金缺口问题。在国家计划投资和物资已经分配完了的情况下，给大庆特别追加投资2亿元，解决钢材3.8万吨，这是国家对会战最有力的支持。二是解决人力不足问题。党中央于2月22日也就是批转石油工业部《报告》的第3天，下达了“动员3万退伍兵给石油部”，决定从沈阳、南京、济南3个军区的当年退伍兵中动员3万人到大庆参加新油田勘探、开发、建设工作，接着中央军委又决定给大庆分配3000名转业军官。三是解决物资问题。会战急需的大量钢材、设备、物资、原材料，中央书记处决定，由薄一波副总理主持，国家经委、计委、建委负责组织、督促和检查，在全国范围内紧急调拨。大庆石油会战的展开始终得到了国务院各部门、解放军和全国各地尤其是黑龙江省的支援。这些支援，帮助大庆克服了一个又一个困难，解决了一个又一个难题，保证了会战的顺利进行。中央批转石油工业部党组关于组织松辽会战的报告和国务院召开支援会战大协作会议之后，有关各部门立即积极行动起来，支援会战。

会战开始的时候，战区内没有容量稍大的发电厂，没有东北电网的线路。会战不仅用电量大，而且钻井、采油等用电量大的单位遍布整个荒原深处。水电部、黑龙江省电管局、齐齐哈尔电业局等部门，千方百计，尽责尽力，努力供电。水电部专门安排了一组列车电站，千里迢迢赶到大庆，只用了两天时间，就搞好安装和准备工作，开始正常发电。接着又派来3组列车电站，以最快的速度安装、发电。其中31号列车电站在大庆工作了12年。1961年，油田建设和开发规模扩大，几组列车电站难以满足需要。水电部决定从齐齐哈尔富拉尔基发电厂到大庆架设一条110千伏高压输电线路，在让胡路地区建设一个大型的变电站。这条线路长136公里，跨越许多碱滩、沼泽。建设者们冒着风沙、盛暑和严寒，日夜不停，加班架设，仅用一年半时间就建成投产了，对加快油田建设起了重要作用。随着油田生产规模的不断扩展，供电不足仍是十分突出的矛盾。1962年以后，又相继建成投产了龙凤热电厂、新华热电厂，使供电紧张的局面得以缓和。但一到冬天特别是机组检修的时候仍显紧张，为保证油田用电，齐齐哈尔市和油田附近的安达、肇州、林甸等县市，经常停电，为保证会战顺利进行作出了贡献。

铁道部从会战一开始，就在哈尔滨成立了支援大庆会战指挥部，统筹解决会战物资运输问题。铁道部和齐齐哈尔、哈尔滨两个铁路局的领导，经常到石油会战第一线，检查和解决站线扩建和物资抢运工作。油田开发前，这里只有萨尔图、卧里屯（龙凤）、让胡路3个五等小站。龙凤和让胡路两个站仅供养路工区之用。会战开始时，萨尔图车站只有3条半线路，每天要超负荷地运卸成千上万吨会战物资。后来货物、旅客运输量又有了成倍的增长。这么大的工作量和不相适应的站线设施，给铁路部门造成的困难是可想而知的。但铁路部门千方百计克服困难，保证了客货运输的畅通无阻。为了解决运输问题，铁道部门扩建了萨尔图、让胡路和龙凤3个车站。萨尔图车站由3条半线路发展到13条线路，另设10条专用线。站线长度由2.45公里延长到15.57公里。为了减轻滨洲线的压力，铁道部还建设了一条从让胡路至通辽的全长138公里的新线路。为运输大庆建设急需物资，铁路部门总是大开绿灯，通力协作。有的特殊重大部件，如炼油化工建设所需的重大部件，有的重达300吨以上。为了按时把设备运到施工现场，有一次不惜拆移了铁路沿线100多座信号机和40多组道岔设施，保证了安全正点到达。为了方便会战职工外出、探亲，铁道部增开了从齐齐哈尔经由大庆至北京的特别快车。后来，又增加了经由大庆至南京的直达快车，使大庆的交通变得四通八达。

油田勘探开发和建设，需要大量的钢材、水泥、木材和各类机械设备、运输车辆。在物资供应十分紧张的情况下，得到了冶金、机械、建材和林业部门的大力支援和帮助，他们把困难留给自己，把最好的材料、最优质的产品优先供给大庆。1960年，支援钢材7万多吨，木材5万多立方米，水泥7万多吨，机电设备5万多吨，地方建筑材料6万多吨。全国有18个省、市、自治区，30个大型钢材生产和加工企业为大庆会战提供了钢材。常年定点供应的有鞍山钢铁公司、首都钢铁公司、包头钢铁公司等。其中，鞍钢每年大约供应2万吨以上。会战中，油田急需大量木材，光靠国家统一分配的指标，是远不能满足需要的。为弥补不足，经国家计委安排，林业部和有关林业局专门为大庆开辟了拉运“困山材”的通道，每年为石油会战计划外集材约2. 5万至3万立方米。

大庆石油会战所用的各种机电设备，是由全国500多家企业生产制造的。这类设备专用性能强，质量要求高，许多是国内没有的。很多厂家为保证会战的需要，组织技术力量专门攻关，边设计边试验边生产，有的还专门建立了生产车间。长春、沈阳、上海、天津等地厂家专门设计制造了野外活动锅炉、油井注水大功率高效率节能水泵，钻井、采油、井下作业专门使用的各类仪表、专用电缆、变压器等。

哈尔滨北方橡胶厂、中国橡胶研究所等单位，为配合独创采油工艺新装置水力皮球式封隔器的研制，专门建立了耐压耐油水力皮球的生产试验车间。全国有200多个科学研究和设计部门、高等院校和厂矿企业，对大庆石油会战进行协作支援。中国科学院、北京自动化研究所、上海电缆研究所、上海电缆厂，以及昆明、沈阳等地院所和厂家，承担了石油专用电缆等新技术产品的研究和试制。

在大庆地区，原来没有邮电业务，特别是长途电信业务。会战还没有开始，黑龙江邮电管理局就组成邮电工程队来架设通信线路，安装通信设备。后来邮电部又抽调100余名干部、工人到会战地区工作。1963年，会战领导小组和邮电部领导协商，新建了邮电局机房1200平方米，增加了12组载波机，扩大了通信能力；增设了萨尔图直达哈尔滨、北京的长途电信线路，方便了大庆石油会战的联络和指挥。我国著名数学家华罗庚教授，先后7次到大庆讲学和推广“优选法”“统筹法”，呕心沥血，不辞劳累，为大庆培养和训练技术管理人员。他的卓有成效的工作，对大庆的生产管理和科技管理水平的提高起了重要作用。

大庆石油会战胜利是社会主义制度的胜利，是社会主义集中力量办大事的优势的重要体现。当时任黑龙江省委常委、副省长兼经委主任，后来任省长的陈雷回忆说，大庆能在较短的时间内建设成为现代化石油基地，主要靠优越的社会主义制度，靠党中央、国务院和石油部的正确领导，以及全体大庆人的艰苦奋斗。同时，这里也包含着全国人民，特别是黑龙江这块沃土上的人民为之作出的贡献。余秋里在他的回忆录里说：“在大庆石油会战中，我们始终得到了国务院各部门、解放军和全国各地尤其是黑龙江省的支援。这些支援，给予了我们很大的鼓舞，帮我们克服了一个又一个困难，解决了一个又一个难题，保证了会战的顺利进行。”[①]他说：大庆石油会战的胜利是党中央的关心和全国人民支援的胜利。“大庆是党中央、毛主席的大庆，是全国人民的大庆。”实践证明，党的正确领导，优越的社会主义制度，是赢得会战胜利、发展石油工业的政治基础，集中力量办大事的社会主义制度优势在大庆石油会战中展现得淋漓尽致。

① 《余秋里回忆录》，人民出版社2011年版，第716页。

参 考 文 献

1. 铁人学院主编:《大庆精神铁人精神学习读本》, 中国工人出版社2020年版。

2. 大庆油田有限责任公司编:《大庆油田五十年文史资料汇编》(1—3卷), 石油工业出版社2009年版。

3. 大庆油田铁人传写作组编著, 孙宝范、卢泽洲执笔:《铁人传》, 中央文献出版社2009年版。

4. 余秋里:《余秋里回忆录》, 人民出版社2011年版。

5. 周文华主编:《大庆实践的哲学思考》, 黑龙江人民出版社1995年版。

6. 孟庆德、刘金友、马英林主编:《市场经济条件下大庆精神研究》, 红旗出版社2001年版。

7. 宋洪德、盖立学、马英林主编:《铁人精神——民族的教科书》, 黑龙江人民出版社2009年版。

8. 孙宝范:《铁人: 永远的旗帜》, 北方文艺出版社2009年版。

9. 中共大庆市委党史研究室:《大庆石油会战史》, 中共党史出版社2008年版。

10. 李国昌:《老会战》, 石油工业出版社2009年版。

11. 傅广诚主编:《大庆企业文化词典》, 上海人民出版社1990年版。

12. 孙宝范、卢泽洲编著：《听亲历者口述铁人》，黑龙江人民出版社2012年版。

13. 大庆油田有限责任公司《大脚印》编撰委员会编著，宫柯执笔：《大脚印——大庆油田勘探开发历程揭秘（上部）》，石油工业出版社2014年版。

14. 中共大庆市委党史研究室编，马英林著：《大庆精神铁人精神研究》，中共党史出版社2009年版。

15. 宫柯：《本色——大庆石油会战功臣包世忠》，北方文艺出版社2002年版。

16. 高等学校中国共产党革命精神与文化资源研究中心、教育部高等学校社会科学发展研究中心组编，李国俊、宋玉玲主编：《大庆精神》，中共党史出版社2018年版。

17. 中共大庆市委党史研究室：《工业学大庆史》，中共党史出版社2008年版。

18. 陈立勇、刘晓华、张文彬主编：《大庆石油会战口述实录》（第二卷），中国工人出版社2020年版。

19. 田立英主编：《读懂铁人》，中共党史出版社2012年版。

20. 何建明：《部长与国家》，新世界出版社2009年版。

21. 冀年勇主编：《讲那创业年代的故事》，石油工业出版社2011年版。

22. 中共大庆市委党史研究室编：《余秋里康世恩大庆石油会战时期讲话选编》，中共党史出版社2013年版。

后　记

在迎接中国共产党成立100周年的重要历史节点上，我们推出了《大庆精神(铁人精神)——镌刻在历史丰碑上的辉煌》这本书，就是让人们对大庆精神(铁人精神)在党的思想路线和群众路线的发展史上，在中华民族的复兴史上，在社会主义建设史上这三个全新的理论视角上有一个全方位的认识。这本书既是为党的百年华诞献礼，也是为充分展示大庆精神(铁人精神)新的研究成果，更是激励人们深入学习大庆精神(铁人精神)、诚实践行大庆精神(铁人精神)、有效弘扬大庆精神(铁人精神)的生动教材。

本书构思新颖、主线明晰。主动占据学术制高点。全书以习近平总书记关于大庆贡献“两个定位”的论述，即“大庆的成长与辉煌，见证了中华人民共和国的成长与辉煌；大庆的探索与成功，体现了党领导人民进行社会主义建设、进行改革开放的探索和成功；大庆的成绩和贡献，已经镌刻在伟大祖国的历史丰碑上，党和人民永远不会忘记”作为一以贯之的一条主线来统领各篇。从历史逻辑、实践逻辑、理论逻辑三个视角对大庆精神(铁人精神)展开深入的解读。

为了把这本书写好，中共大庆市委党校积极创造一切有利条件，抽调了全校在大庆精神(铁人精神)学术研究方面有一定经验的11名教师参与了这项工作。上篇各章分别由王晓琴、徐娜、吴抒洋撰写；中篇各章分别由陶冶、黄佳慧、宋喆、于超、刘正环撰写；下篇各章分别由赵丹、于洪波、宋天鹤撰写。

但是我们也看到，由于作者的理论修养、学术水平与语言功底的不同，在这样一个短时间内实现写作方法与语言风格的大致相同是很难做到的。这本书无论在学术研究方法上还是在写作方法上都力求创新，所以在许多方面存在不足，希望能够听到各方面的批评与指正。

本书是在中共大庆市委组织部的积极倡导和全程指导下进行的，同时也得到了大庆油田有限责任公司宣传部的全力支持，以及大庆精神（铁人精神）研究的资深专家孙宝范、刘金友、宋玉玲、李万鹰、张文彬等同志的精心指导；在图片的使用上，得到了大庆铁人王进喜纪念馆、大庆油田历史陈列馆，以及宫柯的大力支持，在此一并表示衷心感谢。

本书编写组

2021年7月